Holger Michel

WIR MACHEN DAS

Mein Jahr als Freiwilliger in einer Unterkunft für Geflüchtete

Kiepenheuer
& Witsch

MIX
Papier aus verantwortungsvollen Quellen
FSC® C083411

Verlag Kiepenheuer & Witsch, FSC® N001512

1. Auflage 2017

Umschlaggestaltung: Barbara Thoben, Köln
Umschlagmotiv: © Leo Leowald
Autorenfoto: © Freia Königer
Illustration: Luciana Siggel
Gesetzt aus der DTL Albertina
Satz: Buch-Werkstatt GmbH, Bad Aibling
Druck und Bindung: CPI books GmbH, Leck
ISBN 978-3-462-05009-7

Für die Freiwilligen im Rathaus Wilmersdorf.
Und für die acht Millionen Menschen
in Deutschland, die sich im vergangenen Jahr
für Geflüchtete engagiert haben.

Ihr seid das »Wir«.

Inhalt

Vorwort

Haben Sie vor dem September 2015 etwas mit Flüchtlingen zu tun gehabt?

Nein? Ich auch nicht.

Hatten Sie vor, sich näher mit ihnen auseinanderzusetzen, sie gar kennenzulernen?

Nein? Ich auch nicht. Man kann sich schließlich nicht um alles kümmern.

Doch aus Zufall, Fügung oder spontanem Aktionismus: Am 5. September 2015 landete ich ungeplant, unvorbereitet und mäßig motiviert in einer der heute größten Notunterkünfte in Berlin, an jenem Tag, an dem Österreich und Deutschland die in Ungarn gestrandeten Flüchtlinge nach Deutschland weiterreisen ließ. Für ein paar Stunden wollte ich bleiben, ein bisschen was erleben, gucken, und dann wieder gehen. Tatsächlich kam ich am nächsten Tag wieder. Und am übernächsten. Und am überübernächsten. Und in den kommenden Tagen, Wochen und Monaten.

Warum?

Zum einen, weil da diese Menschen vor mir standen, über die man in den Zeitungen und im Fernsehen so viel gehört hatte. Plötzlich waren sie keine Bilder, keine Geschichten mehr, sondern echt, mit echten Schicksalen, Nöten, Träumen und Hoffnungen.

Zum anderen, weil da diese Menschen vor mir standen, die anpackten und halfen: mitten aus der Gesellschaft, aus verschiedenen Bildungs- und Einkommensschichten, politischen und kulturellen Hintergründen, Generationen, gesellschaftlichen Ansichten und Zielen. Sie wuchsen zu einem großen »Wir« zusammen. Diesem »Wir« schloss ich mich an.

Wer hofft, ich hätte eine verträumte Geschichte erzählt, eine Notunterkunft beschrieben, in der alles nur schön war und in der es keine Probleme gab, der wird enttäuscht werden. Ebenso alle, die hoffen, ich hätte darüber geschrieben, wie schlimm alles war. Denn das Jahr hatte viele Facetten: Hassmails und Anfeindungen, quälende Bürokratie, Schlaflosigkeit und Erschöpfung, Besuch aus Hollywood, strahlende Kinderaugen, Probleme mit Harzer Käse, Krätze, die einen nicht juckt, spontane Hochzeiten und Weihnachten mit den Geflüchteten, Ausnahmesituationen, die zur Normalität wurden, und viel Gelächter.

Es war ein aufregendes Jahr, in dem ich viel gelernt habe. Über mich selbst, über unser Land, vor allem über Menschen: jene, die Hilfe brauchten; jene, die Hilfe leisteten; jene, die gegen uns waren; jene, die zweifelten. Dieses Buch schloss ich vor dem Anschlag in Berlin am 19. Dezember ab, gedruckt wurde es danach. Schon am Morgen nach dem Anschlag, der sich im Bezirk von unserer Notunterkunft ereignete, wurde ich gefragt, ob wir jetzt unseren Umgang mit Geflüchteten ändern. Ob wir sie anders sehen als vorher. Ob ich dieses Buch umschreiben wolle. Die Antwort lautet: nein!

Es gibt leider keine Garantie für Sicherheit, nirgendwo auf der Welt. Selbst dann nicht, wenn wir alle Geflüchteten, alle »Ausländer« aus dem Land werfen, eine Mauer um Deutschland bauen und »unter uns« bleiben. Noch weniger aber werden wir Sicherheit bekommen, wenn wir uns abschotten, die Geflüchteten isolieren und sie jenen überlassen, die den Terror wollen, egal ob in den Geflüchtetencamps in Beirut oder den Notunterkünften in Berlin. Die Welt und unsere Gegenwart sind nicht schwarz-weiß, nicht einfach unterteilt in gut und böse. Die Realität – und das ist vermutlich unsere größte Herausforderung – ist viel komplexer, als wir es gerne hätten. Sie hat uns aber auch gezeigt, dass wir viel mehr erreichen können, als wir häufig glauben, wenn wir es gemeinsam tun, mutig und unbequem sind und nicht den einfachsten Weg gehen.

Neue Situationen lassen sich nicht allein durch politische Parolen bewältigen und nicht, wenn wir darauf warten, dass es jemand anderes tut. Sondern nur dann, wenn wir selbst aktiv werden. So wurde aus »Wir schaffen das« ein »Wir machen das«.

Bis morgen

1.

Es war nicht einfach mit diesen Flüchtlingen. Da wollte man helfen und dann – waren sie nicht zu finden. Seit einer Stunde kämpfte ich mich bereits durch das Internet auf der Suche nach einem Ort, wo wir was tun könnten. Die Aspirin wirkte nicht, der Kaffee wirkte nicht, und ich hatte jetzt schon keine Lust mehr.

Am Abend zuvor hatten meine Freundin Ida und ich spontan beschlossen, heute helfen zu gehen. Wir saßen auf einer der zahlreichen Dachterrassen in Berlin-Mitte, feierten eine der zahlreichen Partys einer der zahlreichen Werbe- und PR-Agenturen, genossen den Freitagabend, und wie in jedem Gespräch in jenen Tagen sprach man irgendwann über Flüchtlinge. Seit Wochen stiegen die Flüchtlingszahlen in Europa und in Deutschland an, in Ungarn, am Budapester Bahnhof, spielten sich dramatische Szenen ab, Hunderttausende Flüchtlinge liefen durch Europa, stießen an immer neue Grenzzäune, wurden von Polizisten und Soldaten gejagt, geschlagen und gequält. Vor zwei Tagen war am Strand von Bodrum der dreijährige Aylan aus Syrien tot angespült worden, der Welt stockte einen Moment lang der Atem. Angesichts der sich abzeichnenden Aufgaben für Deutschland hatte Bundeskanzlerin Angela Merkel einige Tage zuvor die ermutigende Parole »Wir schaffen das« ausgegeben. Es lag ein neues Gefühl in der Luft, etwas Mobilisierendes. Wer ein bisschen Empathie hatte, fühlte sich gefordert, geradezu aufgerufen, mit anzupacken. Dieser Stimmung konnte man sich nicht entziehen, wenn man sich ihr nicht entziehen wollte, sie war jetzt sogar hier oben bei uns Feiernden angekommen.

Ida runzelte die Stirn. »Wir müssten eigentlich irgendwas machen, das geht doch so alles nicht!«

»Du hast recht. Wollen wir da zusammen hingehen?«

»Finde ich gut. Was machst du morgen? Ich habe nachmittags frei.«

»Ich muss zur Einschulung meines Patenkindes, ab 12.30 Uhr hätte ich Zeit.«

»Okay … 14 Uhr? Wo geht man denn da hin?«

»Zu diesem LAGeSo? Da schreiben die doch jeden Tag drüber.«

»Stimmt. Die Bilder da sind echt krass. Ein bisschen absurd, dass LAGeSo für Landesamt für Gesundheit und Soziales steht. Sollte eher Landesamt für Nichtstun heißen. Wo ist das eigentlich genau?«

»Irgendwo in Moabit. Ich google das mal schnell … Na ja, ist schon 'ne Ecke. Ich hol dich mit dem Auto ab.«

»Nee, wir fahren Fahrrad. Wir machen einen Samstagnachmittagsausflug und danach gehen wir Kaffee trinken.«

»Gut, aber ich bin um 19 Uhr zum Essen verabredet. Und das ist schon ziemlich weit weg.«

»Keine Sorge. ›Wir schaffen das‹.« Gelächter.

»Alles klar. Du auch noch einen Gin Tonic?«

In der Nacht erklärten der österreichische Bundeskanzler Werner Faymann und Bundeskanzlerin Angela Merkel nach einem gemeinsamen Telefonat, die Weiterreise von Flüchtlingen aus Ungarn nach Österreich und Deutschland zuzulassen. Der als »Zug der Hoffnung« in die Geschichte eingehende Treck Tausender Flüchtlinge setzte sich in Bewegung.

Nun saß ich also hier, vor meinem Computer, in zwanzig Minuten musste ich als guter Patenonkel zu dieser Schule fahren, und das Internet verriet mir einfach nicht, wo wir hinfahren sollten. Das LAGeSo, wo wir ja eigentlich hinwollten, schien Berichten zufolge am Wochenende geschlossen zu haben. Ich hatte Ario eine SMS geschrieben. Ario war in der Flüchtlingsszene aktiv und hatte vor Kurzem einen Afghanen aufgenommen. Oder Syrer? Einen Flüchtling halt, er wusste mit Sicherheit, wo man hingehen konnte. Ario rief an und lachte: LAGeSo am Wochenende? Welche Behörde hat denn am Wochenende auf? Äh, das LAGeSo vielleicht, wir haben doch eine Flüchtlingskrise, da kann man doch keine Montag-bis-Freitag-8-bis-16-Uhr-Öffnungszeiten einhalten!? Wieder Lachen. Wir sind in Berlin. Nun gut, kein LAGeSo. Wohin dann?

»Fahr mal nach Wilmersdorf. In dem alten Rathaus hat vor zwei Wochen eine Unterkunft aufgemacht. Adresse habe ich nicht, irgendwo Fehrbelliner Platz. War noch nicht da, aber die sind wohl ziemlich groß.«

Wilmersdorf? Das ist das andere Ende der Stadt. Gab es nichts in Kreuzberg, wo man was tun kann? Oder Neukölln oder Mitte? Offenbar nicht. Wilmersdorf. Ein Blick auf die Karte: 10,4 Kilometer. Mit dem Fahrrad sollte das 40 Minuten dauern.

SMS an Ida: »Wir fahren nach Wilmersdorf. Das sind 13 oder 14 Kilometer, vielleicht noch mehr. Mit dem Fahrrad eine Stunde. Nicht doch Auto? Dauert halb so lange.«

»Egal. Nein, kein Auto, strampeln ist gut.«

Mäßig gelaunt wartete ich nun um 14.10 Uhr vor Idas Haus. Sie, im Gegensatz zu mir in bester Stimmung, schob ihr Rad aus der Einfahrt und sah aus, als wolle sie shoppen gehen: hohe schwarze Stiefel, Wollstrumpfhose unterm Minirock, schneeweißer Trenchcoat, die kurzen Haare akkurat geföhnt, perfekt gestylt. Ich hingegen hatte Augenringe und trug in weiser Voraussicht auf zwei Stunden Arbeit Kapuzenpulli und Jeans. Wir waren ein Traumteam.

Hinter Ida tauchte Wassef auf. Nachdem sie jahrelang in ihrer viel zu großen Wohnung alleine gewohnt hatte, hatte sie kürzlich beschlossen, sich einen Mitbewohner zu suchen. Wassef, Architekt aus dem Libanon, wollte mitkommen. Zu dritt dürfte das Ganze noch lustiger werden, und Arabisch sprechende Menschen waren vermutlich auch nicht verkehrt. So begann unser Ausflug. Es windete, natürlich von vorne, ab und an fielen Regentropfen vom

Himmel, und meine Motivation hatte nach fünf Kilometern ihren absoluten Tiefpunkt erreicht.

Warum mussten wir da noch mal hin? Wegen der Stimmung im Land, weil alle plötzlich mitmachen wollten? Flüchtlinge sah ich doch auch so jeden Tag: die Drogendealer im Görlitzer Park vor meinem Wohnzimmerfenster, direkt dahinter die seit Monaten von Flüchtlingen besetzte Gerhart-Hauptmann-Schule, in die aber externe Helfer inzwischen nicht mehr reindurften, vor meinem Büro das Lampedusa-Camp in der Oranienstraße. Ja, natürlich hatte ich verstanden, warum die geflüchtet waren. Wer sah, wo sie herkamen, und das nicht verstand, dem fehlte es an Verstand. Ja, natürlich musste Deutschland helfen. Dafür zahlte ich gerne Steuern. Ja, ich diskutierte auch gerne und viel und sagte anderen Leuten gerne, wie beschränkt sie waren. Das musste doch reichen. Wieso genau saß ich auf diesem Fahrrad und strampelte durch die Gegend?

Nach fast 40 Minuten standen wir vor diesem monumentalen Haus mit fünf Stockwerken, weißen Mauern und hohen Fenstern. Mit seiner halbrunden Fassade erinnerte es an den Flughafen Tempelhof, nur in kleiner und weniger marode. Wenn es einen Gott gab, musste er Komiker sein: Die Nazis hatten ein Haus für die arische Herrenrasse gebaut, in dem jetzt muslimische Flüchtlinge lebten. Genau mein Humor.

Doch wo waren die? Das Tor war verschlossen, niemand da. Wir fuhren ums Haus. Und hier, in der Brienner Straße 16, waren wir am Ziel. Eine große Toreinfahrt, bewacht von streng dreinblickenden Security-Leuten. Rechts daneben ein großer weißer Container, als »Info-Point« gekennzeichnet, an der Seite wie ein Marktstand geöffnet. Drinnen vier hin und her wirbelnde Menschen, davor Dutzende Flüchtlinge und offenbar Helfer, viele Stimmen, ein Gewirr verschiedener Sprachen, Kinder rannten durch die Gegend, Leute liefen umher und trugen Säcke von A nach B, Autos hielten, Fahrräder stoppten, brachten Spenden.

Wir stellten uns in die Schlange. Und lauschten. Immer wieder

der gleiche, leicht variierte Satz: »Hallo, schön, dich zu sehen. Dein Name?« oder »Hallo Martin, toll, dass du wieder da bist. Für welchen Bereich hast du dich eingeteilt?« – »Hat jemand Philipp gesehen?«

Was für Bereiche? Wir waren dran. »Hallo, schön, dass ihr da seid. Wie heißt ihr? Für welchen Bereich habt ihr euch angemeldet?«

Das größte Lächeln aufsetzend: »Hey! Wir wussten nicht, dass man sich irgendwo anmelden kann. Wir haben nur gehört, dass man hier helfen kann. Gibt doch sicher etwas, was wir machen können?«

Christoph, wie sein Namensschild verriet, blickte freundlich, aber durchaus bestimmt. »Wir bitten alle Leute, sich vorher unter www.volunteer-planner.org in die Schichten einzutragen, damit wir einen Überblick haben, wann wie viele Leute kommen. Hier ist der Zettel mit den Infos. Wir dürfen nur eine begrenzte Anzahl an Leuten ins Haus lassen und müssen den Überblick behalten. Warte mal – Sima, Jochen, habt ihr Philipp gesehen?«

»Schichten? Volunteer Planner? Davon haben wir noch nie gehört. Sorry.« Das war natürlich gelogen. Wer »Rathaus Wilmersdorf« in der Suchmaschine eingab, stieß unweigerlich auf diesen Volunteer Planner mit der klaren Anweisung, sich bitte zu registrieren und in eine Schicht einzutragen. Ich hatte den nach meinem Telefonat mit Ario auch gefunden und mich sogar registriert, aber nicht in eine Schicht eingeteilt. Der ganze Aufwand für einen Nachmittag erschien mir dann doch ein bisschen zu groß.

»Wir sind jetzt durch die ganze Stadt gefahren. Ihr wollt uns doch jetzt nicht wegschicken!?« Ich war ein bisschen genervt.

Katja übernahm uns, neben ihr eine ziemlich laute Frau, die energisch in einer Sprache sprach, die ich nicht zuordnen konnte, Arabisch war das nicht. Katja hatte die Ausstrahlung einer liebenswürdigen Mutter der Kompanie, die aber abends heimlich als Türsteherin arbeitete. »Na jut, dann finden wa wat. Wat wolltn ihr machen?«

Berliner Schnauze? Das sollte was werden mit uns beiden, das konnte ich als hier Geborener auch, wenn ich wollte.

Was wollten wir machen? Keine Ahnung. Das sollte uns doch bitte jemand sagen. Ich blickte Ida an, die ebenfalls keine Ahnung zu haben schien, was wir genau machen wollten. Dieses Helfen war jetzt schon anstrengend. »Du, ick hab keene Ahnung, wat wir machen solln, wir sind einfach herjekommen. Wat brauchtn ihr? Wir machn allet.«

»Ochn Berliner?« Ich hatte sie geknackt. »Woher? Aus Kreuzberg? Wat machstn dann hier im Westen? Na ja, macht nischt, wir nehm ja hier jeden.« Ich war verliebt. Natürlich lag Kreuzberg höchstens geografisch im Osten, aber für so eine alte Westberliner Schnauze war das schon o.k. »Wollta Spenden sortieren?!«

Äh, o.k., klar wollten wir Spenden sortieren.

Endlich bekamen wir unsere hart erkämpften Zugangsschildchen um den Hals gehängt, auf denen groß »REFUGEES WELCOME« stand, darunter eine Lücke, in die man Kreppband für den Namen und den Bereich klebte, darunter fett das Wort »STAFF«. Wir fühlten uns, als hätten wir uns ohne Einladung auf eine begehrte Party geschmuggelt, als wir das erste Mal die hochgeklappte Schranke der großen Toreinfahrt zum Rathaus Wilmersdorf passierten.

Doch hier hieß es plötzlich wieder: Stopp. »Eure Namen?« Ein grimmiger Security-Mann schaute uns an. Wir zeigten unsere Schilder, er blätterte in seinen Unterlagen. »Ihr steht nicht auf der Liste vom Planner.« Himmel, sollte das jetzt schon wieder losgehen? Ja, wir hätten uns eintragen sollen, das hatten wir ja nun verstanden. »Wenn ihr nicht auf der Liste steht, kommt ihr nicht rein.«

»Die beiden sind schon o.k., Fehler in der Liste.« Da war Christoph wieder, der uns eben noch abgemahnt hatte und jetzt ins Haus schmuggelte.

»Was ist das eigentlich für eine Scheiße mit diesen Listen, wie soll ich da denn bitte kontrollieren, wenn die ständig falsch sind? Wie heißt ihr jetzt? Ich trage euch nach.« Er guckte auf unsere Schilder. In die Spalte des Vornamens trug er meinen Vornamen, Holger, in die Spalte für den Nachnamen »Staff«. Ernsthaft? Fiel dem Typen nicht auf, dass hier hundert Leute den gleichen Nachnamen hatten? Ich wollte gerade ansetzen, etwas zu sagen, aber Christophs Blick bedeutete mir: Klappe halten, lächeln, weitergehen. Ich hielt die Klappe, lächelte und ging weiter. Wir hatten auch den zweiten Sicherheitscheck überwunden.

Endlich. Hier waren wir also. Links führten drei Stufen nach oben in einen kurzen Flur, rechts drei nach oben in einen endlos langen Gang mit PVC-Bodenbelag und Dutzenden Türen zu beiden Seiten, ein großes, altes ehemaliges Rathaus eben. Vor uns, am Ende der dunklen Toreinfahrt, der riesige Innenhof, vollgestellt mit großen Zelten, in denen Feldküchen und Feldduschen standen, umrahmt von parkenden Wagen des Katastrophendienstes, umhereilenden Menschen und Fußball spielenden Kindern. Eine Szene wie aus einem Film.

Noch während wir staunend umherschauten, rief jemand übertrieben fröhlich: »Spendensortierung? Dann bitte links rein. Geradeaus. Könnt ihr nicht übersehen. Habt ihr Philipp gesehen?« Ich schüttelte irritiert den Kopf, die Frau lachte und lief weiter. Wer zur Hölle war dieser Philipp? Und wo war er bloß?

Stufen hoch, durch den kurzen Gang mit seinen vier schäbigen kleinen Büros, die noch immer die alten Behördentürschilder hinter geschraubtem Plexiglas trugen, auf denen »Rechnungshof« stand. Am Ende des Ganges eine riesige Halle, in der sich prall gefüllte Müllsäcke, Plastiktüten und Pappkartons stapelten, dazwischen Inseln aus Tischen, auf denen ausgekippt, sortiert, zusammengelegt und verteilt wurde. Unter jedem Tisch ein Karton mit der Aufschrift »Müll«, um die Tische herum fein säuberlich beschriftete Kisten: »Kinder/Jungen, Hosen, S«, »Kinder/Jungen, Hosen, M«, »Kinder/Jungen, Hosen, kurz«, das Gleiche für Kinder/Mädchen, Frauen und Männer.

Man wirft mir gelegentlich vor, ordnungsliebend bis pedantisch, mit einem Hang zum Sterilen, zu sein. Nun stand ich inmitten meines persönlichen Albtraums. Getragene Hosen, Hemden, T-Shirts,

Unterhemden, Schuhe, Socken, Blusen, Mäntel, Röcke, Spielzeug und viele, viele laute Menschen, die wie Ameisen durcheinanderwuselten. Verdammt, der Kram musste sortiert werden, deswegen Spendensortierung. Schon bei dem Gedanken, Hunderte getragene Klamotten anfassen zu müssen, stieg es mir ein bisschen die Kehle hoch. Aber ein Duft von Krankenhaus ließ mich Frieden finden: astreines Desinfektionsmittel, dicke Flaschen auf jedem Tisch. Alles war gut.

»Habe Spielzeug! Wer übernimmt Spielzeug?« Wieder rannte eine dieser Ameisen an uns vorbei, wurde hinten links bereits erwartet, stellte die Ladung ab, die umgehend von anderen Händen zerlegt und in weitere Kartons verteilt wurde: Teddybären, Puppen, Autos, Spiele … Und wieder verjagte mich ein halb gesungenes »Vorsicht, aus dem Weg bitte«. Genau so musste die Spielzeugwerkstatt des Weihnachtsmannes aussehen. Nur mit Elfen. Und mit Zuckerwatte. Und mit neuen Sachen.

»Hey, ich bin Marion. Seid ihr schon eingeteilt?« Eine sehr große, sehr blonde Frau mit einem sehr großen lachenden Mund riss mich aus meinen Gedanken. Noch bevor wir antworten konnten, rief sie über uns hinweg: »Drei Neue, wer braucht noch jemanden?« Und schon waren wir verteilt.

Ida übersetzte Wassef, wofür man uns eingeteilt hatte, doch er kam nicht mal in die Nähe eines Tisches.

»Do you speak Arabic?«

»Yes I do.«

»So what are you doing here? I need you. Come.«

Und schon war er weg, aus dem »Spendensortierung«-Kreppband wurde ein »Übersetzer, Arabic«-Kreppband. Dolmetscher waren zweifellos sehr begehrt.

Marions Einweisung war einfach: »Tüte auf den Tisch kippen, Sachen angucken, Sachen zusammenlegen und in die jeweilige Kiste packen.« Sie reichte mir eine große Packung Gummihandschuhe. »Anziehen, ich will dich ja noch ein bisschen behalten.« Und genau so machte ich mich ans Sortieren.

Der befürchtete Ekel blieb aus. Nicht nur hatte ich meine rettenden Gummihandschuhe, die Sachen waren auch wirklich gut. Daran gab es nichts zu bemängeln, und Zeit für Ekel hätte man bei dem Rhythmus ohnehin nicht gefunden. Weil auf jedem Tisch alles landete und die Kisten in der Halle verteilt standen, flogen die Zurufe um meinen Kopf. »Hier, kannst du die mal nehmen, zwei Hosen in S und ein Shirt in M.« – »Eine Bluse, eher für Ältere, Größe 42.« – »Super Kleid, dazu habe ich vorhin eine Tasche gesehen. Wo sind die Taschen? Wir packen das zusammen.« – »Äh sorry, ich habe hier neue Tangas. Geben wir Tangas raus?« – »Habe hier ein T-Shirt mit der Aufschrift ›Super-Pussy‹, wollen wir das wirklich anbieten?« Lachen. Es wurde wirklich viel gelacht. Ein bisschen paradox, wenn man bedachte, dass wir in einem großen Haus mit Flüchtlingen waren, durch die Fenster sah man, wie sie durch den Innenhof liefen oder sich von Dolmetschern Papiere erklären ließen.

Ich kippte die gefühlt hundertste Tüte auf den Tisch, um die Sachen anzugucken, zusammenzulegen und wegzupacken, als vor mir zwei ganz offensichtlich getragene und ungewaschene Unterhosen auf den Tisch fielen, eingewickelt in ein dreckiges T-Shirt mit einem fetten Loch auf der Brust. Wieder stieg es mir die Kehle hoch, doch Marion rief nur: »Müll!« Sie deutete auf die Kiste unter dem Tisch. »Manche Leute verwechseln Spenden mit Mülltonne. Passiert. Nicht aufregen, weitermachen.« Sie lachte laut. Es war wirklich nett hier.

Ida war inzwischen von der Spendensortierung in die Lagerabteilung gewechselt oder gewechselt worden – so genau wusste man das nicht, tat man eine sinnvolle Handbewegung, hatte man plötzlich einen neuen Job – und kümmerte sich nun um das Einlagern der Spenden. Von Weitem sah ich sie wirbeln und delegieren, sie hatte in kürzester Zeit Karriere gemacht.

Nach zwei Stunden machte ich mich auf die Suche nach ihr. Das Haus war ein Labyrinth aus gelblichen Fluren und bräunlichen Treppenhäusern. In den früheren Verwaltungs-, Fraktions- und Abgeordnetenbüros wohnten nun Menschen, waren Lager und Behandlungszimmer. Durch die offenen Türen konnte man in den kleinen Zimmern drei, manchmal vier Feldbetten sehen, dazwischen Kleidung, Säcke, aufgerissene alte Taschen, Rucksäcke, ab und an sogar Koffer und andere Habseligkeiten.

Aus den Toiletten drang ein ekelhafter Geruch auf den Flur, der Geruch von zu wenigen Toiletten, die von zu vielen geteilt wurden und die eher an einen Klub in den Morgenstunden oder an ein Festival am zweiten Tag erinnerten. Der Gestank aus verstopften Rohren mischte sich mit dem unverwechselbaren Geruch einer abweisenden alten Berliner Behörde, der Bürgern schon beim Eintritt sagte: »Hier sind Sie falsch, gehen Sie bitte wieder!« Überall rannten Kinder durch die Gegend, stritten lautstark in fremden Sprachen um Spielzeug, gingen Security-Leute schnellen Schrittes durch die Gänge, immer wieder mit Freiwilligen zusammenstoßend, die Betten, Kissen und Kleidung irgendwo hinbrachten, die übersetzten und erklärten.

Im ersten Teil des endlos scheinenden Ganges hatten sich die ehrenamtlichen Ärzte und Krankenschwestern von »Medizin hilft Flüchtlingen« eingerichtet, die hier zu Dutzenden beschäftigt waren und im Eiltempo Verbände legten, Wunden säuberten, Pflaster klebten und Schnupfen, Kopfschmerzen und aufgeschlagene Knie behandelten. Durch einen Türspalt sah ich ein riesiges Medikamentenlager, in dem Ärzte gerade eine Apothekenspende in Regale sortierten, dahinter eine Arztliege.

Der Gang wurde von einem majestätischen Treppenhaus unterbrochen, rechts führten Stufen nach oben in die anderen Stockwerke, dahinter führte der Gang weiter. Hier war das Reich der Spendenannahme, rechts und links standen große Schilder mit »Spenden Männer«, »Spenden Frauen«, »Spenden Kinder«, »Spenden Hygiene«, hier waren unsere Sortierkisten hingekommen.

Das Ende des Ganges bildete ein großer Raum mit terrakottafarbenem Steinfußboden, der früher sicher einmal elegant gewirkt hatte, auf dem sich nun aber Kisten über Kisten stapelten. Dutzende Freiwillige bewegten sich in einem unüberschaubaren Gewusel hin und her, es wurde ausgekippt, einsortiert, aussortiert und gelagert.

Ein unglaubliches Bild, das einen entweder abschreckte oder mit sich riss. In einem weiteren Gang standen Flüchtlinge in Schlangen vor der Kleiderkammer, in denen die zuvor sortierten Spenden ausgegeben wurden, Dolmetscher übersetzten, wenn die Kommunikation mit Händen und Füßen nicht mehr half, Arabisch sprechende Freiwillige mit offenen Haaren, tief dekolletierten Shirts und engen Hosen erklärten arabischen Flüchtlingen mit Kopftuch, wovon sie wie viel bekommen konnten.

Und mittendrin, in diesem unüberschaubaren Chaos: Gelächter. Überall wurde gelacht, gescherzt, gealbert, hitzig, aber erstaunlich freundlich und charmant über die perfekte Stapelordnung der Kisten diskutiert. Und jeder duzte jeden. Klar, Berlin ist eine Du-Stadt, wer Gleichaltrige oder gar Jüngere siezt, outet sich selbst als Zugezogener, und mit denen hatten wir bekanntermaßen so unsere Toleranzprobleme. Ich duzte die Bäckerin, ich duzte in jedem Café die Kellner, ich duzte natürlich in jedem Kiosk und Supermarkt die Verkäufer. So war das auch hier: Der 16-jährige Rastalockenträger duzte die 70-Jährige im Chanel-Kostüm, die duzte wiederum den Mittsechziger, der irgendwas zwischen Geschichtsprofessor und Rechtsanwalt war, der wiederum fragte die 30-Jährige, wie sie denn bitte dieses und jenes sortiert hätte, die dann dem 40-Jährigen ... und so weiter. Auch das Alter schien hier keine Rolle zu spielen.

Jetzt war ich endgültig in einem Film angekommen, der mich begeisterte, der aber auch anstrengend war. Von allen Seiten prasselte es auf mich ein. Überall war eine helfende Hand gefragt, überall sollte und wollte man gleichzeitig mit anpacken, man zerriss sich förmlich und musste aufpassen, vor lauter Zerrissenheit nicht die Hälfte liegen zu lassen. So hatte ich mir das nicht vorgestellt. Ida kam mir entgegen, eine Kiste auf dem Kopf balancierend, sie lachte und rief mir etwas im Gewirr Untergehendes zu. Es wirkte, als hätte sie ihr Leben lang nichts anderes getan, als hier Kisten zu stapeln. Ich machte ihr ein Zeichen, ich wollte raus, ich wollte frische Luft.

Wir stellten uns in den Torbogen zwischen Eingang und Innenhof des Rathauses, es regnete. Auf dem riesigen Innenhof standen nicht nur diese vielen Zelte und Fahrzeuge, sondern auch ein wundersames, großes metallenes Gebäude, so hoch und groß wie ein kleines Einfamilienhaus, eingezäunt und bestückt mit Kameras.

Ich lehnte an der Hauswand und versuchte meine Gedanken zu sortieren. Ich war überwältigt, euphorisiert und erschöpft zugleich, ich hatte wahnsinnig viel Spaß und fragte mich, ob das o.k. war. Die Situation hier war ja nicht spaßig, und die Flüchtlinge, die wir hier sahen, vermittelten auch nicht gerade den Eindruck, als sei ihre Situation besonders unterhaltsam. Trotzdem, es war toll. Es hatte was von einem Happening. Das Chaos ohne stundenlanges Diskutieren war produktiv. Hier hatte alles ein Ergebnis, und die Freiwilligen strahlten eine geradezu mysteriöse positive Energie aus.

Im Gegensatz zu einer anderen Gruppe. Da gab es nämlich noch die Katastrophendienstmitarbeiter. Sie wirkten eher gemächlich, trugen ihre Warnwesten und Sicherheitskleidung, tranken Kaffee, rauchten, kippten zur Essenszeit Konserven in der Feldküche in die Töpfe und bewegten sich ansonsten eher gemütlich. Erst später erfuhr ich, dass der Katastrophenschutz nicht nur viel getan hatte, sondern auch, dass die hier tätigen Mitarbeiter ebenfalls Freiwillige waren, nur eben durch einen Träger organisiert und im Gegensatz zu uns versichert. Ihr Image war aber nicht das beste, und auf Neue wie mich wirkten sie untätig, ihr durchaus spannungsvolles Verhältnis zu den Freiwilligen war nicht zu übersehen – fast egal, mit wem man sprach: Es gab »die« und »wir«, und »wir« gaben den Takt vor, schon deshalb, weil wir zehnmal so viele Leute stellten.

Ida flüsterte mir zu: »Die Spendensortierung ist zu chaotisch. Man müsste den Schritt drei nach vorne ziehen.«

»Schritt drei?«

»Wir kippen hier alles auf einen Haufen, legen die Sachen zusammen und rennen dann zu den jeweiligen Boxen. Wir sollten die Sachen erst nach Männer-, Frauen- und Kindersachen vorsortieren. Dann nach Hosen, Pullovern und Unterwäsche und so. Und erst dann nach Größen. Das wäre viel sinnvoller. Wenn wir das System umstrukturieren, könnten wir Leute und Zeit sparen und die Effizienz erhöhen.« Das war Ida. Unternehmensberaterin durch und durch. Der Vorschlag klang plausibel, aber sollten wir als Neue, die niemand kannten, gleich mit Änderungsvorschlägen kommen? Ich blickte an die gegenüberliegende Wand, vor der eine Gruppe Freiwilliger stand, einer hockte auf dem Boden, ziemlich jung, groß, blond, etwas blass, den Kopf mit halb geschlossenen Augen an die Wand gelehnt, Jeanshemd, schwarze Turnschuhe, verwaschene Jeans, eine Zigarette in der Hand. Jeder redete auf ihn ein, die Menschen rannten hin zu ihm, fragten, bekamen eine Antwort und liefen wieder weg. Es gab keinen Zweifel: Das war Philipp! Wir hatten ihn gefunden. Langsam robbten wir uns an die Gruppe ran.

Philipp, das war sehr schnell klar, war hier der Chef, ohne ihn wurde nichts entschieden, der gesamte Plan schien in seinem Kopf zu stecken. Alles, was er sagte, klang gut, aber eines machte mich etwas nervös: Er redete so langsam. Ich meine w-i-r-k-l-i-c-h langsam. Jemand wollte wissen, in welchen Raum dieses und jenes zu bringen sei. Philipp schaute kurz auf, um dann nicht nur die Raumnummer zu nennen, sondern auch noch anzumerken, was es auf dem Weg dahin und in dem Raum und überhaupt darüber hinaus zu beachten gab. Und das Ganze sehr, sehr langsam. Ich wurde schon beim Zuhören nervös.

Es dauerte nicht lange, und wir hatten uns in ein Gespräch eingebracht, von dem wir zwar nur die Hälfte verstanden, was uns aber nicht davon abhielt, eifrig mitzureden. Ida sprach vorsichtig an, dass sie ein paar Ideen zur Optimierung der Spendensortierung habe, ich machte klar, dass ich die zwei Stunden in der Sortierung zwar super fand, dass wir aber auch gut im Organisieren seien … Kritische Blicke von allen Seiten und ein kurzes – furchtbar langsames – »Kommt erst mal morgen und übermorgen wieder, und dann sehen wir weiter« beendeten unsere kurze Präsentation. Wir hatten uns gerade so richtig beliebt gemacht: Zwei Neue, noch gut erholt vom Sommerurlaub, das erste Mal dabei, gaben gute Ratschläge.

Es war inzwischen auch schon nach 17 Uhr, und wir wollten längst gegangen sein, aber wir konnten jetzt nicht einfach gehen. Wir waren im Fluss, und jetzt zu gehen wäre wie, das angefangene Essen stehen zu lassen. Die neue Deadline hieß 18 Uhr, »dann aber wirklich«. Während Ida wieder irgendwo in der Sortierung und Lagerung abgetaucht war, landete ich erst am und schließlich ungefragt im Info-Point.

Dieser Container war ein vollgestopftes Minibüro, an der geöffneten Seite lagen die ausgedruckten Listen des Volunteer Planners für den heutigen Tag, Tacker, Locher, Edding-Stifte, Kreppbänder, Tesafilmrollen, mit denen immer wieder Informationen in verschiedenen Sprachen von außen auf die Glasscheibe des Wagens geklebt wurden, Büroklammern, Infozettel, Stadtpläne, BVG-Pläne, Keksrollen und Gummibärchentüten, Wasserflaschen und Plastikbecher, eine Kiste mit Schlüsselbändern, an denen die laminierten und gelochten Umhängeschilder für die Schar der Freiwilligen befestigt wurden – die Helfer, die den Laden offenbar schmissen, hatten statt der Kreppbandlücke ihren Namen und ein Foto aufgedruckt. Hinter mir eine Ansammlung von Papierstapeln, Druckern und Laptops, auf engstem Raum war alles vorhanden.

Am spannendsten aber waren die Leute, die sich hier mit mir drängten: im Schnitt Anfang bis Ende vierzig, manche etwas darüber. Katja arbeitete bei einem Verband, Christoph war Rechtsanwalt, ich hatte richtig vermutet. Jochen war bei der Zivilluftfahrtbehörde angestellt, Maria in der IT irgendeiner Bundesbehörde. Für die höheren Altersgruppen stand hier Sima, eine energische und liebenswürdige Dolmetscherin, die bereits in Rente war. Die Jüngeren wurden von Philipp repräsentiert, der die Semesterferien nutzte, um hier von morgens bis abends aktiv zu sein, und von Manuel, ungefähr so alt wie ich, der einen Stapel an Listen durcharbeitete und laut, schnippisch und ironisch war. Es wirkte, als würden sie jeden Flüchtling persönlich kennen, was bei, wie ich inzwischen wusste, 600 Menschen ja wohl kaum möglich war.

Nun fragte ich selbst nach den Namen von Neuankömmlingen, ermahnte die, die sich nicht im Volunteer Planner eingetragen hatten, das doch bitte zu tun, gab die Zugangsbändchen aus, erklärte, wo sich welcher Bereich befand, wobei ich die Leute ständig in die falsche Richtung schickte. Wir beantworteten Fragen, studierten Papiere, gaben Pflaster aus, schickten Flüchtlinge zu den Ärzten.

Immer wieder wurden wir nach SIM-Karten gefragt. Beim erstenmal schaute ich irritiert und fragte mich, woher wir die denn haben sollten, aber Katja nahm eine SIM-Karte aus der Schublade und erklärte das Prozedere, wie man die Karte aktivierte. Hunderte SIM-Karten und Handys waren gespendet worden, sie waren das wichtigste Kommunikationsmittel für die Flüchtlinge, um mit ihren Verwandten in Kontakt zu bleiben, die sich entweder noch in der Heimat oder sich irgendwo in Europa in Unterkünften und auf Fluchtwegen befanden. Genauso häufig kam die Frage nach BVG-Tickets, von denen ebenfalls Tausende gespendet worden waren, denn die Flüchtlinge befanden sich in einer absurden Situation: Sie mussten immer und immer wieder zu den Behörden fahren, hatten aber keine Fahrscheine und auch kein Geld, um sich welche zu kaufen. Wer also kein Ticket gespendet bekam, musste zwangsläufig schwarzfahren, was die Gebührenstelle der BVG, aber auch die Einrichtungen, Freiwilligen und Behörden noch Monate beschäftigen würde. Man lernte im Minutenrhythmus dazu. Vor allem lernte man, kreativ mit Händen und Füßen zu kommunizieren.

Viele der Syrer sprachen Englisch. Die Afghanen hingegen waren stärker auf die Hilfe der Dolmetscher angewiesen. Übersetzerinnen wie Sima waren ununterbrochen gefragt. Ich beobachtete. Die Flüchtlinge waren anders, als ich sie mir vorgestellt hatte, doch wusste ich gar nicht genau, wie ich sie mir denn vorgestellt hatte. Sie teilten eine sichtbare Erschöpfung und eine innere Unruhe. Und sie trugen Flipflops. Und kurze Hosen. Ich fror vielleicht etwas zu viel, aber Flipflopwetter war heute nun wirklich nicht. Wurden keine Schuhe gespendet? Trugen sie die freiwillig? Ich hatte keine Ahnung, aber ich fror schon beim Zugucken.

Trotz der nicht abreißenden Fragen und Diskussionen – die Leute im Container wussten mit einer mir unbegreiflichen Präzision, wer schon Tickets oder SIM-Karten erhalten und wer welche Probleme hatte – war die Stimmung heiter. Aber viele Freiwillige sahen auch einfach müde aus. Wie lange sie heute schon hier waren? Seit 7 Uhr, seit 8 Uhr, seit 9 Uhr. Philipp betrat den Info-Point, musterte mich kritisch, setzte sich auf einen Klappstuhl, den Kopf in die Hände gestützt, tiefe Augenränder. Angesprochen, wie lange er in den letzten Tagen hier gewesen sei, lächelte er nur und sagte: »Ich hätte jetzt wirklich gerne einen Kaffee.« Seit 22 Tagen war er wie viele andere fast immer hier, morgens, mittags, abends, nachts. Die einen nutzten dafür die Semesterferien, andere hatten sich ihren Jahresurlaub genommen. Und alles, was er wollte, war ein Kaffee? Das sollte doch kein Problem sein. War es aber. Jeder war hier so beschäftigt, dass sie eigene Bedürfnisse vergessen hatten. Das nächste Café war zu weit weg, und so ernährten sich die Freiwilligen an ihren 12-Stunden-Tagen von dem, was sie sich morgens mitgebracht hatten, belegte Brote, Cola, Schokolade und Müsliriegel. Und natürlich Gummibärchen, die man immer und überall rumliegen lassen konnte, weil keines der Kinder diese Schweinegelatinegummibärchen essen wollte. Vollmundig kündigte ich an, mich um eine Kaffeemaschine zu kümmern und sie irgendwann vorbeizubringen. Katja ermahnte mich streng, auf keinen Fall selbst eine Maschine zu kaufen: »Wer hier den ganzen Tag hilft, soll nicht noch Geld ausgeben.« Sie berlinerte gar nicht mehr. Sie meinte das ernst.

Um kurz vor 20 Uhr gingen Ida und ich schließlich wirklich, mein Essen hatte ich schon längst abgesagt, Wassef war als Dolmetscher mit einem Flüchtling ins Krankenhaus gefahren. Wir gaben unsere Schilder ab. Und da passierte es. Maren sagte: »Schön, dass ihr da wart. Bis morgen dann.« Und automatisch und ohne zu überlegen, antworteten wir: »Bis morgen.« Jochen grinste. Verdammt. Das war eine Falle gewesen. Jetzt konnten wir nicht nicht wiederkommen.

Eine Stunde später saßen wir in Kreuzberg, tranken Kaffee und diskutierten. Wir hatten in den letzten Stunden so viel gesehen, gehört und aufgeschnappt, es war gar nicht möglich, über etwas anderes zu sprechen. Ich versuchte meine Erlebnisse zu sortieren. Was hatten wir da heute erlebt? Und wie viel war da noch? Von fünf Stockwerken hatten wir gerade einmal eine halbe Etage gesehen, einen Bruchteil. Wir waren uns einig, dass wir morgen noch einmal wiederkommen würden, den einen Tag konnten wir noch aufbringen. Mir ging die Kaffeemaschine nicht aus dem Kopf.

Um 20.31 Uhr schrieb ich mein erstes Facebook-Posting zum Thema »Rathaus Wilmersdorf«:

> »Liebes Netzwerk, wer hat eine normale Kaffeemaschine und/oder einen Wasserkocher zu verschenken? Ida und ich haben den Tag heute in der Flüchtlingsunterkunft in Wilmersdorf verbracht und werden dort morgen wieder sein. Es ist unglaublich bewegend, zu sehen, wie viele Menschen helfen. Die komplette Hilfe ist 100 Prozent ehrenamtlich organisiert. Gleichzeitig war es erschreckend, dass dort Leute bis zu zehn Stunden ehrenamtlich helfen und es nicht mal schaffen, einen Kaffee zu trinken. Es wäre toll, wenn wir diesen Ehrenamtlichen morgen eine Kaffeemaschine hinstellen könnten. Danke!«

Am nächsten Morgen stand ich pünktlich zum Schichtbeginn um 9 Uhr vor dem Rathaus. Mein früherer Kollege Ruben und mein Freund Stefan brachten ihre Kaffeemaschinen vorbei, in meiner Tasche befanden sich der Wasserkocher aus meiner Küche, Süßigkeiten und Kaffeepulver aus dem Kiosk. Völlig selbstverständlich und ohne zu fragen, stieg ich in den Info-Point, sagte laut »Juten Morgen allerseits«, stellte die Maschinen hin, drehte mich nach vorne, schnappte mir die Liste, lächelte breit, gab Ida zehn Minuten später ihr Band für die Spendensortierung. Jetzt ging es los.

Einmal geht noch

2.

Für die nächsten Stunden war der Info-Point wieder mein Arbeitsplatz, ich gab Schilder an die Freiwilligen aus, glich die Namen mit den Listen ab, beantwortete Fragen, sagte Leuten, wo sie hingehen sollten, und schickte sie sogar in die richtige Richtung, instruierte die Spender, die über den ganzen Tag verteilt nicht weniger wurden, und ließ mich von der positiven Stimmung anstecken, die sich durch das gesamte Haus zog. Hinter mir blubberten die beiden Kaffeemaschinen, das eigentümliche Konstrukt von Rubens Maschine mit zwei nebeneinanderliegenden Kaffeekannen erforderte ein Studium in Kaffeekochkunde. Ruben hatte mich zu einem fachmännischen Gebrauch ermahnt, vergeblich, ständig lief der Kaffee irgendwo raus und über, und es brauchte ein Dutzend Durchläufe, bis wir die Maschine ohne Überschwemmung bedienen konnten.

Also verlagerten wir die Kaffeeproduktion ins Haus, um das Minibüro nicht ständig zu fluten. Am Eingangstor saßen wieder die Security-Männer mit ihren Listen, auf denen ich natürlich wieder nicht stand, der Volunteer Planner, in den ich mich diesmal sogar artig hatte eintragen wollen, war für die gesamte Woche ausgebucht gewesen. Noch einmal konnte ich ihnen die Geschichte mit der fehlerhaften Liste wohl kaum erzählen. Zielstrebig ging ich auf den Security-Mann zu, dessen Namen ich mir gestern gemerkt hatte. Der breitschultrige Typ sah nicht nur wie ein Türsteher aus, er war es hier ja tatsächlich, hatte sich aber gestern als ziemlich entspannt erwiesen. Mit einem »Hey Mehmet, wie geht's?« lief ich einfach an ihm vorbei Richtung Treppenaufgang. »Wir machen gerade Kaffee, willst du auch einen?« Mehmet, sichtlich überrascht, grüßte zurück, sah mich da wie selbstverständlich mit der Kaffeekanne in der Hand stehen, für einen Moment überlegend ob er mich etwa schon eingetragen hatte, und ließ mich passieren. Dreistigkeit siegte, für heute war ich sicher.

Genau 23 Tage zuvor war diese wuselige Stadt in der Stadt geboren worden. Am Freitag, den 14. August 2015, hatte der Arbeiter-Samariter-Bund (ASB) morgens in einer E-Mail mitgeteilt, dass noch am selben Tag im früheren Rathaus Wilmersdorf, ein aufgrund der Fusion der Bezirke Charlottenburg und Wilmersdorf leer stehendes Gebäude, eine Notunterkunft eröffnet werden würde. Drei Tage vorher hatte die Behörde von Sozialsenator Mario Czaja erklärt, die Verwendung der Immobilie werde geprüft – wie andere auch. Offenbar war die Prüfung nun abgeschlossen. Denn jetzt sollte Berlins 61. Unterkunft für Flüchtlinge eröffnen. An diesem Tag. Sofort. Die Unberechenbarkeit und Spontaneität der Berliner Behörden sollte legendär werden.

Im Eilverfahren hatte der Katastrophenschutz des Arbeiter-Samariter-Bundes nun das Rathaus zur Übernahme zugeteilt bekommen und bat die Bevölkerung um Hilfe. Irgendwie war diese E-Mail bei Philipp gelandet, der daraufhin zum Rathaus fuhr – und vor verschlossenen Türen stand. Nach einigem Hin-und-her-Telefonieren hatte er erfahren, dass gegen Mittag der Katastrophenschutz mit 50 Leuten anrücken würde, trotz guter Kontakte in die Behörden war es ihm aber nicht gelungen, herauszubekommen wann wie viele Flüchtlinge zu erwarten waren. Das LAGeSo wusste es offenbar selbst nicht.

Philipp, der bereits Erfahrungen in anderen Unterkünften gesammelt hatte, gründete die Facebook-Gruppe »Wilmersdorf hilft« und postete den Link in allen möglichen Unterstützerforen. Den ersten Schritt zur Gründung des Ehrenamts in der Notunterkunft

Rathaus Wilmersdorf hatte er damit getan. Nur Stunden später hatte die Gruppe bereits 500 Mitglieder, aus allen Ecken der Stadt wurde nachgefragt, wo und wie man wann helfen könne. Um 15 Uhr kam das Radio vorbei, berichtete von den wartenden Helfern, Spreeradio rief zur Unterstützung auf. Die Facebook-Gruppe wuchs weiter auf 800 Mitglieder, vor dem Rathaus trafen die ersten Helfer ein und warteten schwitzend bei 28 Grad Celsius. Was fehlte, waren die Flüchtlinge und der Katastrophenschutz.

Um 16.15 warteten bereits rund 100 Freiwillige, als der ASB Katastrophenschutz mit 50 seiner Ehrenamtlichen auftauchte und sichtlich überfordert war, doppelt so viele Freiwillige vor sich zu haben.

Doch dann ging es los. Während der ASB Feldbetten auslud, die Zimmer inspizierte und rasch einen Lageplan erstellte, begannen die Freiwilligen die ersten Betten aufzubauen. Philipp startete einen Spendenaufruf, der im Netz immer wieder geteilt wurde. Wenige Stunden später wurde das Spendenlager notdürftig eröffnet, Lebensmittel, Kleidung, Bettzeug – die Berliner brachten alles.

Um 19.15 Uhr dann der erste Bus, die ersten Flüchtlinge. Ihnen war ein weiterer Bus gefolgt. Wie aus dem Nichts standen plötzlich 178 Flüchtlinge vor der Tür, jetzt musste es schnell gehen. Während die einen beim Aufbau der Betten und der Feldküche halfen, versorgten andere die Flüchtlinge mit Wasser. Es gab keine Bänke oder Stühle, wer sitzen wollte, saß auf dem Boden im Flur. Denn in die Zimmer konnte nur, wer für das Haus registriert war. Zwar waren Formulare vorhanden, aber es gab kein Registrierungssystem, kein Internet, nicht einmal Tische waren im Haus zu finden.

Bis 4 Uhr morgens registrierten die Helfer und der Katastrophenschutz jeden der Flüchtlinge. Die offizielle Registrierung fand erst am Mittwoch statt, fünf Tage nach Gründung der Einrichtung. Erst dann hatten Flüchtlinge die Möglichkeit, eine sogenannte grüne Karte für medizinische Behandlungen zu erhalten. Wer vorher Hilfe benötigte, war auf ehrenamtliche Ärzte angewiesen oder auf solche in Krankenhäusern, die mitdachten, die deutsche Überpräzision kurzfristig ignorierten und einfach halfen, ohne an Abrechnungsscheine zu denken.

Parallel erstellten die Freiwilligen die erste Bedarfsliste. Man brauchte alles: Zahnpasta und Zahnbürsten, Handtücher, Bettzeug, Seife, Shampoo, Deo, Desinfektionsmittel, Kleidung für Männer, Frauen und Kinder. Und vor allem Wasser. Erst Stunden zuvor war bekannt geworden, dass das Wasser aus den Wasserhähnen nicht getrunken werden durfte, fast ein Jahr war kein Wasser durch die alten Leitungen gelaufen. Es war heiß, man brauchte Wasser, viel Wasser.

Um 5 Uhr morgens verließen die letzten Freiwilligen das Haus, um 9 Uhr waren viele von ihnen wieder da. Bei Philipp stand das Telefon nicht mehr still, seine Telefonnummer hatte sich in Windeseile verbreitet, von überall riefen die Leute an, wollten spenden und helfen, die Presse bat um Interviews. Schon jetzt, nur einen Tag nach der Eröffnung der Notunterkunft, überschlugen sich die ersten Pressemeldungen vor Lob für die große Hilfsbereitschaft, der Einsatzleiter des ASB sagte wenige Tage später, in den 40 Jahren seiner Tätigkeit hätte er nie eine solche ehrenamtliche Hilfe erlebt.

Aus der Zeitung erfuhren die Freiwilligen, dass das Haus, in dem sie letzte Nacht 178 Menschen untergebracht hatten, eigentlich nur für 130 Flüchtlinge Platz hätte, am Wochenende die Zahl aber auf 500 erhöht werden solle. Aber auch jetzt schon wurde es immer voller. Zu den 178 Flüchtlingen kamen nicht nur die Katastrophenschutzmitarbeiter, sondern auch immer mehr Freiwillige. Samstag waren es schon 150, bald gab es mehr Freiwillige als Flüchtlinge. Wann wo im Haus wie viele und welche Menschen genau waren, war nicht immer klar, es war chaotisch. Doch es ging voran, ununterbrochen wurde gearbeitet. Die BILD-Zeitung rief auf: »Es werden aber noch mehr Helfer benötigt. Vor allem solche, die beim Übersetzen helfen können – in den Sprachen Farsi, Russisch, in irakischen und syrischen Dialekten.«

Samstagmittag, einen Tag nach der Öffnung, dann der erste Schritt auf dem Weg zum organisierten Helfen, der das Fundament der späteren Struktur legen sollte, angestoßen von den Freiwilligen selbst: Wer ins Haus wollte, musste sich in eine Liste bei der Security eintragen und ein Band um den Hals tragen, damit jederzeit überblickt werden konnte, wie viele und welche Helfer sich gerade im Haus befanden.

Während Philipp mit dem Katastrophenschutz verhandelte, wie sich die Freiwilligen in dem Haus zu registrieren hätten und bewegen konnten, durchkämmte Yasmine das Rathaus auf der Suche nach einem geeigneten Raum für Kinder. Dutzende kleine Kinder waren am Vortag und in der Nacht angekommen, erschöpft und traumatisiert. Für sie sollte ein kindergerechter, fröhlicher Ort geschaffen werden. Während Yasmine im vierten Stock einen geeigneten Raum fand, traf sich im Erdgeschoss eine andere Gruppe und entwarf unter dem Management von Michaela und Dorothee den Plan für die Spendenannahme und die Spendenausgabe, erstellte Raumpläne, parallel lief ein Spendenaufruf für Kinderspielzeug. Eine andere Gruppe nahm den Aufbau der völlig zerfallenen und verdreckten Kantine im vierten Stock in Angriff. Es gab kein fließendes Wasser, keine Kühlschränke, und der einzige Fahrstuhl im Haus funktionierte nicht. Alles, was in die Kantine sollte, musste getragen werden. Noch Tage nach deren Eröffnung schleppten Freiwillige Hunderte Liter Wasser die vier Etagen nach oben. Die Feldküche im Hof war das Herrschaftsgebiet des Katastrophenschutzes. Was fehlte, waren die Duschcontainer. Zwar sollten diese geliefert werden, allerdings mit einer Höhe von 3 Metern. Die Toreinfahrt zum Innenhof war jedoch 2,90 Meter hoch.

Am Sonntag hatte sich das Lager der Spendenannahme gewaltig gefüllt, ein neuer Raum wurde hinzugenommen. Die 150 Freiwilligen hatten sich auf 300 verdoppelt, die Facebook-Gruppe zählte 48 Stunden nach Gründung über 1500 Mitglieder.

Am selben Tag hatten unter der Leitung von Esther und Victoria Lehrerinnen und Lehrer damit begonnen, einen Bereich für Deutschunterricht aufzubauen, fünf Tage nach Eröffnung der Notunterkunft gab es den ersten Unterricht für 20 Flüchtlinge, abends wurden Kindern Geschichten vorgelesen, anfangs in Ermangelung arabischer Bücher deutsche Geschichten.

Montag dann der Aufnahmestopp – wegen der noch fehlenden Duschen und der daraus resultierenden angespannten hygienischen Situation durften vorläufig keine neuen Flüchtlinge einziehen.

Doch die Entwicklung verlor deswegen nicht an Dynamik. Am Mittwoch lagen neben den Plänen für das Kinderzimmer, das vollständig mit Spenden eingerichtet schon am Freitag eröffnet wurde, auch die für die Spendenannahme und die Spendenausgabe vor. Hinzu kam die Eröffnung des Frauenraums – der Männern und größeren Kindern streng verboten war –, außerdem stand die zentrale Orgastelle für Freiwillige.

Jeden Tag wurden neue Bereiche und neue Zimmer für immer mehr Flüchtlinge geöffnet, einige hatten innerhalb des Rathauses plötzlich umziehen müssen, bei der Begehung des Hauses hatte man bautechnische Mängel übersehen. Es wurde organisierter, aber auch unübersichtlicher. Es gab mancherorts zu viele Freiwillige für die sich noch im Aufbau befindlichen Strukturen, in anderen Bereichen fehlten sie. Der Katastrophenschutz fühlte sich im wahrsten Sinne des Wortes überrannt von Euphorie und Tatendrang, die Frustration unter den Freiwilligen stieg, niemand wusste, wann mit wie vielen Helfern zu rechnen war, planen konnte man so nicht. Dabei war das Interesse am Haus ja gerade erst geweckt worden. Während Philipp die Zusammenarbeit mit dem Katastrophenschutz und den Aufbau der Strukturen im Haus vorantrieb, gingen bis zu 100 Nachrichten pro Tag auf Facebook ein, dazu Dutzende Anrufe und SMS. Es war unmöglich, alles zu beantworten, er und viele andere arbeiteten bis zu 20 Stunden am Tag.

Mittwochabend wurde Mark zum Facebook-Verantwortlichen ernannt, alle Fragen wurden nun von ihm gebündelt, mit Philipp geklärt und anschließend beantwortet.

Donnerstag traf Philipp auf Peter, einen leidenschaftlichen Programmierer und Entwickler mit einer Vorliebe für Strukturen.

Gerade erst angekommen, bekam er die Aufgabe, ein System zu entwickeln, wie man die freiwillige Hilfe organisieren konnte. Über Nacht wurde der Volunteer Planner geboren und ins Netz gestellt, schon am Freitag mussten sich alle Freiwilligen registrieren und in das Dreischichtsystem eintragen: 9 bis 13 Uhr, 13 bis 17 Uhr und 17 bis 21 Uhr. Freitagmittag waren die Schichten im Volunteer Planner für eine komplette Woche ausgebucht.

Freitagnachmittag »beschlagnahmten« die Freiwilligen den gerne als »Würstchenbude« bezeichneten Container, der nicht wirklich gebraucht worden war und in dem nur Materialien lagen, und machten daraus den Info-Point. In nur wenigen Stunden wurde hier das Mini-Büro aufgebaut und Katja von Philipp quasi zur Herrscherin über die Registrierung ernannt. Das Haus war nun seit sieben Tagen geöffnet.

Bereits am nächsten Tag wurden die Registrierungslisten des Volunteer Planners zweifach ausgedruckt, für die Ausgabe der Umhängeschilder und für die Security-Kontrolle. Der Volunteer Planner sollte die erste große Innovation der Freiwilligen im Rathaus Wilmersdorf werden, nach nur wenigen Tagen gab es Anfragen anderer Unterkünfte aus ganz Berlin, aus NRW und Bremen, heute haben Hunderte Unterkünfte im ganzen Land den Planner übernommen oder kopiert. Die Bindung zum Haus wurde mit dem Planner enger, wer vorher spontan gekommen oder gegangen war, hielt sich nun an seine Schichten und fühlte sich verantwortlich.

Die Übernahme von Verantwortung wurde von den Freiwilligen systematisch in allen Bereichen vorangetrieben. Jeder Bereich hatte eine hauptverantwortliche Bereichsleitung, jede Schicht eine Schichtleitung, die innerhalb der Schicht die Verantwortung trug und sich mit der Bereichsleitung abstimmte. Mit der Presse sprach nur Philipp, Verhandlungen mit dem ASB unterlagen ihm. Gleichzeitig tauchte Manuel auf, der die Aufgabe übernahm, alles Organisatorische zu koordinieren. Die Hauptlinien verliefen nun zwischen Katja, Manuel und Philipp.

Die Organisation war straff.

14 Tage nach Öffnung der Unterkunft waren endlich die sehnsüchtig erwarteten Duschcontainer in der Mansfelder Straße aufgestellt worden. Die eine Woche vorher notdürftig von Feuerwehr und DLRG aufgestellten Duschzelte waren wegen fehlender Trennwände nur eingeschränkt genutzt worden, statt der sechs Personen konnte immer nur eine Person duschen, die Abflüsse waren ständig verstopft, auch weil die Männer sich endlich rasieren wollten, vor den Duschen bildeten sich Schlangen. Die von vielen erwarteten und gefürchteten Proteste der Anwohner, die nun Duschcontainer, zwar durch Zäune und Sichtschutz abgetrennt, direkt vor der Tür haben sollten, blieben aus. Die Freiwilligen hatten eine Informationsoffensive gestartet, Anwohner direkt angesprochen, durchs Haus geführt und ihnen nicht nur klargemacht, dass diese Menschen hier keine Gefahr darstellten, sie hatten so auch viele von ihnen als Freiwillige gewonnen.

Das Haus gedieh, entwickelte sich in rasender Geschwindigkeit, nach weniger als zehn Tagen wohnten mehr als 550 Flüchtlinge im Rathaus, mehr sollten folgen. Und während in der ganzen Republik die Angriffe und Anschläge auf Flüchtlingsheime zunahmen, packten die Nachbarn in diesem bürgerlichen Viertel mit an, spendeten, was sie im Haus fanden, schleppten Kisten und gaben Deutschunterricht.

Am 26. August kam der Bundespräsident, um sich ein Bild von der Situation zu machen und den Helfern den Rücken zu stärken. Gauck verwendete hier den inzwischen legendären Begriff des »hellen Deutschlands«, er lobte die »vielen Freiwilligen, die zeigen wollen, es gibt ein helles Deutschland, das hier sich leuchtend darstellt gegenüber dem Dunkeldeutschland, das wir empfinden, wenn wir von Attacken auf Asylbewerberunterkünfte oder gar fremdenfeindlichen Aktionen gegen Menschen hören«. In diesem Dunkeldeutschland wurde zum selben Zeitpunkt die Bundeskanzlerin von wütenden Protesten aufgebrachter Populisten, Pegidisten, AfD-Anhänger und sich als »besorgte Bürger« tarnender Neonazis empfangen, genauer gesagt im sächsischen Heidenau, einem Ort, über den man nichts wusste, außer dass hier in den vergangenen Tagen immer wieder Flüchtlinge angegriffen worden waren. Nachdem sich die Regierung tagelang kaum geäußert hatte, wollte man nun Solidarität und Entschlossenheit zeigen. Bis heute bin ich mir sicher, dass der Vorfall in Heidenau, der geballte Hass und die geballte Primitivität, das einschneidende Erlebnis war, das maßgeblich zu Merkels Sinneswandel beigetragen hat, doch dazu später.

Für die Flüchtlinge war der Besuch Gaucks zweifelsohne mehr als ein Highlight gewesen. Nachdem sie wochenlang durch sich abschottende und sie verfolgende Länder geirrt waren, von Regierungen, Polizisten und Soldaten verfolgt und gedemütigt, kam hier plötzlich das deutsche Staatsoberhaupt und machte Selfies mit ihnen. Wie bizarr. Deutschland war plötzlich das Gelobte Land der Menschlichkeit. Und die Freiwilligen? Sie fremdelten. Die Politik ließ sie hier jeden Tag im Stich. Wo Staat und Behörden hätten aktiv werden müssen, wurde die Organisation den Freiwilligen überlassen, und nun kam der Bundespräsident und ließ sich fotografieren. Ein trockenes Zitat von Philipp, der ja inzwischen selbst jeden Tag in irgendeiner Zeitung zitiert wurde, machte deutlich, was die Freiwilligen von allzu viel Politzirkus hielten: »Es ist eine schöne Anerkennung, dass der Bundespräsident vorbeikommt. Der Besuch wäre aber verzichtbar gewesen – außer, wenn Gauck als Erkenntnis mitnimmt, dass die Politik aufhören muss, nur zu reagieren.«

Hier war ich nun also gelandet. In einer Stadt in einer Stadt, in der es alles gab und gleichzeitig an allem mangelte. Der Info-Point schien meine Berufung. Organisieren, planen, koordinieren, das gefiel mir. Es war ein bisschen wie in meinem eigenen Büro, nur die Kunden waren anders, wenngleich sie auch hier alles sofort und jetzt wollten. Ich hatte in den beiden Tagen wie ein Staubsauger alles aufgesaugt, in meinem Kopf sortiert und versucht, eine Übersicht zu bekommen. Mein selbstständiges Agieren stieß nicht auf ungeteilte Begeisterung, aber man ließ mich machen. Ich war der typische Neuling: Ich hatte keine Ahnung, glaubte aber, es im Zweifel besser zu wissen.

Das Ganze war ein geistiges Entwicklungslabor, ein Innovation Spot, der Anlass zu Konflikten und Kompetenzgerangel bot, der aber auch dazu führte, dass alles Bestehende immer und immer wieder hinterfragt wurde. Manche der Bereiche, manche Abläufe sollten sich im Laufe der Zeit ein Dutzend Mal verändern. Es gab kein echtes Vorbild, es wurde probiert und geändert, so lange, bis es gut war, und später dann noch einmal, um es noch besser zu machen.

Philipp stand neben uns, wie gestern sichtlich erschöpft, aber dennoch wach. Niemand, den ich in den letzten beiden Tagen kennengelernt hatte, zweifelte seine Stellung an, obwohl er erst 24 Jahre alt war. Das hatte seine Gründe. Zwar sprach er auch heute so furchtbar langsam, verbreitete damit aber eine wohltuende Ruhe. Außerdem gab es niemanden, der so viel von Flüchtlingspolitik und Notunterkünften verstand. Was immer auch anstand, wo immer es eine Entscheidung zu treffen gab – alle fragten nach Philipp. Trotzdem wäre ich an diesem Tag nie auf den Gedanken gekommen, dass ausgerechnet dieser langsam redende junge Mensch später mein wichtigster Vertrauter und Verbündeter werden sollte.

Denn heute fand ich ihn nur langsam und stur. Ida hatte ihre Pläne zur Optimierung der Spendensortierung vorangetrieben. Dabei rannte sie offene Türen ein. Die Sortierung klappte hervorragend. Nur Philipp schien nicht begeistert, als ich davon im Nebensatz berichtete.

Aus dem Augenwinkel sah ich seine hochgezogene Augenbraue. »Habt ihr das mit Doro besprochen?« Bevor ich etwas sagen konnte, griff Ida in das Geschehen ein, schließlich war die Spendensortierung ihr Job. »Wir haben das drüben ausprobiert, das geht wirklich gut, wir sparen jetzt viel Zeit.« Sie hatte die Frage nicht beantwortet, aber alles gesagt, was es zu sagen gab, um die Situation zu beruhigen: »Wir«, »ausprobiert«, »gut«.

Philipp schien die Strategie zu durchschauen. »Wir haben hier viel aufgebaut. Wenn ihr Sachen ändern wollt, besprecht das bitte mit mir oder der Bereichsleitung.« So standen wir da, abgefertigt wie zwei dumme Kinder. Die Neuen halt.

Die »leitenden Freiwilligen« sahen heute angespannter aus als gestern. Solange ich im Info-Point meinen Dienst schob, saß ich an der Quelle der Informationen. Heute würde der letzte Tag des Katastrophendienstes sein, ab morgen sollten ein neuer Heimleiter und feste Mitarbeiter kommen, das Haus würde komplett dem ASB Berlin unterstellt werden. Geschichten über andere Unterkünfte wurden ausgetauscht, wo Heimleitungen die Freiwilligen einschränkten, strenge Regeln einführten und freiwillig organisierte Angebote unterbanden. Der Auftrag an die Träger war klar: Sie wurden bezahlt, damit die Leute Essen und ein Bett hatten. Nicht mehr, nicht weniger. Der Rest war Aufgabe der Freiwilligen.

Der Katastrophenschutz baute seine Vorrichtungen ab, die Duschzelte und die Feldküche, die als Einsatzzentrale genutzten Zimmer wurden geräumt. Es entstand ein Vakuum, das die Freiwilligen in Windeseile nutzten. Noch am Nachmittag erfolgte der Teilumzug aus dem Info-Point in ein Büro. Nummer 97, das Büro gleich rechts im kurzen Gang, sollte das Helferbüro werden. Es wurden Fakten geschaffen, der Anspruch, sich als Freiwillige im Haus frei bewegen zu können, wurde untermauert. Nun waren wir auch räumlich nicht mehr nur am, sondern im Haus.

Der Tag verflog. Ich half beim Umzug in das Büro, schleppte Säcke und Kisten durch die Gegend, verteilte Kekse an Kinder, kochte, verteilte und trank Kaffee, machte Listen, kontrollierte Listen, gab Bänder aus, half dabei, wenn kaputte Betten, die eigentlich für wenige Tage dauernde Einsätze konzipiert waren und nach nun drei Wochen doch teilweise sehr derangiert wirkten, ausgetauscht wurden, reichte in langen Menschenketten das von einem Getränkehandel gespendete Wasser aus einem Lastwagen in das Haus, sammelte mit Flüchtlingen Müll ein, um der Nachbarschaft keinen Anlass für Beschwerden zu geben, rief Krankenwagen und Einsatzärzte, denn das medizinische Zentrum stieß bei den über 500 Personen, die fast durch die Bank weg Verletzungen hatten oder einfach durch die Flucht stark geschwächt waren, an seine Grenzen, kurzum: Am Ende des Tages war ich geschafft, hatte keine Minute sinnlos rumgesessen und konnte trotzdem nicht sagen, was ich eigentlich den ganzen Tag gemacht hatte.

Es war 20 Uhr, Ida war schon vor drei Stunden gegangen, um ihren Abendflug noch zu bekommen, als ich das Haus verließ, jetzt wirklich in der festen Überzeugung, dass ich noch mal wiederkommen würde. Am nächsten Wochenende hatte ich kaum Termine.

Die Ruhe vor dem Sturm

3. Am nächsten Morgen entschied ich, heute schon ins Rathaus zu fahren und nicht erst am Wochenende. Es gab dort noch so viel zu tun, ich wollte nicht fünf Tage warten. Nachdem ich das Wichtigste in der Agentur erledigt hatte, erreichte ich nach halbstündiger Bahnfahrt um 16 Uhr das Rathaus. Ich war nun in drei Tagen so oft wie zuvor in drei Jahren in Wilmersdorf gewesen, wenngleich ich nie wieder mit dem Fahrrad fahren würde, die Zeit konnte man wahrlich besser nutzen, als sich durch den Berliner Verkehr zu kämpfen. Um 20 Uhr war ich bei einem Fest eines Verbandes verabredet, vorher musste ich nach Hause, mich umziehen, ich würde genau zwei Stunden und 45 Minuten Zeit haben.

Die Einfahrt wirkte wie in den letzten beiden Tagen, nur ruhiger. Etwas weniger Menschen liefen hin und her, weniger Spenden wurden ausgeladen, aber die Security stand dort, wo sie auch an den anderen Tagen gestanden hatte, in der Würstchenbude wurden Bänder sortiert, davor standen Flüchtlinge und Helfer, es wuselte. Ich wurde freudig begrüßt, von den Helfern mit »Hallo Holger«, von einigen Flüchtlingen mit »Hallo«.

Katja verließ gerade mit Maren, auch eine Helferin der ersten Stunde und in ihrem eigentlichen Leben Einzelhandelskauffrau, den Info-Point und ging strammen Schrittes mit mir durch die Einfahrt ins Haus, offensiv grüßte ich die Jungs vom Security-Dienst und lenkte so erneut davon ab, dass ich natürlich wieder nicht auf der Liste stand, allerdings hatte ich gestern versehentlich mein Schild mit der Aufschrift »Info-Point« mitgenommen und mir außerhalb der Sichtweite des Hauses um den Hals gehängt, vermutlich wussten sie einfach nicht, ob mich ein anderer Security-Mann schon vor Stunden eingetragen hatte.

Wir betraten das gestern in Beschlag genommene Helferbüro. Viel hatte sich in den letzten Stunden getan, zwei Tische teilten den Raum, leere Regale lehnten an der Wand, Berge aus Zetteln verteilten sich über den Tisch. Die Stimmung war anders, irgendetwas lag in der Luft.

»Ist der neue Heimleiter da?«

Katja deutete auf das schräg gegenüberliegende Büro: »Is drüben. Wird sein Büro.« »Und? Wie ist er?«

»Scheint o.k. zu sein. Hat drei Leute für die Verwaltung mitgebracht.«

»Ganze drei Leute? Mensch, da fahren sie aber dick auf.« Wir lachten.

Philipp lief auf dem Flur lang, erblickte mich im Büro und winkte mich zu sich rüber. »Hallo. Bist du heute noch ein bisschen da? Wir brauchen nachher Hilfe.«

»Ja, bis viertel vor sieben habe ich Zeit. Was steht an?«

Philipp tippte auf seinem Handy herum und schaute kurz auf: »Wir bekommen vielleicht neue Bewohner. Wissen wir bis 18 Uhr.« Neue Bewohner? In dieses Chaos hier? Woher? Wie viele? Philipp zuckte mit den Schultern. Die einzige Information, die es gab, hatte er gerade mit mir geteilt. Ich folgte ihm in die beiden Büros, die jetzt vom ASB belegt wurden, das vordere für die Verwaltung, das hintere für den neuen Heimleiter.

Ein großer, nackter Schreibtisch stand hier nun, darauf ein Laptop, ein Handy, ein kleiner Papierstapel, dahinter ein leeres Regal, auf dem schwarzen Drehstuhl ein Mann Ende vierzig, Anfang fünfzig. Das war er also.

Philipp stellte uns vor. »Thomas, der neue Heimleiter, Holger, einer der Freiwilligen.« Auch hier wurde geduzt.

Thomas begrüßte mich mit einem großen, herzlichen Lächeln. »Schön, dich kennenzulernen.«

Als Erstes fiel mir der Akzent auf. Ein Ossi, kein Zweifel. Thomas streckte mir seine rechte Hand entgegen. Ein silberner Ring mit einem großen weißen Kreuz drauf sprang mir entgegen. Um Himmels willen, ein Überchrist aus dem Osten in einer Flüchtlingsunterkunft mit muslimischen Flüchtlingen im alten Westberlin, das konnte was werden. Doch er wirkte nett, seine Stimme hatte einen warmen, fröhlichen Klang. Er war einen Kopf kleiner als ich, hatte kurze dunkle Haare, ein verschmitztes Lächeln, trug ein kragenloses Hemd und Jeans. Da war nichts von dem erwarteten Typ Behördenleiter, der war eher ein Kumpel. Er selbst hatte 20 Jahre Erfahrung in der Arbeit mit Flüchtlingen, hatte jahrelang in Flüchtlingslagern im Kosovo gearbeitet.

Philipp legte Pläne auf den Tisch. »Wir müssen überlegen, welche Räume wir nehmen können. Holger hat vorgestern gesagt, er kann gut organisieren, dann kann er das ja heute gleich mal zeigen und die Aufgaben kontrollieren.« Bitte was? War das eine Prüfung? Gut, angekommen.

Wir sprachen über die Arbeit im Rathaus, es war entspannt, fast gemütlich. Thomas hatte ziemlich klare Vorstellungen, wollte aber nichts von dem, was bereits aufgebaut worden war, verändern, sondern gemeinsam weiterentwickeln. Er fragte viel, hörte zu, wirkte interessiert und machte gleich im ersten Satz klar, dass er das hier als Teamprojekt verstand. Ich hatte keinen Zweifel, dass das mit ihm funktionieren würde. Es war offensichtlich ein Überzeugungstäter, im positiven Sinne. Doch die Skepsis war da. Ich hatte heute Morgen Berichte über andere Heime gelesen, das Zusammenleben von Trägern und Freiwilligen war an vielen Standorten spannungsgeladen. Und das zeigte sich auch bei uns. Als ich mir später einen Kaffee holte und Philipp und Thomas einen mitbrachte, zischte mir eine Freiwillige zu: »Hey, wir bedienen den ASB nicht!« Sie hatte natürlich recht. Aber ich vertraute darauf, dass man mit Honig mehr Fliegen fängt als mit Essig.

Unser Gespräch über das Haus endete abrupt um 17.43. Das Telefon klingelte, der erwartete, erhoffte, befürchtete Anruf aus dem LAGeSo. Auf dem Tisch vor Philipp lagen schon die Pläne des Hauses, wir hatten überlegt, in welche Zimmer man die neuen Flüchtlinge unterbringen könnte – für 50 Leute sollte problemlos Platz sein. Da Thomas bereits am Freitag eine Führung durch das Haus bekommen hatte, kannte er im Groben die Lage. Doch mit dem Anruf war der Plan wertlos geworden. Wir sollten nicht mit 40 oder 50 Leuten planen, sondern mit 150. Nicht morgen, nicht übermorgen, sondern in 90 Minuten. Wie stellten die sich das vor? Warum so plötzlich? Die Züge aus Süddeutschland, die sich mit der Grenzöffnung in Bewegung gesetzt hatten, kamen doch nicht überraschend in Berlin an. Philipp atmete tief durch, zuckte die Schultern, so war das halt, geplant wurde in dieser Stadt nicht. »An die Arbeit. Wir haben 90 Minuten.«

Wir legten los.

Was brauchten wir? Philipp zückte den Stift.

Wir viele Freiwillige waren im Haus? Laut Liste waren es gut 60, rund 20 konnten von ihren Aufgaben nicht freigestellt werden, sie gaben in der Küche das Essen aus, übersetzten oder versorgten als Ärzte Patienten. Blieben etwas über 40 verfügbare Freiwillige, dazu die drei neuen Mitarbeiter des ASB. Das würde nicht reichen.

–Freiwillige informieren, Facebook

Wie viele Zimmer waren zur Nutzung freigegeben? Wir brauchten Platz für 150 Personen, also ca. 50 Räume.

–Zimmer begehen, prüfen

Wir brauchten Betten, ungefähr 20 standen im Lager. Waren die alle heil?

–Betten prüfen
–Betten anfordern

Wir brauchten 150 Starterpakete, also je einen großen Müllsack mit Kopfkissen, Bettdecke, Bettwäsche, Handtuch, Deo und Duschgel. Hatten wir genug Spenden im Lager?

–Stand Starterpakete Spendenannahme erfragen

Wir brauchten Essen und Getränke für die Menschen, die Abendessenausgabe lief in der Küche bereits, man konnte nicht für sofort nachordern.

–Anzahl Essen in Küche erfragen

Wir brauchten einen Raum mit Sitzgelegenheiten, in dem die Menschen warten können, bis sie registriert wurden. Vorher konnten sie nicht auf ihre Zimmer.

–Wartebereich suchen, vorbereiten

Wussten wir, aus welchem Sprachraum die Leute kommen? Nein.

–Dolmetscher informieren, alle gängigen Sprachen

Wussten wir was über den gesundheitlichen Zustand? Wussten wir was über Schwangere? Nein.

–Ärzte anfragen

Die Aufgaben wurden verteilt.

Um 17.51 Uhr sprach ich mit Kristina und Vincent in der Kleider- und Hygieneausgabe. Hygieneartikel waren genug vorhanden, aber die warme Kleidung würde nicht für 150 Menschen ausreichen, es gab keine Männerpullover mehr. Ich lief in die Spendenannahme zu Michaela und Inga. Decken und Kissen waren zu wenige auf Vorrat. Im Minutentakt lernte ich neue Leute kennen und war dankbar für die Namensschilder, sagte selbst immer: »Hallo, ich bin neu, ich brauche …«

Zeitgleich sprach Thomas mit der Küche. Das Essen würde höchstens für 50 Personen reichen, Wasser gab es genug. Philipp informierte die Security und überprüfte die Bettenbestände in Raum 1088, dem Bettenlager. 21 Betten hatten wir. Katja und Jakob, mit seinen 17 Jahren das Küken des Helferbüros, prüften, ob die Halle, in der ich am ersten Tag Kleidung sortiert hatte, schnell geleert und als Ankommensraum genutzt werden könnte.

Lagebesprechung um 18.01 Uhr, 18 Minuten nach dem Anruf.

Es fehlte an allem.

Wir brauchten mehr Freiwillige und Dolmetscher in den gängigen Sprachen Arabisch, Farsi, Urdu und Russisch. Russisch? Wieso brauchten wir Russisch für Araber?

»Für die Leute aus Usbekistan, Kirgisistan, Tadschikistan, Tschetschenien, Dagestan!?« Lana stand neben mir und guckte mich ungläubig an.

O.k., mir war nicht bewusst gewesen, dass wir aus diesen Ländern Flüchtlinge hatten. Aber gut, Russisch also.

Wir brauchten weitere Ärzte, niemand wusste, wie viele Kranke oder Verletzte kommen würden, zur Sicherheit eine Hebamme.

Wir brauchten Betten, Kissen und Decken, Essen, Kleidung für Männer, Frauen und Kinder.

Wir brauchten Leute, die Betten aufbauen konnten. »Können die Flüchtlinge die Betten nicht selbst aufbauen?«

Philipp winkte ab. »Die sind völlig fertig, wenn die hier ankommen. Die ersten Tage fallen die einfach nur um. Und die Betten, die wir haben, sind so kompliziert, du musst erst mal 20 aufgebaut haben, bevor du das System verstanden hast. Wenn wir das selber machen, geht das schneller.« Wir brauchten also fitte Leute, die für fertige Leute Betten aufbauten. Verstanden.

Die Aufgaben wurden erneut verteilt. Katja und ich informierten die anwesenden Freiwilligen. Eine Gruppe sollte die Sichtung der Zimmer übernehmen, eine andere die Koordination und den Aufbau der noch zu organisierenden Betten. Eine weitere Gruppe sollte die Halle räumen und alle dort noch stehenden Kisten in die Spendenlager bringen. Andere Freiwillige sollten Wasser aus der Küche im vierten Stock in die Halle tragen.

Die anderen telefonierten. Philipp sprach mit Jens von Medizin hilft Flüchtlingen, der die ehrenamtlichen Ärzte und Krankenschwestern koordinierte, und bat einen weiteren Freiwilligen, über Facebook und E-Mail-Verteiler die Freiwilligen aufzurufen. Yasmine telefonierte die Dolmetscher ab. Thomas telefonierte mit der Feuerwehr, sie konnte auf die Bestände der Krisenbunker zurückgreifen. Von hier kam auch ein Teil unserer Bettwäsche, originalverschweißt von 1963.

Die Security zog ihre Leute zusammen, jeder, der gerade nicht gebraucht wurde, begann Kisten aus der Halle und Stühle und Wasser in die Halle zu tragen. In einem wahnsinnigen Tempo, aber ruhig. Niemand war in Panik. Außer mir.

Philipp drückte mir die Aufgabenliste in die Hand. »So, jetzt hast du den Plan und kannst alle Bereiche überprüfen.«

Sein Handy klingelte, ich hatte einen Job, er war weg. Ab jetzt lief ich hin und her.

»Keene Panik, musst nicht so rennen, dit wird schon.« Katja lief an mir vorbei und grinste.

18.30 Uhr: Wir erstellten die Ablaufpläne für den Moment des Ankommens, die anwesenden Freiwilligen wurden aufgeteilt. Eine Gruppe sollte den normalen Betrieb aufrechterhalten, das Abendessen für 500 Bewohner musste ausgegeben werden. Der Lehrertrupp traf ein, der abends ehrenamtlich Deutschunterricht gab. Den sollten sie trotzdem geben, sich aber bereithalten, falls noch mehr helfende Hände benötigt werden würden. Die nicht gebundenen Freiwilligen sollten die erwarteten Neuankömmlinge übernehmen. Im Lager wurden die ersten Starterpakete gepackt. Wir brauchten mehr Müllsäcke. Jemand wurde in die Drogerie gegenüber geschickt, Müllsäcke kaufen. In der Halle waren inzwischen Stühle und Tische für 60 Personen zusammengesammelt. »Wir brauchen mehr, das reicht nicht!« Aber mehr Stühle gab es nicht. Na gut, besser als nichts. Inzwischen waren zwölf weitere Helfer eingetroffen.

18.42 Uhr: »Wir brauchen einen Russischdolmetscher, der mit ins Krankenhaus kann.« Im Helferbüro saß eine sich krümmende, hochschwangere Frau. Stehen konnte sie nicht mehr. Also ab ins Krankenhaus. Verdammt! Die einzige Übersetzerin war Lana, und die brauchten wir hier. »Ich behalte mein Handy in der Hand, ruft an, wenn was ist.« Liegt eine Kostenübernahmeerklärung vor? Natürlich noch nicht. Irgendwer zahlte das Taxi, los ging's. In den anderen Etagen wurden bereits die wenigen vorhandenen Betten aufgebaut. Mehmet, der heute die Security-Schichtleitung hatte, übernahm ein Team. Das gehörte zwar nicht zu seinen Aufgaben, aber das war jetzt egal, jeder machte, was er konnte.

19.10 Uhr: Der Caterer brachte das Frühstück für den nächsten Tag. Wir entschieden, daraus das Abendessen der Neuen zu machen, über Nacht würden wir uns was für den Morgen einfallen lassen. Der Caterer telefonierte mit der Zentrale, ob bis morgen früh aufgestockt werden könnte, zur Sicherheit starteten wir einen neuen Spendenaufruf. Während ich die vier Etagen von der Küche nach unten sprintete und so wenigstens das in den letzten drei Tagen geschwänzte Fitnessstudio nachholte, fuhr draußen eine Frau mit dem Auto vor. Sie hatte unseren Aufruf gelesen und Decken im Möbelhaus gekauft. Sie wurden direkt aus dem Auto in den Raum gebracht, in dem die Starterpakete gepackt wurden.

Kurze Zeit später fuhr ein Lastwagen vor, ein Getränkelieferant spendete vier Paletten Wasser. »Kein Wasser mehr aus der Küche holen, wir haben hier genug«, rief jemand laut durch den Gang, wie ein Hall wurde der Ruf von Etage zu Etage weitergerufen, bis er schließlich in der Küche angekommen war, in der die Kantinenchefin Dilek, auch eine Freiwillige, in wundersamer Präzision die laufende Ausgabe und die Vorbereitung für die Neuen gleichzeitig koordinierte. Die Getränke wurden in dem Raum neben dem Helferbüro gelagert, in dem sich bereits palettenweise leere und volle Flaschen und Dosen stapelten. Die Leute spendeten und spendeten. Die Spendenannahme arbeitete in doppelter Besetzung, die Freiwilligen und die vielen mit anpackenden Flüchtlinge bildeten lange Ketten wie Bahnschienen, immer wieder wurden die Weichen verstellt, mal ging es links hoch, mal rechts, so sah das auch bei »Asterix bei Cleopatra« aus.

Yasmine, Sima, Maisha und Maria saßen zusammen und schrieben Infozettel in Farsi, Arabisch, Kurdisch. Für Urdu war gerade noch niemand im Haus, Shebby sollte erst in einer Stunde eintreffen. Jetzt kamen auch die Ärzte und Krankenschwestern zurück. Der Ablaufplan war fertig, jeder hatte seine Aufgabe. Die Betten fehlten immer noch. In fünf Minuten würde der Bus hier sein. Die inzwischen auf 68 angewachsene Gruppe von Freiwilligen wartete. Das hektische Stimmengewirr verstummte immer mehr. Es lag eine merkwürdig nervöse Stimmung in der Luft.

19.30 Uhr: Noch immer war der Bus nicht da. Die Kinderbetreuer und eine Psychologin waren zurückgekehrt und bereiteten sich in ihren Räumen vor, aus dem Spielzeuglager wurde Spielzeug zusammengetragen. Die Kinder sollten so schnell wie möglich beschäftigt werden, um sie abzulenken und unnötige Unruhe zu vermeiden. Alles war fertig. Nur die Flüchtlinge fehlten.

Philipps Handy klingelte. Er nickte, sagte ein paar Mal »o.k.«. »Ist er schon losgefahren? O.k. Wie viele? Verstehe.« Als er aufgelegt hatte, starrten ihn Dutzende Augen an. »Der Bus verspätet sich. Es ist nicht klar, ob er schon losgefahren ist. Bitte wartet einfach, wir bekommen gleich neue Infos.«

Ein Aufstöhnen ging durch die Toreinfahrt. Zigaretten wurden angezündet, das Stimmgewirr setzte wieder ein. Alle redeten durcheinander. Die Stimmung erinnerte eher an den Bürgersteig vor einer Berliner Kneipe, es fehlten nur Bier und Cocktails.

20 Minuten später rief der einzige für die Koordination abgestellte und völlig überforderte Mitarbeiter des LAGeSo an. Leise

flüsterte Philipp mir zu: »Der Bus soll doch nicht kommen. Kein Wort zu den anderen!«

Ich verstand gar nichts. Wieso den anderen nichts sagen? Dann könnten die doch nach Hause gehen. Aber Philipp guckte mich nur streng an. Er verschwand im Büro und kam gleich wieder heraus. »Das LAGeSo hat gerade angerufen, in einer halben Stunde kommt der Bus, die Abfahrt hat sich verzögert.« Er grinste, nicht fröhlich, aber ein bisschen triumphierend. Er hatte es gewusst. Eine Absage bedeutete gar nichts. Alles konnte sich jederzeit ändern. Wieder kam Bewegung in der Gruppe auf, immer noch wurden Spenden angeliefert. Kistenweise stapelte sich Obst im Flur, das ein Supermarkt vorbeigebracht hatte. Doch die Betten fehlten. Noch immer.

Erneut klingelte Philipps Handy. Wieder das LAGeSo. Er hörte zu, wischte sich müde mit der Hand über das Gesicht. »Ist das jetzt sicher? Zu welcher Unterkunft ist er denn gefahren? Entschuldigung, aber das muss doch jemand wissen!« Seine Stimme wurde härter. Er legte auf. »Also: Der Bus soll jetzt doch nicht kommen, weil er zu einer anderen Unterkunft gefahren ist. Zu welcher, weiß aber niemand. Lasst uns noch mal warten. Und kein Wort nach draußen, das bringt nur Unruhe rein.«

Um 20.32 gab es die Info, dass der Bus doch kommen würde, irgendwann in der nächsten Stunde. Doch nur neun Minuten später hieß es: Der Bus war weg. Wie konnte so ein Bus verschwinden? War er wie bei Harry Potter durch eine Wand gefahren und irgendwo in einer anderen Welt aufgetaucht? Inzwischen war ein kleiner Kreis in das Hin und Her eingeweiht, die Stimmung vibrierte, fiel alle paar Minuten in eine andere Richtung.

20.40 Uhr: Der Bus war noch immer verschwunden. Unsere Freiwilligen telefonierten mit Freiwilligen anderer Unterkünfte. In Spandau war er nicht. In Karlshorst auch nicht. Also war er noch irgendwo unterwegs. Aber wo? Es war nicht herauszufinden. Jemand versuchte über seine Kontakte den Senator zu erreichen, ohne Erfolg. Philipp rief den Staatssekretär an, doch auch dort nur die Mailbox.

Um 21 Uhr war Schichtwechsel der Sicherheitsleute. Doch die blieben. Aus den Angestellten wurden innerhalb einer Minute Freiwillige. Die Grenzen verschwammen, alles bildete eine Gruppe, die zusammen agierte, zusammen mit den beiden Mitarbeitern des LAGeSo, die nach Feierabend zum Helfen gekommen waren. Kurz in das Problem eingeweiht, begannen nun auch sie zu telefonieren, konnten aber ebenfalls nichts herausbekommen.

Vor der Tür rollten Fahrzeuge der Feuerwehr vor. Feuer? Nein, Betten. Nun gut, eigentlich keine Betten, sondern nur Gartenliegen, aber immerhin. In die Gruppe kam Bewegung. Wer nicht irgendwo gebraucht wurde, packte an: Christoph koordinierte den Aufbau, eine Gruppe schleppte die Betten in den vierten Stock, in dem eine andere Gruppe aufbaute. Fließbandarbeit, merkwürdig eingespielt, obwohl in dieser Konstellation nie geübt.

Noch während die Betten nach oben getragen wurden, ein neuer Anruf: Es werden mehr Menschen, 200 statt der angekündigten 150. Mist! Damit fehlten uns noch mal 50 Betten. Das Bettenteam wurde wieder aufgeteilt: Eine Gruppe rief potenzielle Spender an, die andere baute weiter auf.

Eine halbe Stunde später gab es Zusagen für zwölf weitere Matratzen, außerdem würde die Feuerwehr heute Nacht noch einmal auf die Bestände zurückgreifen. Und immer noch kamen neue Freiwillige, inzwischen waren es 104. Wir warteten. Die Anspannung stand jedem im Gesicht, es war gespenstisch leise. Was fehlte, würden wir erst merken, wenn die Leute da waren.

22.28 Uhr: der ersehnte Anruf. Der Bus war auf dem Weg. Letzte Ablaufbesprechung, das Notfallessen für das Frühstück wurde geliefert, noch immer fuhren mitten in der Nacht Autos mit Spenden vor.

Wir warteten. Und warteten. Es wurde leise.

Philipp war nicht da. Durch die Fenster sah ich ihn in Thomas' Büro. Er telefonierte, gestikulierte. Schüttelte den Kopf. Als er uns schließlich mitteilte, dass der Bus nicht kommen würde, definitiv nicht, jedenfalls nicht heute, ging ein Raunen durch die Menge.

Einige lachten sarkastisch, andere fluchten. Überall hörte man »LAGeSo« und die Namen einzelner Senatoren. Doch Philipp war noch nicht fertig. »Wir wissen nicht, warum er nicht da ist. Die Menschen sind in der Stadt. Wir haben jetzt die definitive Zusage, dass der Bus morgen früh kommen wird. Um 8.30. Ich möchte alle bitten, die morgen früh Zeit haben, wieder herzukommen, wir werden jede helfende Hand brauchen.«

Für heute war Schluss. Aber ich konnte jetzt nicht nach Hause gehen, wollte nicht alleine sein. Ich war bis obenhin voll mit Adrenalin und hellwach. War es wirklich schon so spät? Seit fast fünf Stunden hatte ich nichts gegessen und getrunken, außer literweise schwarzen Kaffee. Viele blieben, irgendjemand holte aus der Küche übrig gebliebene, in Aluschalen abgepackte Abendessen. Wir standen zusammen, redeten, aßen, Leute lernten sich kennen, die zuvor nur aneinander vorbeigelaufen waren. Wir diskutierten, wer wann am nächsten Morgen kommen konnte, über die Facebook-Gruppe sollten die Leute, deren Schicht um 9 Uhr begann, informiert werden, eine halbe Stunde früher zu kommen. Reichte das? Wenn das LAGeSo 8.30 Uhr sagte, konnte es ja auch 8 Uhr bedeuten. Oder 9 Uhr.

Weit nach Mitternacht ging ich nach Hause. Ich war müde und aufgekratzt zugleich. Morgen Nachmittag würde ich wohl wieder herkommen. Wenn die neuen Flüchtlinge wirklich da waren.

Verloren

4. Der heutige Morgen war wie der gestrige. Es war früh, ich war müde, ich legte los. Meine für 7 Uhr geplante Fitnessstudioverabredung hatte ich gestern Abend noch abgesagt, die gestrige Abendveranstaltung hingegen einfach vergessen.

Ich wollte meine Büroarbeit so schnell wie möglich hinter mich bringen und mich ins Rathaus aufmachen, sobald die Flüchtlinge eintrafen. Wenn sie denn kommen sollten. Die letzte Nacht hatte meinen Glauben an einen funktionierenden Staat stark angekratzt, die Nachrichten von den aus Ungarn über Bayern in Berlin eintreffenden Flüchtlingen allerdings waren Topthema in den Zeitungen, die Menschen mussten also in der Stadt sein, und wenn sie kommen würden, wollte ich da sein. Ich hatte alles mit vorbereitet, das war jetzt auch mein Projekt.

Katja wollte mich auf dem Laufenden halten. Um 11.15 schickte ich ihr eine SMS: »Sind die 150 Neuen schon da?« Minuten später ihre Antwort: »Nee. Aber die 240.« 240? Das waren 90 mehr, als wir erwartet hatten. Wir hatten nur für 150 Betten aufgebaut, Starterpakete zusammengestellt und Zimmer vorbereitet. Waren überhaupt schon genug Freiwillige im Haus? Hatten wir genug zu essen?

Ich arbeitete im Eiltempo. Abarbeiten, abarbeiten, abarbeiten. Die Präsentation würde ich heute Abend fertig machen. SMS an einen Kollegen: »Tut mir leid, aber ich muss das Mittagessen absagen.

Können wir es auf nächste Woche verschieben?« Tatsächlich verschob ich das Mittagessen um ganze drei Monate.

Um 12.50 verließ ich endlich das Büro, 30 Minuten später erreichte ich das Rathaus.

In der Toreinfahrt liefen wie immer viele Menschen umher, mittendrin die Security. Ich hatte mich schon wieder nicht eingetragen, natürlich nicht, die Schichten waren einfach voll, und ich hatte doch vor zwei Tagen keine Ahnung gehabt, dass ich heute schon wieder hier sein würde. Als Mehmet mich sah, stellte er sich breitbeinig vor mir auf und sagte: »Du bist heute nicht eingetragen! Du kommst nicht rein!« Noch bevor ich irgendwas darauf sagen konnte, boxte er mir lachend auf die Schulter und nickte grinsend in unseren Helferflur. »Viel Spaß, das wird heute 'ne längere Schicht werden.« Nach gestern Abend gehörte ich nun wohl dazu.

Drinnen sah es aus wie in einem Katastrophenfilm. Der kleine Gang vor mir war voll mit Menschen, die zur Halle führende Tür stand sperrangelweit auf, dahinter Menschen über Menschen. Wer einen der wenigen Sitzplätze auf einer Bierbank ergattert hatte, konnte sich glücklich schätzen, alle anderen saßen auf dem Fußboden oder standen, neben Bergen an Plastiktüten, Taschen, Gepäck, Säcken. Kinder liefen umher, andere starrten starr geradeaus, Babys schrien. Ein wirklich unwirkliches Bild.

Dazwischen Freiwillige, wie Exoten stachen sie in ihrer gut sitzenden Kleidung, ihren ordentlichen Frisuren und sauberen Gesichtern aus der Masse heraus und boten hier Wasser, da Äpfel, dort Brot an, andere spielten mit Kindern oder versuchten sie zumindest dazu zu animieren. Sima und Hassan verteilten Müllsäcke und erklärten Dinge in Arabisch und Farsi, immer wieder wurde aus der Verwaltung oder von den Ärzten nach Dolmetschern gerufen. Ich ging fröhlich durch die Menge, sagte Hallo, lächelte jeden an, hockte mich zu einem kleinen Kind auf den Boden, zog Grimassen, lachte die Eltern an.

Wieso hatte ich schon wieder so gute Laune? Diese Leute mussten mich doch für bekloppt halten, wenn ich hier lächelnd über ihr

Elend stieg. Auf der anderen Seite: Mit Grimmigkeit würde die Sache auch nicht besser werden. Optimismus, Zuversicht, egal was kommt, es wird besser werden, das mussten wir ausstrahlen. Vielleicht rettete es einen aber auch davor, verrückt zu werden bei dem, was wir sahen.

Im Helferbüro standen Katja und Lana. »Wie schlimm ist es?« – »Hello Mister, very nice to see you«, Katja war gut drauf, »och ja, auch nicht schlimmer als sonst auch. Dem LAGeSo ist heute Morgen nur eingefallen, dass sie wohl doch noch ein paar Leutchen mehr unterbringen wollen. Ups.«

Lana schimpfte über das LAGeSo und wandte sich einem Kind zu, nicht sicher, welche Sprache sie benutzen sollte. »Arabic? Farsi?« Keine Reaktion. Also redete sie deutsch. Mir war schon gestern der große Davidstern an ihrer Kette aufgefallen, und ich fragte mich, ob das mit jetzt 800 mehrheitlich muslimischen Flüchtlingen so einfach war. Aus dem Augenwinkel sah ich Thomas und Philipp vorbeieilen. Ich hechtete hinterher.

»Wie ist die Stimmung?« Die Frage war einigermaßen dumm, aber irgendwas musste man ja fragen.

»Uns fehlen noch Betten, wir warten auf die Lieferung. Es gibt keine Bettwäsche mehr, wir haben zu Spenden aufgerufen. 14 Leute haben wir schon ins Krankenhaus gebracht, aber ich schätze, da kommen noch ein paar dazu. Zwei Dutzend Babys sind dabei, aber wir haben höchstens noch Babynahrung für zehn, und ein paar UMF, die wir eigentlich nicht aufnehmen dürfen und für die wir jetzt erst mal Plätze in einer anderen Unterkunft suchen müssen. Die Kinder sind in ziemlich schlechtem Zustand, die haben seit Tagen nicht genug getrunken. Also eigentlich ist alles prima.« Er lachte bitter.

»Was sind UMF?« Ich kannte kaum eine der Abkürzungen, die hier ständig verwendet wurden.

»Unbegleitete minderjährige Flüchtlinge.«

UMF, das musste ich mir merken.

»Warum dürfen wir die nicht aufnehmen?«

»Weil es für sie eigene Unterkünfte mit einer anderen Betreuung gibt.«

»Warum haben wir keine Babynahrung?«

»Wir haben schon im August beim LAGeSo den Bedarf angemeldet. Bisher keine Antwort, anscheinend ist mal wieder die Kostenfrage noch nicht geklärt.«

Die Antwort sollten wir nie bekommen. Einige Stunden später kauften wir selbst Babynahrung, auf neue Spenden zu warten war zu riskant.

Ich schaute die Treppe hoch, wo Dutzende Flüchtlinge saßen. »Warum sind die nicht in ihren Zimmern, wenn die schon seit drei Stunden da sind?«

»Es muss erst jeder registriert werden, vorher dürfen wir die Leute nicht auf die Zimmer lassen.« Jeder Bewohner bekam ein blaues Band um den Arm, wie bei einem Festival. Darauf standen die Registriernummer des Hauses sowie die Nummer des Zimmers, in dem die Person wohnte.

»Warum ...« Phillip schaute leicht entnervt.

Ich stand etwas verloren im Flur. Was genau konnte ich jetzt tun? Bei der Registrierung konnte ich nicht helfen, im Helferbüro waren so viele Leute im Einsatz, dass für mich kein Platz war, Spendenannahme und Kleiderkammern waren gut besetzt. Warum nicht mit den Flüchtlingen reden? Keiner von ihnen sprach Deutsch, aber viele Englisch. Der Rest ging auch so, irgendwie.

An der Treppe standen zwei junge Männer, die unterschiedlicher nicht hätten sein können: Der eine völlig überdreht, er redete und redete und redete, war furchtbar hibbelig. Er hatte tiefschwarze Haare, ein sehr schmales Gesicht, seine dünnen Beine steckten in einer zu weiten, kurzen Hose, zu der er gelbe dreckige Adidas-Schuhe und einen schwarzen Kapuzenpulli trug. Für den Oberlippenbart war er eindeutig zu jung, aber vielleicht wollte er auch älter wirken. UMF? Ha, gut aufgepasst. Sein Freund hingegen war das komplette Gegenteil. Kerzengerade stand er da, bewegte sich nicht, keine Reaktion in seinem Gesicht. Er war deutlich kräftiger, steckte in einer langen beigen Hose, dunkle Turnschuhe, über dem schwarzen T-Shirt eine dicke schwarze Weste. Ich grüßte, fragte nach ihren Namen, woher sie kamen, stellte unverfängliche, harmlose Fragen, nichts, was sie bedrängen würde. Sie sollten nur reden, wenn sie das wollten, was hätte ich auch fragen sollen?

Doch Antworten bekam ich nur von dem Hibbeligen. Er redete in einer wahnsinnigen Geschwindigkeit, ohne Punkt und Komma, als hätte er Angst, ich könnte mich abwenden, bevor die Geschichte zu Ende war. Er erzählte im Schnelldurchlauf von der Flucht, die sie gemeinsam in Syrien begonnen hatten: von ihrem Weg über die Türkei, Griechenland, Mazedonien, wo sie in einem Waldstück von Hubschraubern mit Suchscheinwerfern verfolgt worden waren, über den Kosovo und schließlich nach Ungarn, wo die Polizei sie mit Stöcken verprügelt und man ihnen das Geld abgenommen hatte. Dort hatten sie lange ausgeharrt, bis sie dann endlich mit dem sogenannten Zug der Hoffnung über Österreich nach Deutschland hatten ausreisen können. An seinem Arm sah man deutlich die Spuren dieser Verfolgungen, Striemen und entzündete Wunden. Ich fühlte mich schrecklich unwohl, ich wollte das nicht hören. Und gleichzeitig hätte ich gerne nachgefragt.

Während der Hibbelige redete und redete, kam von dem anderen immer noch kein Ton. Ab und zu nickte er und schaute auf den Boden. Ich beobachtete ihn aus den Augenwinkeln. Sein Gesicht war leer. Sie waren zu viert geflohen, die beiden Männer sowie Frau und Kind des schweigenden Mannes. Ob sie auch bei uns im Haus seien, wollte ich wissen.

Der Mann blickte weiter auf den Boden, der Hibbelige wurde schlagartig ruhig und sagte: »They lost.«

Sie waren verloren gegangen? Nun, das war vielleicht nicht so schlimm, ich hatte von anderen Freiwilligen erfahren, dass sie schon öfter auf der Flucht getrennte Familien wieder zusammengeführt hatten. Genau aus diesem Grund waren die Smartphones so wichtig, um sich gegenseitig aufspüren zu können.

Ich erzählte irgendwas, was ich gestern aufgeschnappt hatte, doch der Hibbelige schüttelte nur den Kopf und sagte: »Lost in sea.«

Im Meer verloren gegangen, was sollte das … Mich durchlief ein Schauer, mein Magen zog sich zusammen. Ich wollte mich räuspern, etwas sagen, aber brachte nur ein Krächzen heraus, ich hatte das Gefühl, keine Luft zu bekommen. Darauf war ich nicht vorbereitet gewesen. Ich musste hier weg und sagte nur: »OK, sorry, I need to help my colleagues«, lächelte gequält, drehte mich um und lief ins Helferbüro. Noch während ich die Tür hinter mir schloss, schossen mir die Tränen in die Augen. Es hatte mich kalt erwischt. Und ich schämte mich, vor den anderen Freiwilligen, die ich erst drei Tage kannte, wie ein Kind zu heulen. Wie naiv war ich gewesen? Was hatte ich hier denn erwartet? T-Shirts zusammenfalten, Schildchen mit Kreppband bekleben – das war nur der spaßige Teil.

Katja nahm mich in den Arm und sagte: »Ach komm, Kleener, das ist okay, das ist uns allen schon mal so gegangen.« Ich kannte Katja noch keine 72 Stunden, ich hasste es, wenn mich fremde Menschen anfassten. Aber in dieser Situation fühlten sie sich nicht fremd an. Die Leute hier kannten meine Situation, hatten solche Momente auch erlebt.

Shebby legte mir tröstend seinen Arm um die Schulter und sagte: »Willkommen im Verein. Heulen muss auch mal sein. Das ist ja alles nicht so einfach, aber wir schaffen das.«

Ich musste lachen. Hatte er gerade mit Absicht die Bundeskanzlerin zitiert? Wir standen da, umarmten uns und vertrieben gemeinsam den Schrecken, der uns immer wieder überkommen sollte, mit dem wir aber erschreckend schnell lernten umzugehen. Dieser schmale Grat zwischen Härte und Abstumpfung, Mitgefühl und Mitleid, ihn zu finden sollte eine der Herausforderungen werden. War es nicht anmaßend, wegen einer Geschichte zu heulen, die ein anderer tatsächlich erleben musste? Oder war es ein Zeichen von Empathie? Die Antwort fand ich nicht. Niemand von uns fand sie, aber jeder von uns hatte einmal diesen Moment, in dem er nicht wusste, was er tun sollte.

Später erfuhr ich, dass die vier, die jetzt nur noch zwei waren, schon fast eine griechische Insel erreicht hatten, als das mit Hunderten Menschen besetzte Boot kenterte. Der Mann hatte noch versucht, seine Frau zu retten, seine Tochter fest an sich gepresst. Doch er konnte sie nicht festhalten, zu sehr hatte sich ihre Kleidung mit Wasser vollgesaugt. Vor seinen Augen waren seine Frau und sein Mädchen ertrunken.

Nach diesem Erlebnis weinte ich nie wieder, ich konnte es nicht. Ich erzählte keinem meiner Freunde davon. Ich hätte es ihnen nicht erklären können, und alles, was sie gesagt hätten, wäre falsch gewesen. Diese Geschichten teilte ich nur mit den Freiwilligen, meinen neuen Verbündeten. Wir verstanden sie.

»Wir«

5.

Über Nacht war mein Leben ein anderes geworden. Ich war gekommen, um Geflüchteten zu helfen, hatte aber, wie mir plötzlich klar wurde, in den ersten Tagen gar nicht richtig mit ihnen zu tun gehabt. Jetzt aber waren sie mir nah gekommen, jetzt war es persönlich.

Nach meinem Heulkrampf hatte ich mich schnell erholt, für Rührseligkeit blieb keine Zeit. Wir hatten neue Spenden in Empfang genommen und sortiert, Betten aufgebaut, Bewohner beim Ausfüllen von Anträgen unterstützt, Essen in der Küche ausgegeben, immer wieder Getränke verteilt, weil sie palettenweise hinzustellen nur zu Chaos führte. Und ich hatte weiter das Haus kennengelernt, langsam begann ich, mich in dem Labyrinth zurechtzufinden.

Neben dem Erdgeschoss gab es fünf Stockwerke, von denen wir jedoch nur die unteren vier belegt hatten. Im Erdgeschoss kamen knapp 80 Räume zusammen, an drei Seiten befanden sich Bewohnerzimmer, Lagerräume, die Spendenannahme, die Kleiderkammern, der Medizinbereich, die vierte Seite des um den Hof gebauten Gebäudevierecks mündete in der großen Empfangshalle. In der ersten und dritten Etage gab es jeweils ungefähr 90 Bewohnerzimmer, bis auf wenige Ausnahmen mit ungefähr 16 Quadratmetern alle gleich groß. Außerdem befand sich im dritten Stock der ehemalige Sitzungssaal der Bezirksverordnetenversammlung, schließlich war dies einmal ein Rathaus gewesen.

Die zweite Etage verfügte als einziges Stockwerk auch an der kurzen, vierten Seite über Zimmer zum Hof und kam damit auf über 100 Räume. Die vierte Etage bot nur rund 70 Zimmer, da hier die Kantine ihren Platz hatte, wobei ich mich immer gefragt habe, wer eigentlich so dämlich gewesen war, eine Kantine in den vierten Stock zu bauen, vor allem, da es im ganzen Haus nur einen einzigen Lastenaufzug gab, der auch noch häufig defekt war. Die fünfte Etage, die wir erst später bezogen, verfügte über gut 50 Räume, denn hier war eine ganze Seite gesperrt, bewacht von vielen Kameras, dahinter musste etwas Spannendes versteckt sein.

Es gab fünf zentrale Treppenhäuser, wobei manche Treppen erst in der ersten Etage begannen, andere dort endeten, einige das Erdgeschoss mit der fünften Etage verbanden, andere bereits auf der vierten Etage endeten. Es dauerte Wochen, bis ich das Haus vollständig verstanden hatte, und fast ein Jahr nach Eröffnung fanden wir sogar noch einen Raum, den niemand vorher entdeckt hatte.

In jeder, außer in der fünften, Etage gab es drei Toilettenräume mit jeweils drei Toiletten für Männer und drei für Frauen, also 18 Toiletten pro Etage, wobei sechs im Erdgeschoss für das Personal, die Freiwilligen und die Security gesperrt waren. Insgesamt standen den Bewohnern also 96 Toiletten zur Verfügung, von denen in den ersten Wochen rund die Hälfte regelmäßig verstopft waren.

An die kurze Seite des Hauses grenzte das große Rondell mit ca. 450 weiteren Räumen, ein merkwürdig winkliges fünfseitiges Gebäude mit einem majestätischen, von perfekten Säulen gesäumten Innenhof. Dieses Rondell durfte nicht betreten werden, wurde später, als das LAGeSo für wenige Wochen mit riesigem Tamtam einzog, abgeriegelt, dann aber wieder geöffnet. Es war Sperrzone, aber natürlich hatten wir, die im Besitz aller Schlüssel waren, irgendwann auch diesen Teil erkundet.

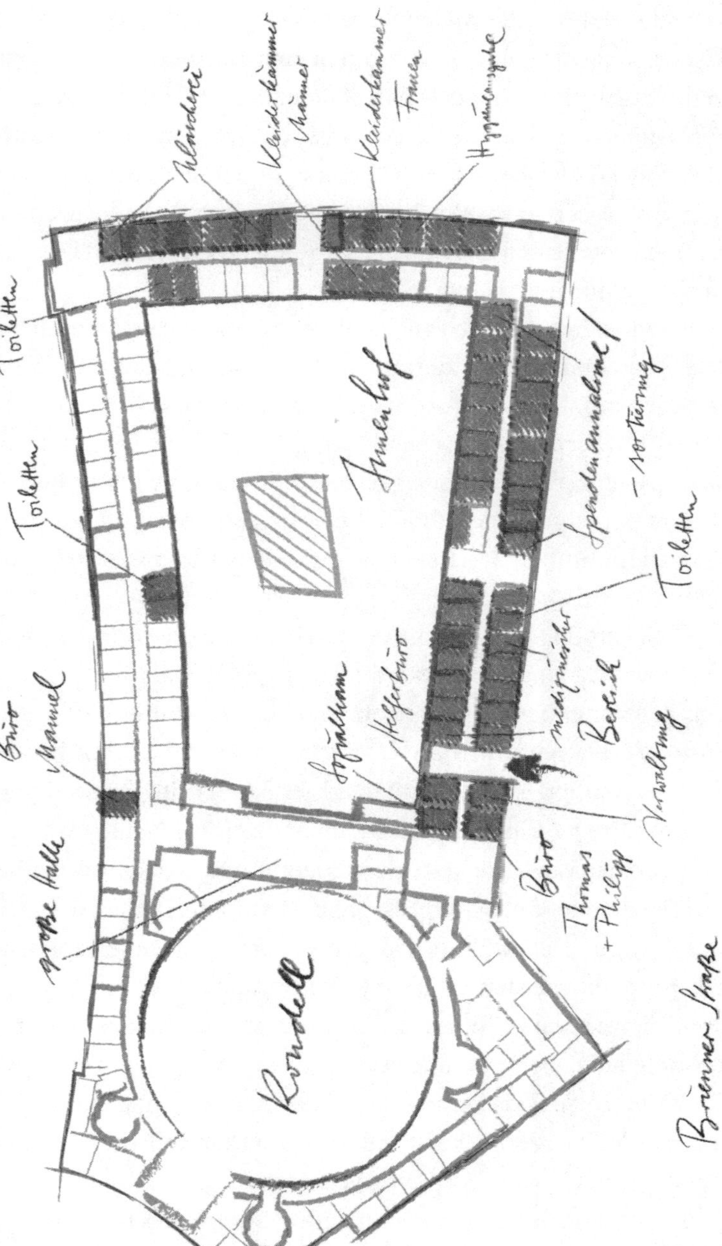

Näherei
Kleiderkammer Männer
Kleiderkammer Frauen
Hygieneausgabe
Toiletten
Toiletten
Innenhof
Spendenannahme / -sortierung
Toiletten
medizinischer Bereich
Verwaltung
Büro Thomas + Philipp
Helferbüro
Sozialraum
Büro Manuel
große Halle
Rondell
Brienner Straße

In der ersten und zweiten Etage des Haupthauses befanden sich fast ausschließlich Bewohnerzimmer, in der dritten Etage überwiegend, denn hier war noch das Frauenzimmer untergebracht, ein Wort, über das ich immer lachen musste, doch »Frauenraum« setzte sich einfach nicht durch, sowie schräg gegenüber das Kinderzimmer. In der vierten Etage gab es neben der Kantine, in die problemlos 250 Leute reinpassten, noch einen ganzen Flur für den Deutschunterricht und die spätere Bibliothek.

Inzwischen wusste ich auch, was es mit diesem eigentümlichen Metallbau im Innenhof zu tun hatte: »Dadrin und dadrunter ist einer der zentralen Server der Stadt Berlin. Wenn das Ding abfackelt, sind die Behörden weitegehend lahmgelegt.« Meine Sorgen hielten sich in Grenzen. Viel weniger konnte die Stadt ja nicht machen. Zu diesem Servergebäude gehörte auch der gesperrte und gesicherte Bereich im fünften Stockwerk, wobei niemand genau wusste, was dahinter war.

Mit jedem Tag lernte ich mehr Freiwillige und Bewohner kennen. Durch das Haus zu gehen war immer ein großes Hallo. Egal, ob man den Bewohner bereits kannte oder nicht, jeder grüßte einen, jeder wurde zurückgegrüßt, man hielt hier ein kleines Schwätzchen mit Aziz, erkundigte sich bei Sultan, ob es Fortschritte beim Asylantrag gab, fragte Cihan, wie der Zahnarzttermin gelaufen war, ließ sich von Soraya Neuigkeiten erzählen, fragte Canan, ob die Verwaltung bereits den Schulplatz organisiert hatte, fragte Mohamed, wie der neue Deutschkurs war, und sichtete Dutzende Papiere im Eiltempo, die meisten so komplex, dass man selbst mit deutscher Sprachkompetenz oftmals nicht genau wusste, was die jeweilige Behörde hatte sagen wollen. Dabei wurde man immer wieder zum Tee eingeladen, nicht ohne den Bewohnern eindringlich zu sagen, dass sie den Wasserkocher gefälligst verstecken sollten, aus Brandschutzgründen waren sie streng verboten.

Brandschutz – für jeden Freiwilligen, Mitarbeiter und natürlich Bewohner ein Hasswort. Der Brandschutz verbot so ziemlich alles. Nicht nur Kerzen, sondern auch Herdplatten und eben Wasserkocher. Das Ganze ließ sich logisch erklären, für die Bewohner war es trotzdem eine Katastrophe. Es bedeutete nämlich, dass sie selbst keine Speisen zubereiten und sich nicht einmal einen Tee kochen durften, womit Beschäftigung und wenigstens ein bisschen Selbstbestimmung möglich gewesen wären. So aber mussten sie, ob sie wollten oder nicht, jeden Tag in die Kantine mit dem nicht unbedingt schlechten, aber auf Dauer auch keineswegs begeisternden Essen. Wir Freiwilligen drückten immer ein Auge zu, wohl wissend, dass Wasserkocher eine Gefahrenquelle sein konnten, aber auch wissend, dass das seelische Wohlbefinden und die Stimmung der Leute davon abhing, selbstständig etwas tun und entscheiden zu können.

Die Security musste dennoch regelmäßig Wasserkocher und Herdplatten beschlagnahmen und sie in Raum 1088 einschließen, wo auch die neuen und kaputten Betten lagerten. Entsprechend waren die Sicherheitsleute nur bedingt beliebt, dabei hatten wir wahnsinniges Glück mit ihnen. Auf jedem Stockwerk, an jeder Treppe, vor den Duschen und bei der Kleiderkammer befand sich ein Mitarbeiter und sorgte für Sicherheit. Und auch für Vertrauen. Das war nicht selbstverständlich. Das Bild der Security-Dienste hatte in den vorangegangenen Monaten arg gelitten. Immer wieder las man Berichte, wonach sie in anderen Unterkünften Geflüchtete diskriminierten, am LAGeSo gab es regelmäßig Prügeleien zwischen Geflüchteten und dem dortigen Sicherheitsdienst, der, aber das war natürlich reiner Zufall, der Firma gehörte, bei der der zuständige Sozialsenator zuvor neun Jahre eine wichtige Position innehatte. Es war ein Video aufgetaucht, das zeigte, wie Sicherheitsleute auf einen Mann eintraten. Ein weiteres dokumentierte ein Gespräch von Security-Mitarbeitern, bei dem einer sagte: »Ich wäre ja dafür, ein Maschinengewehr und … da krieg ich schon Hakenkreuze in den Augen.« Er warte auf die Revolution. »Die fegen wir alle aus dem Land.« Genauso wie die »Großschnauzen da wie manche Gutmenschen und Helfer, die immer 'ne große Fresse haben. Da sollste mal sehen. Die Ersten, die verschwinden werden. Und wir haben noch genug Ferienlager. Und ich schwör' dir, die werden wieder genutzt. Auf das Tor, Arbeit macht frei.«

Alle unsere Bewohner waren einmal bei der LAGeSo gewesen, alle kannten den dortigen Security-Dienst, alle waren über südosteuropäische Länder geflohen und hatten dortigen Terror durch Sicherheitsleute erlebt. Dagegen waren unsere Security-Leute schnurrende Kätzchen. Wenn es sein musste, hart, aber immer korrekt. Bis auf zwei Frauen alles Männer, viele große Schränke mit breiten Schultern, bis auf wenige Ausnahmen dufte Leute, ich mochte eigentlich jeden von ihnen. Wenn sich jemand nicht korrekt verhielt, wurde er ausgetauscht, die Leitung des Security-Dienstes war da sehr klar. Wir arbeiteten zusammen, Heimleitung, Freiwillige und Security-Dienst waren ein Team. Der Sicherheitsdienst unterstützte uns, wir setzten uns im Gegenzug bei Anbruch des Winters dafür ein, dass die an der Einfahrt stehenden Security-Leute einen beheizten Container bekamen.

Jetzt, wo mehr als 800 Bewohner im Haus lebten, mussten die Strukturen weiterentwickelt werden. Und wir mussten uns an einer Heimleitung orientieren. Doch Thomas war ein Teamplayer. Er sagte offen, dass er wisse, dass die Freiwilligen das hier aufgebaut hätten, und er wolle uns weitestgehend freie Hand in der Gestaltung lassen, wenn wir uns eng absprachen. Und das taten wir. Nach wenigen Wochen formulierte er den Satz: »Wir schaffen die Strukturen für die Arbeit der Ehrenamtlichen« – ihm war klar, dass Staat und Träger die Arbeit in der Unterkunft ohne Freiwillige nicht schaffen würden.

Trotzdem mussten endlich Leute eingestellt werden. Mit vier Mitarbeitern für die Leitung und Verwaltung des Hauses sowie mit den beiden neuen Sozialarbeiterinnen ließ sich das Haus kaum führen. Außerdem gab es Bereiche wie die Küche, die so arbeitsintensiv waren, dass sie nur von Freiwilligen auf Dauer nicht zu betreiben waren. Thomas machte genau das Richtige: Er stellte Freiwillige ein, Menschen, die das Haus kannten und die über Wochen gezeigt hatten, dass sie wirklich helfen wollten und an die Sache glaubten, und die ihre Aufgabe nicht als bloßen Job betrachteten.

In der Küche wurde Dilek eingestellt. Sie hatte als Ehrenamtliche vom ersten Tag an den Aufbau der Küche vorangetrieben, hatte über Wochen geputzt und geschrubbt und war noch immer dabei, die Küche in einen annehmbaren Zustand zu bringen. Mit ihrer Anstellung konnte sie sich nun Vollzeit darauf konzentrieren. Zwar wurden noch immer jeden Tag um die 30 Helfer für die Annahme, Koordinierung und Ausgabe benötigt, zehn pro Schicht, aber es gab nun eine Leitung, die das managen konnte. Und das war eine Herkulesaufgabe. Dilek war manchmal von morgens um 6 zur Vorbereitung bis abends um Mitternacht im Haus. Nachdem die Küche um 21 Uhr zugemacht hatte, mussten die Bestände geprüft, Bestellungen aufgegeben und Probleme, die es bei geliefertem Essen immer mal wieder gab, gemeldet werden. Alleine das Management der Lebensmittelspenden war ein Vollzeitjob. Aber die Spenden waren nötig. Zwar gab es drei Mahlzeiten, die erwachsene Menschen gerade so satt machten, aber sie waren nicht besonders ausgewogen, zudem gab es jeden Morgen und jeden Abend exakt das gleiche Essen. Und so ergänzten wir die Mahlzeiten mit Spenden. Zentnerweise Kakao, Milch, Kaffee, Zehntausende Teebeutel, palettenweise Schokolade, immer wieder Obstlieferungen, Säfte, Wasser und Zucker. Der Zuckerverbrauch war gigantisch, statt Tee mit Zucker trank man Zucker mit Tee. Jede Spende musste geprüft werden. Aus Sicherheitsgründen nahmen wir nur originalverpackte, eingeschweißte Lebensmittel an. Übrig gebliebene belegte Brötchen, die eine Bäckerei regelmäßig nach Feierabend spendete, durften wir nicht verteilen. Die Bäckerei erlaubte uns jedoch, sie an die Freiwilligen auszugeben, denn auch wir aßen definitiv zu selten, zu unregelmäßig und nicht ausgewogen: gespendete Gummibärchen, die nicht halal waren und so von den Bewohnern verschmäht wurden, Schokoriegel, Pizza und Döner.

Eine weitere Stelle betraf Philipp: Er wurde stellvertretender Heimleiter. Ein Schritt, mit dem er haderte, denn er wusste natürlich genau, dass er zwar mehr Möglichkeiten in der Gestaltung bekam, aber auch Freiheiten verlieren würde und seine bisherige Rolle nun weniger würde nutzen können, um öffentlich Druck aufzubauen. Trotzdem standen die Freiwilligen geschlossen hinter der Entscheidung, natürlich musste er das machen, es gab keinen Besseren für diese Position.

Ein Semester wollte er sich dazu von der Uni beurlauben lassen, es wurde ein bisschen mehr. Er tat nun das Gleiche wie zuvor als Sprecher der Freiwilligen, nur konnte er es offiziell tun und Entscheidungen treffen. Thomas, er und der zweite stellvertretende Heimleiter Gerd würden das Haus führen, die Verwaltung übernahmen Patricia und Martina.

Der Rest der Aufgaben wurde von den Freiwilligen übernommen. Manuel sorgte für die komplette Koordination und Organisation der verschiedenen Bereiche. Er war jeden Tag, oft bis spät in die Nacht, in der Unterkunft, koordinierte die Raumplanung, managte die Umzüge von Bewohnern oder Bereichen innerhalb des Hauses, ermittelte die einzelnen Bereichsbedarfe, sorgte dafür, dass die Informationen im Haus weitergereicht wurden, druckte allabendlich die Schichtpläne aus, stimmte sich mit Philipp und Thomas ab und koordinierte sich mit Anja, die die Facebook-Gruppe managte. Wenn irgendwas gebraucht wurde – Manuel wusste, wo es zu finden war.

Der Volunteer Planner oblag Peter und wurde täglich aktualisiert, optimiert, ausgebaut, ohne ihn konnte keine Schicht im Haus laufen. Aufgaben und Bereichszeiten, von denen Peter nichts wusste, gab es nicht.

Yasmine koordinierte die Dolmetscher und den »Glaskasten«, jene frühere Rezeption des Rathauses, in dem heute die Dolmetscher saßen und an den sich die Bewohner mit all ihren Fragen und Papieren wenden, wo sie aber auch gespendete Handys und BVG-Tickets erhielten.

Maren übernahm den Eventbereich. Events, das war all das, was unsere Bewohner beschäftigen konnte. Fußball- und Schwimmvereine, Museen, Theater, Kindertheater, Opern und Konzerthäuser überließen uns Tickets. Oft boten Privatpersonen kleine

Stadterkundungstouren an, zu Weihnachten lud ein großzügiges Ehepaar aus dem Westend 25 Bewohner in den Zirkus ein, nachdem sie das Haus zuvor schon mit einer großen Spende bedacht hatten. Maren bewarb die jeweiligen Angebote, koordinierte die Listen, in die sich die Interessierten eintragen konnten. Unsere Bewohner freuten sich über jede Abwechslung, nur die Vermarktung von Eishockey war eine Herausforderung: Die Idee, auf Eis einem Klotz hinterherzulaufen, reizte zunächst niemanden, wurde aber in Ermangelung anderer Angebote dann trotzdem angenommen und begeisterte schließlich sogar.

Anfangs Dorothee und Michaela, später dann Michael und Inga übernahmen die Spendenannahme und waren damit die Chefs über Tausende Kartons, einen gesamten Flur zum Sortieren und die riesigen Lagerräume im Keller. Außerdem führten sie die Bedarfsliste, die potenzielle Spender darauf hinwies, was gerade dringend, besonders dringend oder auch gar nicht gebraucht wurde.

Kristina wurde Bereichsleiterin der »Kleiderkammer Frauen« und des Hygienebereichs, Vincent übernahm die »Kleiderkammer Männer«. Sie lernten garantiert jeden Bewohner kennen, zu jedem Bewohner konnten sie eine Geschichte erzählen.

Liz organisierte das Frauenzimmer und schaffte dort den perfekten Rückzugsort für Frauen, wo sie ohne Männer und ungestört von Kindern reden konnten, nähten und sich austauschten.

Lana übernahm das Kinderspielzimmer. Egal wo man sie traf, immerzu hing ein Kind an ihr. Aufbau und Koordination des Deutschunterrichtes, in dem Ende September schon 60 Lehrer unterrichteten, übernahm Esther.

Kerstin war zuständig für die Lagerung und Ausgabe des Kinderspielzeugs, die Kinder liebten sie genauso wie Lana, denn während die eine mit ihnen spielte, versorgte die andere sie mit Spielzeug.

Beate und Rotraud bauten die Bibliothek auf und sammelten in der ganzen Stadt Bücher in allen verfügbaren Sprachen, die man in der Bibliothek lesen oder sich ausleihen konnte. Christine entwickelte das Patenprogramm, aus dem schließlich das Schulbegleitungsprogramm entstand, als die ersten Kinder in die Schule gingen.

Der Medizinbereich wurde von der Ärztin Mithu aufgebaut und koordiniert, unterstützt durch die Freiwilligengruppe »Medizin hilft Flüchtlingen«, die schließlich, nachdem Mithu angestellt wurde, von Jens geführt wurde. Gis war ehrenamtlich als Psychologin im Haus und leistete eine unglaubliche Arbeit. Sie wurde mit jeglicher Form von Trauma konfrontiert und ich fragte mich, wie man das aushalten konnte. Tina betreute als Hebamme ein Dutzend Schwangere, versorgte sie im Haus und begleitete sie ins Krankenhaus.

Das Helferbüro führten Katja und Christoph. Jeder, der im Haus half, musste sich hier sein Band abholen, entsprechend sammelten sich im Büro die meisten Informationen, und hier wurde man mit dem aktuellen Klatsch und Tratsch versorgt, während Katja einen regelmäßig aufforderte, sich oder irgendetwas zu desinfizieren. Hier hielt auch ich mich in den ersten Tagen hauptsächlich auf. Ich hatte zwar keine Ahnung von Asylanträgen und den anderen Unterlagen, die unsere Bewohner jeden Tag mit großen fragenden Augen anschleppten, aber ich konnte organisieren und improvisieren, genau das, was wir hier im Büro brauchten.

So richtete sich mein Leben relativ schnell auf die Situation im Haus ein. Ich ging früh ins Büro, war zwischen 15 und 16 Uhr im Rathaus und ging gegen Mitternacht nach Hause. Ich half bei dem, was gerade gebraucht wurde, baute Betten auf, verteilte Essen, trug Sachen von A nach B, betreute Neuankömmlinge, brachte sie in ihre Zimmer, spielte mit Kindern, organisierte Umzüge innerhalb des Hauses. Ich hatte keinen festen Bereich und trug mich nicht in Schichten ein, da ich nicht genau planen konnte, wann ich das Büro verlassen konnte oder zu Terminen musste. Da ich nun aber jeden Tag herkam und einsprang, wo jemand benötigt wurde, fragte mich Manuel nach zwei Wochen, ob ich nicht den Bereich der Springer übernehmen wollte. Natürlich wollte ich. Springer hatten feste Schichten, aber keine festen Aufgaben, meistens hielten sie sich in der Nähe des Helferbüros auf und warteten auf einen Engpass. Und den gab es immer: Neue Bewohner trafen ein, Helfer wurden krank, Zimmer mussten geräumt werden, Bereiche oder Lager zogen um, der Fahrstuhl fiel aus, und Getränke mussten in die vierte Etage getragen werden, Bewohner mussten ins Krankenhaus begleitet werden, man brauchte sofort irgendwo einen Dolmetscher und, und, und. Es kam nur sehr selten vor, dass die Springer mal nichts zu tun hatten.

Die Aufgabe der Springer war also sehr, sehr wichtig. Die Aufgabe der Springer-Bereichsleitung dagegen sehr, sehr idiotisch. Sie bestand genau genommen darin, von den Bereichen mitgeteilt zu bekommen, dass dort jemand gebraucht wurde, um sich dann auf die Suche nach freien Springern zu machen, was häufig nichts anderes hieß, als durch das Haus zu rennen und in den anderen Bereichen zu fragen: »Hallo, habt ihr gerade freie Springer?« In Anbetracht der Weitläufigkeit des Hauses mit seinen fünf Etagen war das ein veritables Sportprogramm, bei dem ich viele Kilos verlor, bei dem aber weder Intellekt nötig noch Gestaltungsspielraum vorhanden war. Kurzum: Ich hatte einen sportlichen Trotteljob. Aber gut, irgendeiner musste auch das machen. Immerhin lernte ich im Eilverfahren alle Bereiche und die dort tätigen Freiwilligen kennen.

Oft saß ich hinten bei Manuel im Büro, bediente mich an seiner immer laufenden Kaffeemaschine und diskutierte mit ihm anstehende Aufgaben. Philipp hatte das Büro einige Tage mit ihm geteilt, war dann aber zu Thomas nach vorne gezogen, was für Philipp Fluch und Segen zugleich war: Er saß im Epizentrum, neben dem Helferbüro, bekam alles mit, kam aber wegen der vielen Aufgaben und Anfragen tagsüber nie zu seiner eigentlichen Arbeit und blieb so jeden Tag bis spät in die Nacht.

Bei Manuel war es ruhig, sein Büro wurde unsere Planungsstelle. Fast jeden Abend trafen wir uns hier, besprachen den Tag, aktuelle politische Entwicklungen, die uns betrafen, diskutierten die angestrebte Aufstockung der Bewohnerzahl des Hauses, die vom Senat aus nicht erklärlichen Gründen lange verhindert wurde, obwohl wir noch reichlich Platz hatten und in den Parks der Stadt noch immer zahlreiche Geflüchtete campierten. Wir diskutierten Ideen zur Bewohnerintegration, besprachen einzelne Fälle – wer hatte einen Konflikt mit wem, wen würde man besonders im Auge behalten müssen, gab es im sich seit Wochen abzeichnenden Konflikt von Ehepaar X Veränderungen, wie schätzten die anderen die Verschlechterung des Zustandes von Bewohner Y ein, sollte man Gis, die Psychologin, darauf hinweisen …? Die nahezu allabendlichen Treffen wurden zu einem Ritual.

Ebenso wie der nahezu allabendliche Gang in die Kantine, wo immer ein paar Abendessen übrig blieben. Jeden Abend rissen wir eine Aluschale auf, fanden eine Scheibe Wurst, die auf einer Scheibe Käse klebte, ein Stück abgepackte Butter und zwei abgepackte Happen Frischkäse, dazu eine Flasche Wasser. Nach wenigen Tagen hing mir das Essen zum Hals raus. Es war nicht schlecht, aber jeden Tag exakt das gleiche. Ich verstand sehr schnell, warum sich die Bewohner beschwerten. Das Schlimmste aber war vermutlich der Harzer Käse.

Harzer Käse ist bekanntermaßen nicht jedermanns Sache. Es dürfte schwer sein, in einer deutschen Metropole ein Hotel zu finden, das Harzer Käse auf das Frühstücksbuffet legt. Wohngemeinschaften sollen an ihm zerbrochen, Ehen gescheitert sein. Mögen die Vorteile eines Stücks Harzer Käse – kein Fett, keine Kohlenhydrate, viel Eiweiß, herzhaft und angeblich gesund – auf der Hand liegen, so hat die stinkende gelbe Presspampe außerhalb einiger ländlicher Gebiete und Fitnessstudios doch ein gewaltiges Imageproblem.

Womöglich gab es einen geheimen Masterplan zur kulinarischen Integration, der dazu führte, dass große deutsche Caterer hartnäckig den Versuch unternahmen, Flüchtlinge an den deutschesten aller Käse heranzuführen. Eine andere Erklärung wäre, dass man riesige Restmengen des unliebsamen Molkereiprodukts billig eingekauft hatte und nun verramschen musste. Wie dem auch sei, Fakt war: Wochenlang fanden Hunderte nicht deutsche Geflüchtete im

Rathaus Wilmersdorf morgens und abends ein Stück deutschen Harzer Käses in ihrer Aluschale.

Es dauerte keinen Tag, bis sich unter den Bewohnern herumgesprochen hatte, dass die streng riechende gelbe Masse definitiv nicht essbar war. Da wir strikt darauf achteten, keine Lebensmittel wegzuwerfen, sammelte sich der Harzer bald in gigantischen Mengen an. Dilek verzweifelte: 15 Gramm Harzer Käse am Morgen, 15 Gramm am Abend, 30 Gramm pro Tag pro Bewohner, 20 Kilo pro Tag: Rasch waren ganze Kühlschränke bis unter den Rand mit Harzer Käse gefüllt!

Während wir sonst mit Essen sparsam umgingen: Harzer gab es immer, für jeden, so viel man wollte. Es war Dileks Bitten und Thomas' Entscheidung zu verdanken, dass der Vertrag mit dem Caterer gekündigt wurde, der an dem Essen nichts ändern wollte. Statt merkwürdiger Wurst und Harzer gab es nun Schafskäse und Oliven, und die Bewohner bekamen wieder etwas zu essen, das sie identifizieren konnten. Der Kampf gegen den Käse war kein einfacher gewesen. Aber wir hatten ihn gewonnen.

Mit dem neuen Caterer wurde alles besser. Doch obwohl für eine Kantine gut, blieb die Verpflegung ständiger Konfliktstoff, und ich konnte die Bewohner gut verstehen. Kein Mensch möchte über Monate hinweg Tag für Tag sein Essen in einer Aluschale vorgesetzt bekommen. Und so kratzten Bewohner immer häufiger ihre wenigen Euros zusammen und kauften selbst Essen ein, das sie dann heimlich in den Zimmern kochten.

Doch für die ersten Wochen war es ein nettes Ritual. Wir saßen abends bei Dilek in der Küche und setzten sie, die die Küche morgens betrat und nachts verließ und damit wenig vom Rest des Hauses mitbekam, über die aktuellen Entwicklungen in Kenntnis. Dann gingen wir zu Gerd, Martina und Patricia, die hier zwar arbeiteten, aber gefühlt auch immer da waren und keine regelmäßigen Arbeitszeiten kannten, trafen oft noch auf die Sozialarbeiterinnen Iklima und Sun-Hi, die an den letzten Fällen saßen. Währenddessen versorgten Katja, Maren, Sozan, Lana, Jochen, Jakob, Maria, Lana, Yasmine, Sima und der Rest des Helferbüros jene Bewohner, die mit hoher Zuverlässigkeit dann krank wurden, wenn die letzten Ärzte aus dem Haus waren, arbeiteten sich durch die Papiere jener, für die man tagsüber keine Zeit gefunden hatte, übersetzten, suchten im Internet den Weg zu dieser und jener Behörde heraus, brachten in Erfahrung, wo es kostenloses Internet gab, und kümmerten sich um all das, was die Bewohner, die nichts hatten, brauchten.

Jeder Abend war anders, aber auch irgendwie gleich. Und fast jeden Abend standen irgendwann, verlässlich nach 22 Uhr, Geflüchtete vor der Tür. Sie waren entweder vormittags im Süden der Bundesrepublik aufgebrochen, abends in Berlin angekommen und auf der Suche nach einer Unterkunft irgendwie bei uns gelandet, weil Verwandte bei uns lebten, die ihnen die Adresse gegeben hatten, oder weil Leute sie auf der Straße aufgelesen und zu uns geschickt hatten. Oder sie hatten seit Tagen am LAGeSo gewartet, in Parks geschlafen und waren irgendwann von irgendjemandem zu uns geschickt worden, der es nicht mehr ertragen konnte, dass Menschen ohne Verpflegung, Geld und sanitäre Anlagen mitten in der bundesdeutschen Hauptstadt im Herbst auf dem Boden schlafen mussten.

Und jeden Abend das gleiche Spiel: Waren die Menschen schon beim LAGeSo registriert? Nein. Problem. Konnten wir noch aufnehmen? Nein, wir hatten zwar viel Platz, aber irgendeine vorgegebene Quote schon erfüllt. Also wurde die Zentrale Koordinierungsstelle angerufen, die uns sagen sollte, wohin wir die Leute bringen konnten. Doch nicht immer war der Stab zu erreichen, nicht immer fanden sich andere Häuser, die noch aufnehmen konnten. Und so gab es nicht selten dramatische Szenen. Wir versuchten den offiziellen Weg über den zentralen Koordinierungsstab immer einzuhalten. Aber wenn der offizielle Weg nicht funktionierte, agierten wir flexibel und beriefen uns auf die Bundeskanzlerin, die schließlich gesagt hatte: »Deutsche Gründlichkeit ist super. Aber jetzt ist deutsche Flexibilität gefragt.« Mehr als einmal ließen wir Geflüchtete ohne Registrierung im Haus übernachten. Schließlich waren wir eine Notunterkunft und mussten eine Notübernachtung ermöglichen können. Am nächsten Morgen begleiteten wir sie zum LAGeSo und halfen ihnen dabei, schnell einen Termin zu bekommen, damit ihnen ein Platz zugeteilt wurde, wenn möglich bei uns.

Diese Situationen wurden unser Alltag, sie wurden verrückte Normalität. So wie es normal für mich wurde, jeden Tag im Haus zu sein. Die ersten Wochen flogen quasi an mir vorbei, und mein Leben veränderte sich in Windeseile, ohne dass ich es anfangs bewusst wahrnahm.

Aber nicht nur *mein* Leben änderte sich, sondern das aller Freiwilligen. Ich hörte in den nächsten Monaten öfter, dass ich nicht wie der »typische Freiwillige« wirke. Aus mir nicht ganz erklärlichen Gründen war »der Freiwillige« in den Augen vieler ein Student mit Rastalocken, der seine Freizeit bei Diskussionsveranstaltungen in Eine-Welt-Läden verbrachte und sich mit selbst gebrauter Ökoseife wusch. Er konnte auch eine Frau sein. Und er oder sie waren natürlich deutsch und ohne Migrationshintergrund und Teil einer wilden Multikultiszene.

Die hatten wir natürlich auch, aber sie waren ein kleiner Teil in der großen, bunt gemischten Gruppe der Freiwilligen. Da waren gutbürgerliche Besserverdienende und Arbeitssuchende, Akademiker und Schulabbrecher, Pullunderträger und Ökos, 18-Jährige und 80-Jährige. Zu dem festen Kern der immer anwesenden Freiwilligen und zu den Bereichsleitern gehörten eine Klavierlehrerin, ein Unternehmensberater, eine Dolmetscherin, ein Architekt, ein Anwalt, ein Unternehmer, eine Vertriebsassistentin, eine Marketingberaterin, Arbeitssuchende, einige Lehrer, ein Schüler, der gerade sein Abitur gemacht hatte, eine Journalistin, Studierende, eine Verkäuferin, Krankenschwestern, Ärzte, Psychologen, Rentner, eine Assistentin der Geschäftsführung, eine Filialleiterin einer Drogeriemarktkette, Angestellte. Eltern, Alleinerziehende, Paare und Singles. Und eine große Anzahl von ihnen waren Migranten, die entweder in Deutschland geboren oder in den letzten Jahren nach Deutschland gekommen waren. Sie waren besonders wichtig, und ohne sie hätte in den ersten Monaten kaum etwas funktioniert, denn sie konnten nicht nur übersetzen, sondern hatten oftmals ein tieferes Verständnis kultureller Eigenheiten. Nur kamen sie in der öffentlichen Debatte nicht vor.

Auch Mitglieder der Parteien waren breit vertreten. Thomas war bei der CDU, Philipp bei der Linken, Sabrina bei den Grünen, Klaus ein SPD-Genosse, und irgendwann traf ich inmitten eines Bergs zu sortierender Klamotten Christoph Meyer, den früheren Fraktionsvorsitzenden der FDP im Abgeordnetenhaus. Politische Einstellung, finanzieller Hintergrund, Bildungsstand oder Lebensmodell – in diesem Haus trafen sie sich alle. Wir waren unterschiedlich, aber uns einte der Wille, etwas zu tun.

Wir diskutierten, entschieden gemeinsam, das Rathaus wurde für viele immer mehr zu einer zweiten Heimat. Die Euphorie in diesem Haus steckte an, unsere Arbeit hatte einen Sinn. Manche entwickelten aber auch eine ganz neue Perspektive. Gerade einige jüngere Freiwillige profitierten davon, dass sie hier einmal richtig zeigen konnten, wer sie waren, was sie konnten. Das galt für die mit deutschen, aber auch für die mit ausländischen Wurzeln.

Hassan zum Beispiel war der typische »Verlierermigrant«: Zu Hause hatte man Arabisch gesprochen, entsprechend schlecht war sein Deutsch gewesen, entsprechend schlecht waren seine Noten in der Schule, folglich kam er auf die Hauptschule und machte dort einen mittelmäßigen Abschluss. Seine Karriere als Verlierer der Gesellschaft war vorgezeichnet, niemand wollte einen jungen Mann mit passablem, aber nicht perfektem Deutsch und mittelmäßigem Hauptschulabschluss einstellen. Sein Potenzial blieb verborgen. Hier war er plötzlich wichtig, wir brauchten ihn wirklich. Nicht nur war er ein hervorragender Übersetzer, er konnte auch außergewöhnlich gut mit Menschen umgehen, sich angesichts der Geschichte seiner vor 35 Jahren geflohenen Eltern in sie hineinversetzen. Er löste Probleme pragmatisch und schnell, setzte aber auch viel strenger Grenzen, als wir Nichtmigranten es häufig taten. Man konnte ihn dabei beobachten, wie er sich persönlich entwickelte. Mit jedem kleinen Erfolg ging er etwas gerader, wurde selbstbewusster. Und je besser er wurde, desto mehr Aufgaben bekam er zugeteilt. Was ihm wieder mehr Selbstbewusstsein gab. Es war eine positive Spirale. Zum ersten Mal in seinem Leben fühlte er sich wichtig, war Teil der Gesellschaft, die ihn vorher nicht beachtet hatte. Während er anderen half, half er sich selbst.

Einmal Hühnchen tiefgefroren, bitte

6.

Zu »uns« gehörten natürlich auch die Spender, die ja nichts anderes machten als wir: Sie taten etwas freiwillig, was sie nicht tun mussten. Die Spendenflut hielt ungebrochen an. Von morgens um 9 bis in die späten Abendstunden wurde gespendet: Unterhosen, Unterhemden, Socken, T-Shirts, Blusen, Mäntel, Jacken, Pullover, Hosen, Röcke, Decken, Brotdosen, Schuhe, Kissen, Fahrräder, Rollschuhe, Schminke, Kosmetik, wirklich alles, überwiegend das, was die Spender in ihren Kleiderschränken und Abstellkammern fanden. Aber nicht selten erreichten uns auch große Tüten voller neu gekaufter Ware, an der noch die Preisschilder hingen. Auch Lebensmittel wurden in Massen gespendet. Palettenweise Obst und Gemüse, lastwagenweise Wasser und auch eine halbe Wagenladung einer ekelhaft klebrigen süßen Limonade, die wir als vollkommen ungenießbar einstuften, die unsere Bewohner aber liebten. Wir gaben sie rationiert aus.

Was wir gerade brauchten oder nicht brauchten, konnte jeder Spender aus der Bedarfsliste ersehen. Diese wurde inzwischen jede Nacht nach der Inventur aktualisiert, anschließend auf die von Rüdiger entworfene Homepage gestellt und zusätzlich noch an die Hauswand gehängt, niemand sollte sagen, er hätte sich nicht informieren können.

Und wir wurden immer wieder überrascht. Kinder, die auf dem

Flohmarkt Sachen verkauften und uns danach die 9 Euro Erlös brachten. Alte Damen, die Kuchen backten. Zwei Jungs aus der Nachbarschaft, die eines Tages ein Pappschild mit der Aufschrift »Free Köfte« vor dem Haus aufstellten und die Bewohner zum Grillen im gegenüberliegenden Park einluden, selbst gemachte Köfte, scharfe Soßen und arabisches Pitabrot servierten. Jeder machte, was er konnte. Und manche konnten viel.

Eines Tages fuhr ein großer schwarzer Wagen vor. Der ältere Herr, Faltenhose, ordentliches Hemd, Manschettenknöpfe, erklärte, dass er zu alt zum Helfen sei, aber etwas spenden könne. Was wir denn nun bräuchten, Onlinelisten seien nicht seins. Am dringendsten brauchten wir ordentliche Bettdecken und Kopfkissen, denn es wurde immer kälter, und unsere Bewohner, insbesondere die Syrer – die wintergewöhnten Afghanen deutlich seltener –, griffen sich noch immer gerne die dünnen Decken und unterschätzten, was ein deutscher Winter bedeuten konnte. Der Herr nickte nur und fuhr weg. Zwei Stunden später fuhr der dicke Wagen wieder vor, gefolgt von einem Kleintransporter. Der ältere Herr teilte uns mit, dass er »ein paar Decken und Kissen« gekauft habe, deutete auf den Kleinlaster, wünschte uns einen schönen Tag und fuhr ab. Im Inneren des Transporters fanden wir 200 neu gekaufte Kopfkissen und Decken, die der Herr gerade für mehrere Tausend Euro erworben hatte. Bis heute wissen wir nicht, wer der Spender war.

Aber nicht jeder wurde glücklich mit seiner Spende. Eines Tages stand eine Dame mittleren Alters vor mir. Sie hatte zehn Tage zuvor mehrere Pullover aussortiert und gespendet. Das fand sie immer noch gut, leider war darunter auch der schwarze Lieblingsstrickpullover der 20-jährigen Tochter gewesen. Den wolle sie nun bitte wieder zurückhaben. Einen schwarzen Pullover? Vor zehn Tagen? »Tja, das könnte kompliziert werden, der ist vermutlich schon längst ausgegeben worden. Aber wir können gerne gemeinsam in der Kleiderkammer schauen, ob er noch da ist.«

In der Kleiderkammer wurde grinsend die eine oder andere Stirn gerunzelt, als ich das Anliegen weitergab. In einem ewig langen Regal lagen Dutzende, Hunderte Pullover, ordentlich nach Größen sortiert. Welche Größe der Pullover denn habe? »So mittelgroß.« Ach so. Eine halbe Stunde wurden die mittelgroßen Pullover durchforstet, anschließend die kleinen, danach die großen. Der Pullover war nicht da. »Vielleicht habt ihr ihn bei den T-Shirts eingeräumt?« Kristina schüttelte den Kopf. Pullover kamen ins Pullover-Regal, T-Shirts ins T-Shirt-Regal, System halt. »Vielleicht können Sie herausfinden, welche Frau den Pullover bekommen hat, und ihn zurückholen.«

Ich erklärte ihr, dass wir bei allem Verständnis für den Verlust keine Kapazitäten hätten, um eine Suchaktion bei mehreren Hundert Bewohnerinnen zu starten. Sie nickte. »Haben Sie nicht ein Lager?« Sie wollte allen Ernstes eintausend gestapelte Kisten im Keller auspacken und durchsuchen. Es tat uns leid, aber das ging nun wirklich nicht. Wir boten ihr an, sich einen anderen Pullover auszusuchen, worauf sie dann aber doch verzichtete.

Neben versehentlichen Spenden bekamen wir auch Schrott. Dinge, die kaputt waren, oder getragene, ungewaschene Unterwäsche. Ob Bösartigkeit oder Nachlässigkeit, man wusste es nicht. So landeten auch Spenden im Müll, denn kein Bewohner brauchte eine Hose mit nur einem Bein. Doch Wegwerfen barg auch Risiken. Einmal wurden wir fotografiert, als wir zwei Kisten zerrissener Kleidung in die Mülltonne warfen. Das Bild landete im Netz, versehen mit der Unterschrift »Da seht ihr, was sie mit euren Spenden machen. Alles nur Show. Sie werfen alles weg.«

Andere gaben aber auch Sachen ab, die wir partout nicht haben wollten. Wie das Hühnchen. »Ich möchte abnehmen. Deswegen spende ich dieses tiefgefrorene Hühnchen.« Ein Hühnchen. Tiefgefroren. Valeska und Vincent entglitten die Gesichtszüge, während sie auf die eiskalte Tüte in ihrer Hand starrten. Was zum Teufel sollten wir mit einem tiefgefrorenen Hühnchen? Im Rathaus durfte nicht gekocht werden, abgesehen davon, dass man ein Hühnchen schlecht auf 1000 Leute verteilen konnte, abgesehen davon, dass niemand ein Hühnchen unbekannter Herkunft hätte essen wollen.

»Entschuldigung, aber wir können nur originalverpackte Sachen annehmen.«

»Aber es ist originalverpackt. Eingeschweißt. Und tiefgefroren!«

»Aber wir können hier nicht kochen.«

»Aber es ist originalverpackt. Und tiefgefroren!«

Jegliche Erklärung war zwecklos. Die Dame weigerte sich, ihre Spende zurückzunehmen, und ging. Zurück blieb Valeska, mit einem toten tiefgefrorenen Hühnchen im Arm. Niemand konnte sich später erinnern, wo es abgeblieben war. Es war nicht in der Küche gelandet. Und auch nicht in dem Raum für skurrile Spenden, von denen wir so einige bekamen: die gesammelten Werke von Goethe und Schiller, eine perfekte Einstiegslektüre, um Deutsch zu lernen; Ball- und Abendkleider; ein Schokoladenfondue-Set, wo doch jeder wusste, dass sich Geflüchtete danach am meisten gesehnt hatten; Reitstiefel und -helme für die Pferdebegeisterten unter unseren Bewohnern; phallusförmige Kerzen, die nicht nur aufgrund ihrer Form, sondern auch wegen des Brandschutzes niemals in eines der Zimmer kamen; palettenweise Badeschaum für die vielen zur Verfügung stehenden Badewannen; knallrote Stringtangas, die sich alleine aus Scham vor den anderen Bewohnern niemand mitgenommen hätte. Eine Spenderin bestand darauf, dass ihre Kleider auf keinen Fall in einer Kiste gelagert wurden und sie sie selbst auf einen Bügel hängen durfte. Bei manchen Dingen wusste man nicht, ob es die Spender zu gut gemeint hatten …

Weil wir mit riesigen Lagermöglichkeiten im Keller gesegnet waren, übernahmen wir die Spendenannahme auch für andere Unterkünfte, denen keine Lagerflächen zur Verfügung standen. Inga hatte die Initiative ergriffen, andere Notunterkünfte mit den Sachen auszustatten, die bei uns nicht verteilt werden konnten. Schnell bildete sich ein Netzwerk von Fahrern, die fast täglich durch die Stadt fuhren und andere Unterkünfte und die Wartenden am LAGeSo mit Hygieneartikeln, Kleidung, Handtüchern, Babynahrung oder Spielzeug belieferten. Nicht selten kamen sie mit Dingen zurück, die dort wiederum nicht gebraucht wurden, weil in der Unterkunft zum Beispiel nur Frauen und Kinder lebten, Männerkleidung also keine Verwendung fand, die wir aber dringend benötigten. Dieser aus der Situation geborene »Tauschhandel« war eine logistische Meisterleitung, bei der wieder Rüdiger einsprang und den Hubwagen aus seiner Firma mitbrachte, um palettenweise Kartons ein- und auszuladen.

Trotzdem mussten auch bei uns Spenden abgelehnt werden. Das fing schon bei der Körpergröße an. Der deutsche Durchschnittsmann ist 180,2 Zentimeter groß und wiegt 77,6 Kilo – es soll keiner behaupten, wir arbeiteten nicht wissenschaftlich und faktenorientiert –, der syrische und afghanische Durchschnittsmann ist hingegen deutlich kleiner und schlanker. Weshalb wir irgendwann beschlossen, grundsätzlich keine Kleidung mehr in L, XL oder XXL anzunehmen. Wenn dann doch mal eine alte Dame vor der Tür stand, die kein Internet besaß und von der Bedarfsliste nichts gewusst hatte, nahmen wir die Sachen natürlich trotzdem. So jemanden wiesen wir nicht ab. Für alle anderen aber galt: Bedarfsliste.

So nahmen wir irgendwann keine dünnen Leibchen und Blusen mehr an, denn viele Menschen hatten im Herbst ihre Sommerkleidung gespendet, um Platz für neue Winterkleidung zu machen. Das war nett und großzügig, aber bedauerlicherweise kam auch für das Rathaus bald der Winter. Und wir brauchten jetzt Winterkleidung und keine kurzen Röcke und Dreiviertelhosen.

Kuscheltiere nahmen wir grundsätzlich nicht mehr an. Wir hatten nicht nur Tonnen davon, unsere Kinder konnten auch wenig mit ihnen anfangen. Noch mehr als andere Kinder brauchten sie aufgrund ihrer besonderen Situation alles, womit man sich bewegen oder aktiv beschäftigen konnte: Bälle, Bälle, Bälle, aber auch Inlineskates, Spielzeugautos, Stifte, Malblöcke, Rollschuhe, Fahrräder, Springseile. Herrin über das Spielzeuglager war Kerstin, eine gut gelaunte Mitvierzigerin, bei der sich die Kinder zweimal die Woche Spielzeug abholen konnten. Jedes Kind hatte eine mit einer Nummer versehene Karteikarte, auf der genau vermerkt wurde, was es schon bekommen hatte, damit alle gleich viel bekamen.

Was wir hingegen immer annahmen, waren Hygiene- und Verbrauchsartikel: Deo, Duschgel, Rasierschaum, Zahnpasta, Zahnbürste, Körpercreme. Die Leute spendeten aber auch Haargel, Nagellack, Schminke und Parfüm, Dinge, die sicherlich nicht zum Überleben wichtig sind, aber das Leben doch angenehmer machen konnten.

Die Hauptspenden aber blieben Kleidung. Ein Jahr nach der Eröffnung hatten wir über 10 000 Kisten davon erhalten, sortiert, ausgegeben, gelagert und weiterverteilt.

Der oder die Hose

7.

Alles, was gespendet wurde, landete irgendwann in der Kleiderkammer. Dabei wollten wir, dass den Bewohnern die Kleidung nicht »zugeteilt« wurde, sondern sie sich die Sachen ganz »normal« selbst aussuchen konnten. Natürlich wussten wir, dass es hier keine wirkliche Normalität geben konnte, dass wir den Menschen vieles von dem, was sie verloren hatten, nicht zurückgeben konnten. Nicht ihre Heimat, nicht ihre Familien, nicht ihre Wohnungen und was sonst für die Menschen zuvor Normalität bedeutet hat.

Was wir ihnen bieten konnten, war Unterstützung. Und Respekt. Der begann mit der Art, wie wir mit ihnen und über sie sprechen.

In den Medien tauchte plötzlich hin und wieder das Wort »Asylanten« auf, das spätestens seit den Achtzigern negativ verwendet wurde und eigentlich aus dem Wortschatz weitestgehend verschwunden war, jetzt aber teilweise wieder gesellschaftsfähig schien.

Bei uns sagte niemand Asylant, trotzdem arbeiteten auch wir an unserer Sprachsensibilität. Unbewusst, ungeplant und nicht verabredet gingen wir dazu über, nicht mehr von Flüchtlingen zu sprechen. »Flüchtling« ist ein grässliches Wort. Es erinnert an Winzling, Schützling, Schädling oder Eindringling. Und auch ein hilfloser Säugling ist nur bedingt positiv: Das »-ling« nimmt der Person das Aktive, Individuelle und macht sie zu einem passiven Objekt innerhalb einer homogenen Masse, mit gleichen Problemen, Sorgen und Bedürfnissen, es formuliert einen Zustand, keine Begründung. Dabei ist das Einzige, das sie gemein haben, die Tatsache, dass sie alle geflüchtet sind. Aus unterschiedlichen Gründen: Krieg, politische Verfolgung, Folter, Hunger oder Armut. So begannen wir in unserem Haus, wie auch in vielen anderen Unterkünften in ganz Deutschland, von »Geflüchteten« zu sprechen.

Wobei auch dieser Begriff nicht zum Zustand des Hauses passte. Die Menschen in unserem Haus waren Geflüchtete – bis sie gemeldet und registriert waren. Sie waren Angekommene – aber auch das ist kein praktikabler Begriff. Wir sprachen daher nicht von unseren »Geflüchteten«, sondern von unseren »Bewohnern«. Damit endete auch die sprachliche Mehrklassengesellschaft, auf der einen Seite die Bürger, auf der anderen Seite die Geflüchteten. Sie waren Bewohner, und wenn sie auszogen, waren sie Exbewohner. Diese sprachliche Umstellung kostete niemanden etwas. Sie wuchs einfach und veränderte die Wahrnehmung der Menschen.

Natürlich sprachen wir auch von unserer »Unterkunft«, nicht von dem »Lager«, »Camp« oder »Heim«. Vielleicht bin ich zu sensibel, aber der Begriff des Lagers für Menschen war meines Erachtens historisch verbrannt. Er ist auch falsch. Wir lagerten keine Menschen, wir boten einen Ort, an dem Menschen vorläufig wohnen konnten. Deswegen geht auch der Begriff »Camp« nicht. Wir kennen die Flüchtlingscamps, die Zeltstädte in Kenia, im Libanon, in Jordanien. Diese Camps hatten nun wirklich nichts zu tun mit dem, was es bei uns gab.

Auch der Begriff »Heim« ist irreführend. Es gibt Kinderheime und Tierheime. In beiden Fällen werden Lebewesen versorgt und irgendwann abgeholt. Wir hingegen wollten den Menschen zur Selbstständigkeit verhelfen. Das Flüchtlingsheim Rathaus Wilmersdorf wurde so zu der Unterkunft Rathaus Wilmersdorf, in der Bewohner aus vielen Ländern wohnten.

Wichtiger noch war, wie man *mit* den Bewohnern sprach und umging. Dass wir ihnen – soweit wir das konnten – ermöglichten, wieder selbst zu entscheiden und zu handeln, nachdem in den letzten Monaten so viel für sie entschieden worden war.

Es ging um nicht weniger als die Würde des Menschen, so abgedroschen das klingt. Würde begann damit, dass Menschen selbst entschieden, was sie trugen. Wir wussten aus einigen Unterkünften, dass den Leuten dort ihre Kleidung zugeteilt wurde. Du benötigst einen Pullover in Größe 40? Hier, Größe 40, das ist jetzt dein Pullover. Ob er dir steht, ob er dir gefällt, ob du mit dem Material zurechtkommst – egal. Für uns war dieser Weg nicht akzeptabel. Deswegen entschieden wir uns für ein aufwendiges, aber naheliegendes Verfahren. Wir richteten zwei Kleiderkammern ein. Eine für Männer, eine für Frauen und Kinder. Ich nannte diese Kleiderkammern gerne unsere Boutiquen, das klang irgendwie netter, und sie funktionierten tatsächlich wie gewöhnliche Geschäfte. In diesen Boutiquen konnten sich die Bewohner selbst aussuchen, was sie tragen wollten. Sie konnten anprobieren und innerhalb von zwei Wochen sogar umtauschen, wenn ihnen die Dinge nicht gefielen. Es war ein erster Schritt hin zur Normalität: Die Bewohner sollten erfahren, wie Einkauf und Umtausch in Deutschland geregelt waren, nur dass hier eben nicht bezahlt, sondern in eine Karteikarte eingetragen wurde, quasi ihre Kreditkarte.

Vor der Kleiderkammer war immer Chaos. Schon Stunden vor den Öffnungszeiten standen die Leute an, jeder wollte der Erste sein und die besten Stücke abbekommen. Dabei ging es nicht immer konfliktfrei zu, eigentlich selten. Die meisten Bewohner waren vernünftig und ehrlich, aber eine Handvoll der anderen reichte, um Stress zu verursachen. Die, die angeblich ihre Schuhe verloren hatten, die ihre Jacke schon wieder im Bus hatten liegen lassen, denen das Duschgel ausgelaufen war, und so weiter. Es war eine Meisterleistung der Freiwilligen in den Kleiderkammern, diese Personen frühzeitig zu identifizieren und sie sich zu merken. Wir hatten eine Bewohnerin, deren Zimmernummer irgendwann zu einem Synonym für nervend und stressend wurde. Diese Frau stand Tag für Tag für Tag wieder an, jeden Tag brauchte sie etwas, fehlte ihr etwas, abends kam sie zu irgendeinem von uns und versuchte uns zu überreden, ihr irgendetwas aus der Kleiderkammer zu besorgen. Sie war ein hortender Messi. Es bedurfte einer Mischung aus Fingerspitzengefühl und klarer Linie, um auch mit diesen Leuten korrekt umzugehen.

Wollte man also in die Kleiderkammer, musste man zuerst an Uschi vorbei. Uschi war wunderbar, streng und liebevoll, sie hätte ich mir als Oma gewünscht. 77 Jahre alt und eine Grande Dame, wie man sie sich vorstellt: Perfekt geschminkt, perfekt frisiert, perfekt angezogen, stöckelte sie kurz vor Öffnung der Kleiderkammer ins Helferbüro, begrüßte mich mit einem Küsschen und einem kessen Berliner-Schnauze-Spruch, trug entweder eine Designerhandtasche oder eine KaDeWe-Tüte in der Hand, holte sich ihr Helferband ab und machte sich auf untragbar hohen Absätzen auf den Weg zur Kleiderkammer, wo sie den Rollwagen übernahm, auf dem die Karteikarten aller Bewohner aufbewahrt wurden.

Die Karteikarten, die genauso funktionierten wie im Spielzeugzimmer, waren schnell eingeführt worden, um eine Übersicht zu behalten, wer wie viel erhalten hatte. Wir wussten von Bewohnern, die ihre fünf Flaschen Duschgel getauscht oder verkauft hatten, womit uns Strukturen drohten, die wir unbedingt vermeiden mussten, um nicht Konflikte und Unfrieden im Haus aufkommen zu lassen. So bekam jeder Bewohner eine Karteikarte mit seiner Registriernummer zugeteilt, auf der genau festgehalten war, wie viel jeder wovon haben durfte. Auf ihr gab es Spalten für Flipflops oder Hausschuhe, Hosen, Jacken, Regenjacke, Pullover, Pyjama, Jogginganzug, Schuhe, Handschuhe, Rucksack, Sporttasche, Badehose, Schal und Gürtel etc., jeweils mit einer exakt definierten Menge: drei Paar Schuhe, zehn Unterhosen, für Damen drei BHs. Waren die ausgegebenen Sachen gebraucht, gab es einen Strich, handelte es sich um Neuwaren, gab es einen Kringel, damit neue Sachen gerecht verteilt werden konnten. Außerdem aus dem Hygienebereich pro Monat einmal Bodylotion, Duschgel, Gesichtscreme, Rasierschaum, Shampoo, Seife, Zahnpasta, Kamm, fünf Wegwerfrasierer und alle drei Monate eine Zahnbürste.

Diese Listen waren keine offiziellen Vorgaben von Behörden, sie waren in der Kleiderkammer selbst entwickelt worden. Die meisten offiziellen Vorgaben waren ohnehin nicht zu gebrauchen. So war das Herausgeben von Nagelfeilen, Nagelscheren, Rasierklingen und – bekanntermaßen sehr gefährlich – Nagelknipsern aus Sicherheitsgründen untersagt. Gab es nicht gerade drüben in der Drogerie Küchenmesser im Sonderangebot für 99 Cent? Und wir hatten Angst vor Nagelknipsern? Natürlich gelangten die Sachen auf Umwegen zu den Bewohnern, nie wurde jemand mit einer Nagelschere, einer Nagelfeile oder gar einem Nagelknipser verletzt.

Nicht verboten, aber doch anfänglich zumindest kontrovers diskutiert war die Ausgabe von Kondomen. Von einem Bewohner hatten wir gehört, dass er sich »was eingefangen« hatte, nichts Dramatisches, aber das Letzte, was wir gebrauchen konnten, waren Geschlechtskrankheiten und jede Woche eine neue Schwangerschaft. Die Lösung? Kondome, klar.

Doch Thomas war anfangs nicht überzeugt. »Meint ihr nicht, dass das zu sexuellen Handlungen anregen kann, wenn wir eine Kiste mit Kondomen hinstellen?«

Ich legte den Kopf schräg. »Thomas, man muss niemanden zu einer sexuellen Handlung anregen, gebumst wird immer und überall.«

So kamen schließlich über meinen Freund Holger von der Deutschen Aidshilfe die ersten 200 Kondome, die von nun an in den Kleiderkammern ausgegeben wurden. Ohne zahlenmäßige Beschränkung. Und auf der Karte wurden sie auch nicht verzeichnet.

Die Kleiderkammern waren aber auch ein Ort, wo die Bewohner Alltagswörter lernten. Kristina hatte in der Kleiderkammer für Frauen von Beginn an Bewohnerinnen einbezogen, die bei der Ausgabe und beim Übersetzen mithalfen. Sie waren so auch mit die Ersten, die schnell Deutsch lernten.

Auch in der Kleiderkammer für Männer arbeiteten Bewohner, und hier wurde gezielt Deutsch gelernt. Bei einem Besuch stellte ich mit Entzücken fest, dass Frank, der die Kleiderkammer für Männer ab dem Winter als Bereichsleiter übernahm, den Bewohnern die deutschen Bezeichnungen der Kleidungsstücke beibrachte, die sie hier erhielten. Hatten sie am Anfang noch eine Hose einfach hingelegt und wurde in der Liste ein Haken bei den Hosen gemacht, sollten sie nun »Das ist eine Hose« sagen. Was nach Zwang und Bevormundung klingen mag, war in Wirklichkeit das beste Programm zur Integration und Sprachförderung. Frank, dieser jugendliche Rentner, der vorher einmal Architekt gewesen war, forderte die deutschen Wörter mit einem Lächeln ein, das den Bewohnern nie das Gefühl gab, sie würden gerade vorgeführt oder müssten eine Prüfung absolvieren. Er hatte eine eigene Art, mit Menschen umzugehen, und es führte zu kleinen stolz machenden Momenten, wenn ein Bewohner vor ihm stand und sagte: »Heute habe ich ein Paar Socken und einen … eine Hose«, und damit demonstrierte, dass er wieder neue Wörter gelernt hatte. Er spornte die Leute auf eine liebenswürdige und spielerische Weise an, diese schwierige Sprache zu lernen, ohne die sie in Deutschland niemals zurechtkommen würden.

Aber Deutsch wurde natürlich nicht nur in der Kleiderkammer gesprochen. Schon fünf Tage nach Eröffnung war der erste Deutschunterricht gegeben worden, und inzwischen war der Bereich rasant gewachsen. 60 Freiwillige, ehemalige Lehrer und Menschen, die unterrichten konnten, waren im Einsatz und gaben auf unterschiedlichen Stufen jeden Tag Deutschunterricht. Am Anfang hatten ihn Bewohner aus allen Ländern genutzt, später vor allem Afghanen, die aufgrund einer Vorgabe des Bundesinnenministeriums während der Dauer des Asylverfahrens keine offiziellen Sprachkurse besuchen durften, da ihnen keine positive Bleibeperspektive bescheinigt wurde.

Esther hatte immer mehr Räume für den Unterricht eröffnet – den Neuanstrich hatte ein Pharmaunternehmen gesponsert –, eine Gruppe besorgte aus Schulen und Behörden Tische, Stühle, Tafeln, Kreide und sonstiges Lernmaterial. Der Deutschbereich war schwierig zu managen, denn hier konnten anders als in anderen Bereichen ausfallende Freiwillige nicht so einfach durch Springer ersetzt werden. Dazu wechselten die Schüler andauernd, manche verließen die Unterkunft, andere wechselten zu einem Kurs, der terminlich günstiger lag, und wer einen Platz für einen offiziellen, zertifizierten Sprachkurs bekam, besuchte diesen. Trotzdem wuchsen die Teilnehmerzahlen konstant an, und auch die Lehrer wurden mehr, bis zum Ende des Jahres war die Gruppe auf fast 300 Personen angewachsen.

Die Bewohner lernten aber auch durch ihre Paten Deutsch. Sehr früh hatte Christine das Patenprogramm gegründet. Sie organisierte Vorstellungstreffen, bei dem deutsche Familien und Familien aus unserem Haus zusammenkamen und sich kennenlernten. So entstand eine große Schar an Freiwilligen, die nie bei uns im Haus war, die wir oft gar nicht kannten, die aber faktisch dazugehörten und eine intensive Betreuung gewährleisteten, Ausflüge unternahmen, mal an den See, mal zur Behörde, und die die aktive Integration vorantrieben.

Aus diesem Patenprogramm entwickelte sich unter Leitung von Katrin das Schulprogramm. Kaum ein Kind hatte zunächst einen Schulplatz, die Behörden hatten das Thema ziemlich verschlafen. So begann das Schulprogramm eigentlich als politisches. Gemeinsam mit zwei Sozialarbeitern übte die Gruppe Druck auf Schulen und das Schulamt aus, nutzte politische Kanäle, um die Kinder endlich in die Schule schicken zu können. Als es dann so weit war, wurden den Familien Schulpaten an die Seite gestellt, die sie zur Anmeldung begleiteten, übersetzten und dabei halfen, die nötigen Unterlagen zu besorgen. Anschließend begleiteten die Paten die Kinder an den ersten Tagen auf dem Schulweg, später die Eltern zu Elternabenden. Hinzu kamen die Schulkontaktpersonen, die für jede Schule, auf die eines unserer Kinder ging, jederzeit erreichbar waren. Ein Schulmaterialbereich wurde gegründet, um die Kinder mit Ranzen und allem, was man zum Lernen braucht, auszustatten.

Unterricht für die Großen, Schule für die Kleinen und Patenschaften sorgten dafür, dass im Rathaus relativ schnell Deutsch gelernt und gesprochen wurde.

Wasser und Wasserlassen

8. Unsere Bewohner kamen aus Ländern, in denen man nicht aus dem Wasserhahn trinken konnte und auf Wasser aus Plastikflaschen angewiesen war. Und eine solche Gewohnheit, zwanzig, dreißig oder mehr Jahre gelebt, ließ sich nicht von einem auf den anderen Tag abschütteln. Die Vorstellung, den Becher unter den Wasserhahn in den wenig anheimelnden Toilettenräumen zu halten, klang für sie verrückt. Anfangs dachten manche, wir wollten sie vergiften, weshalb wir wieder und wieder die Wasservorkoster spielten. So groß das Verständnis auch war, das Ganze wurde eine echte Herausforderung. In manchen warmen Wochen verbrauchten wir bis zu 20 000 Plastikflaschen. Die Müllberge türmten sich auf. Zudem waren Tausende Flaschen im Haus verstreut, wohin man sah: leere und halb volle Plastikflaschen. Denn nun kam die bekannte Wohngemeinschaftsproblematik hinzu. Während das eigene Zimmer schön sauber war, galt in den Gemeinschaftsräumen: Irgendwer macht das schon weg.

Paradoxerweise mangelte es dennoch oft an Wasser, denn die Flaschen standen nicht zur freien Mitnahme, sondern wurden bei den drei Mahlzeiten mit ausgegeben. Hätten wir die Flaschen einfach palettenweise abgestellt, wäre alles umgehend in den Zimmern gebunkert worden, ein paar Stunden hatten wir das Experiment versucht. Wer alles verloren hat, der bunkert. Menschlich nachvollziehbar, organisatorisch dennoch ein Albtraum.

So bestand in den ersten Monaten eine unserer täglichen Aufgaben im Wassermanagement. Gerade in den Abendstunden kamen im Minutenrhythmus Bewohner und fragten nach Wasser. Entweder war die Abendwasserflasche leer, oder man hatte sie halb voll irgendwo vergessen. Irgendeinen Grund gab es immer. Aber wir konnten ja kaum Wasser verwehren. Irgendwann versuchten wir es mit einer Wasserbar, an der wir das Wasser plastikbecherweise ausgaben. Damit senkten wir zwar kurzfristig den Wasserflaschenverbrauch, banden aber benötigte Freiwillige und ersetzten Plastikflaschenmüll durch Plastikbechermüll.

Eine andere Lösung wäre ganz einfach gewesen: Wasserspender, im ganzen Haus, auf jeder Etage. Bereits im September 2015 hatten wir Bedarf angemeldet und der ASB einen entsprechenden Antrag bei der BIM Berliner Immobilienmanagement gestellt, einer Gesellschaft, die dem Land Berlin gehörte und die als Eigentümerin des Gebäudes zustimmen musste, und beim LAGeSo, welches die Finanzierung übernehmen musste. Doch erst galten Wasserspender als unhygienisch, obwohl jede Apotheke so ein Ding hatte, später als zu teuer, obwohl jeder, der die Preise von Wasserspendern und Wasserflaschen verglich, erkannte, dass das Unsinn war, dann wieder waren sie plötzlich aus versicherungsrechtlichen Gründen problematisch … Auch ein Jahr später waren noch immer keine Wasserspender für das Haus bewilligt.

Nicht weniger problematisch war das »Entsorgen« des Wassers. Die Welt ist genau genommen in drei Toilettengebiete eingeteilt: Da gibt es die Tiefspüler und die Flachspüler, die sich zusammengefasst als Sitztoilette bezeichnen lassen, sowie die Hocktoilette, besser bekannt als Plumpsklo. Während der Tiefspüler, bei dem das, was man auf der Toilette so lassen möchte, in eine Schüssel voller Wasser fällt und dann mit Karacho weggespült wird, früher vor allem in den USA und Großbritannien angesagt war, wurde in Europa eher der Flachspüler gewählt, bei dem das dort zu Lassende erst mal auf Porzellan landet und anschließend schön weggespült wird, wobei die Reste, anders als beim Tiefspüler, nicht selten weggewischt werden müssen. Klingt nicht schön, ist aber nun mal so.

Und dann gibt es eben diese Plumpsklos, bei denen man sich breitbeinig über ein Loch im Boden hockt. Für die an Tiefspüler und Flachspüler gewöhnten Toilettenbenutzer ein Albtraum: Man muss sich krampfhaft an irgendwelchen Halterungen festhalten, um nicht hinten rüberzufallen. Ich erinnere mich an eine Reise durch Asien. In jedem Dorf, in jeder Kaschemme war die erste Frage, in der Hoffnung auf eine richtige Toilette: Was für ein Klo gibt es hier?

Ungünstigerweise kamen unsere Bewohner vor allem aus Plumpskloregionen und fanden den Gedanken, sich auf eine bequeme Toilettenbrille zu setzen, alles andere als lustig. Ich weiß nicht genau, was in den Toiletten passierte, aber immer wieder waren Klobrillen kaputt, weil Menschen sich offenbar auf die Brille gestellt statt gesetzt hatten.

Doch auch die anschließende Reinigung des eigenen Ichs gestaltet sich international durchaus verschieden. Während sich Toilettenpapier in der westlichen Zivilisation durchgesetzt hat, wird in vielen Regionen, darunter in zahlreichen arabischen, gewaschen. Das funktioniert sicher auch ganz prima – wenn es denn ein Plumpsklo mit Loch im Boden und einer entsprechenden Waschvorrichtung ist. Wenn es sich aber um einen Flachtiefspüler mit Klobrille und Klodeckel handelt, dann heißt es: Überschwemmung. Regelmäßig waren die Toiletten nicht nur verstopft, weil irgendwas in die Dinger geworfen wurde, was dort nicht hineingehörte, nein, sie waren auch regelmäßig überschwemmt.

Mit von arabischen Exbewohnern angebotenen Toilettenkursen versuchten wir, das Problem in den Griff zu kriegen und die europäische Toilette attraktiv zu vermarkten. Und tatsächlich: Überschwemmungen und zerbrochene Toilettenbrillen gab es immer seltener, auch, weil sich entnervte Bewohner selbst auf die Lauer legten und sich die Toilettenfluter vornahmen. Die Wasserintegration machte Fortschritte.

Kein Opfer zum Fest

9. Während wir uns in der Unterkunft mit banalen Dingen wie Wasserflaschen beschäftigten, diskutierte man auf der Straße, wie das eigentlich mit der Aufnahme einer Million Moslems in Deutschland funktionieren sollte. Denn der Moslem an sich, darin waren sich viele einig, ist ja tendenziell gefährlich, ganz sicher aber nicht in der Lage, sich an deutsche Sitten und Gesetze anzupassen. Man hatte die große Sorge vor der Religion, wusste aber gar nicht genau, wie es die Mehrheit der Geflüchteten mit der Religion überhaupt hielt.

Das war natürlich auch nicht so einfach zu beantworten. Es gab sicher einige streng Religiöse, vielleicht sogar extremistische, unsere Erfahrung war allerdings, dass die meisten einen eher entspannten Umgang mit der Religion pflegten. Ende September hatten wir 763 Bewohner aus 32 Nationen im Haus, hauptsächlich Moslems, aber auch etliche arabische Christen, die beiden größten Konfessionen wiederum unterteilt in Schiiten, Sunniten, Aleviten und Jesiden einerseits und Katholiken, Orthodoxe und Protestanten andererseits. Während die christlichen Kirchen in der Umgebung einen deutlichen Zugang an arabischen Mitgliedern verzeichnen konnten, schien der Bedarf nach Religiosität bei vielen Moslems gedeckt. Moscheen und andere religiöse Einrichtungen in der Nachbarschaft wurden kaum aufgesucht, sehr zur Enttäuschung einer Mitte September aufgetauchten islamischen Gruppe, die bei uns gerne aktiv werden wollte.

Ich hatte an diesem Tag Schicht im Helferbüro und kontrollierte alle neuen Helfer. Das gestaltete sich inzwischen so: Jeder, der zum ersten Mal zum Helfen kam, wurde mit seiner Personalausweisnummer erfasst. War man einmal registriert, zeigte man bei seiner nächsten Schicht seinen Ausweis bei der Security vor, wurde mit Uhrzeit und einer Nummer in die Liste eingetragen, ging ins Helferbüro, bekam sein Helferband, und los ging es. Das war bürokratisch, aber bei so vielen Leuten einfach notwendig geworden. Anfangs hatten wir nur die Namen aufgenommen, um den Überblick zu behalten, seitdem der Berliner Senat im Herbst endlich den lange geforderten Versicherungsschutz für die Freiwilligen übernommen hatte, nun auch die Personalausweisnummer. Die Daten wurden von der Heimleitung weggeschlossen und konnten im Falle einer Unsicherheit oder eines Verdachts der Polizei zur Prüfung übergeben werden. Wir selbst hatten zwar bisher keine Probleme mit sich als schwarzen Schafen entpuppenden Helfern, von anderen Unterkünften aber hatte man von Problemen gehört, von islamistischen Gruppen, die Anhänger rekrutieren wollten, und Rechtsradikalen, die sich interessiert umschauten, um anschließend ihre Hetzpropaganda zu verbreiten.

An diesem Tag nun traten drei Helferinnen auf, die das Überprüfen schwierig machten: drei Frauen, das erkannten wir an den Stimmen, akzentfreies Deutsch, deutsche Personalausweise, jede eingehüllt in einen schwarzen Tschador mit Nikab, also einen Ganzkörperschleier in Verbindung mit einem Gesichtsschleier, der nichts außer den Augen preisgab. Wie sollten wir damit verfahren? Die Vollverschleierung war ja nicht verboten, und auch religiöse Helfer waren natürlich nicht grundsätzlich schlecht, politisch-religiöse Absichten konnten auch nicht verschleierte Frauen haben.

Trotzdem haderten wir. Konnten wir den Frauen den Zutritt zum Haus mit dem Hinweis verwehren, dass wir politisch-religiöse Bildung und Konvertierungsversuche strikt untersagten? Wer sagte denn, dass sie nicht nur helfen wollten, wie sie behaupteten? Wir notierten die Ausweisnummern, ohne prüfen zu können, ob sich hinter den Gewändern wirklich die Frauen verbargen, die auf den Ausweisfotos abgebildet waren, und verwiesen darauf, dass das Verteilen religiöser Schriften strengstens verboten war. Wir schickten zwei Freiwillige hinterher, um die drei Frauen mit einigem Abstand im Auge zu behalten. Beim kleinsten Anzeichen, dass irgendetwas nicht stimmte, sollte die Security gerufen werden.

Doch uns war weiterhin mulmig. Zum ersten Mal waren wir mit so einer Situation konfrontiert, und das Letzte, was wir wollten, waren salafistische oder islamistische Aktivitäten. Nach Rücksprache mit Thomas und Philipp entschieden wir, die Polizei einzuschalten. Die Herausforderung war zu groß, als dass wir das selbst entscheiden konnten. Es würde dauern, bis die Beamten hier waren, denn akute Gefahr bestand nicht. Doch die Polizei sollte schließlich auch niemanden mehr antreffen. Kurz nachdem wir die Frauen ins Haus gelassen hatten, wurde es laut auf dem Hof, aufgebrachte Bewohner und vor allem Bewohnerinnen sammelten sich um die drei verhüllten Frauen. Rekrutierung mitsamt einem Aufstand schon nach zehn Minuten? Ich erwartete das Schlimmste, doch irgendwie sah dieses Bild nicht nach Schulterschluss aus. Die Bewohner, vor allem die Bewohnerinnnen, schienen nicht gerade angetan von dem Besuch. Noch bevor wir überhaupt aktiv werden konnten, wurden die Frauen von unseren Bewohnerinnen aus dem Haus komplimentiert, eine auf Arabisch stattfindende Diskussion machte deutlich, dass die Frauen hier nicht erwünscht waren. Durch unsere Übersetzer erfuhren wir, was sich zugetragen hatte: Die Frauen hatten angeboten, Schriften zu verteilen und sich für religiöse Gespräche zu treffen. Die anwesenden Bewohner, Opfer von religiösen Kriegen, radikalislamischen Truppen und Vertreibungen, wollten damit nichts zu tun haben.

Der Polizei konnten wir schließlich nur noch den Fall schildern und die Ausweisnummern übergeben. In gemeinsamen Gesprächen mit Polizei, dem ASB und Freiwilligen einigten wir uns darauf, aus

Sicherheitsgründen vollverschleierte oder suspekte Personen künftig unverzüglich zu melden und ihnen den Zugang zu verwehren. Wir gaben uns nicht der Illusion hin, dass es unter unseren Bewohnern nicht auch religiöse Eiferer geben konnte, nur weil die Frauen nicht verschleiert waren und die Männer keine »Talibanbärte« trugen. Doch das hatte der Besuch der Vollverschleierten gezeigt: Die Gefahr einer radikalen Anwerbung war zwar offenbar gegeben, die Neigung, darauf einzugehen, aber offensichtlich geringer als von vielen befürchtet. Es kam wohl auch darauf an, was die Hierhergekommenen erlebten, was wir vorlebten und welche Chancen und Perspektiven man ihnen eröffnete. Wir wollten im kleinen Rahmen die Fehler der Sechziger- und Siebzigerjahre verhindern, als man Gastarbeiter nicht am Leben der Mehrheitsgesellschaft teilhaben ließ und so Parallelwelten geradezu förderte. Unser Rezept gegen Radikalisierung hieß Integration, Partizipation und Selbstbestimmung, schnell und intensiv, natürlich bei Ausübung ihrer Religion, wenn das gewollt war. Denn Religion ist für viele Menschen, unabhängig von der Konfession, ein wichtiger Teil der eigenen Identität. Ankommen und Integration funktionieren nur dann, wenn die eigene Identität nicht aufgegeben werden muss. So waren bei uns früh Gebetsräume eingerichtet worden, sechs Stück, im zweiten Stock des Gebäudes, bewusst zugänglich für alle und nicht unterteilt nach religiöser Zugehörigkeit. Die Räume wurden weniger genutzt als erwartet, dennoch traf man dort immer wieder lesende Moslems, aber auch Christen an. Mein Eindruck war, dass sie vor allem als Rückzugsort genutzt wurden, weil sich hier keine tobenden Kinder aufhielten. Ein einziges Mal sah ich jemanden dort wirklich beten.

Doch am 23. September hatte das LAGeSo die großartige Idee, diese Räume, die an das Rondell grenzten, für ihren Bedarf zu nutzen. Denn für ein paar Wochen zog eine gesamte Abteilung des LAGeSo in das leer stehende Rondell, vernagelte Dutzende Türen, verursachte Chaos und verschwendete mit dem Einzug und dem wenige Wochen später stattfindenden Auszug lediglich Ressourcen und Steuergelder.

An diesem Abend – ich war inzwischen 18 Tage im Haus, hatte aber das Gefühl, schon ewig hier zu sein – wurde der Heimleitung um kurz nach halb sechs abends per E-Mail mitgeteilt, dass diese Räume bis zum nächsten Morgen um neun Uhr zu räumen seien, man wolle dort morgen Büros einrichten. Ein völlig absurder Gedanke. Nicht nur, dass die Nachricht wie immer viel zu spontan einging. Nicht nur, dass am nächsten Tagen das Opferfest gefeiert wurde und wir dafür einen Imam im Haus erwarteten, der die Schließung der Gebetsräume bestimmt erfrischend gefunden hätte. Nein, es standen im Rondell mit seinen 450 Räumen auch genügend Zimmer leer, nun also gerade diese Räume herzugeben war völliger Unsinn.

Böse Absicht wollte man dem LAGeSo gar nicht mehr unterstellen. Höchstens Doofheit. Irgendein Mitarbeiter unserer geschätzten Behörde hatte vermutlich an seinem Schreibtisch gesessen, den Lageplan des Hauses betrachtet und beschlossen: Die Räume haben eine gute Lage, die wollen wir haben. Um herauszufinden, ob dort Menschen wohnten, Lagerräume existierten oder eben unsere Gebetsräume – dafür hätte man ja mit uns kommunizieren müssen.

Also Krisensitzung: ignorieren oder agieren? Ignorieren hätte Probleme bereiten können, schließlich war der ASB wie alle Träger von den Behörden abhängig. Agieren kam aber nur in Form von Abwehr infrage, die Räumung lehnten wir kategorisch ab. Thomas versuchte, jemanden im LAGeSo zu erreichen, natürlich vergeblich. E-Mails wurden um diese Uhrzeit nicht mehr beantwortet, Anrufe erst recht nicht. Philipp versuchte den Staatssekretär ans Telefon zu bekommen, ebenfalls ohne Erfolg. Gegen 21 Uhr war klar, dass wir auf geordnetem Weg nichts mehr erreichen würden. Nun war ich an der Reihe. Ich war ja nicht nur der rennende Bereichsleiter-Springer ohne Gestaltungsspielraum, ich hatte in meinem echten Leben auch einen Job. PR-Berater. Und damit Kontakt zu dem einen oder anderen Journalisten, dem man das anvertrauen konnte.

Die Heimleitung hatte eine ungefähre Ahnung von dem, was ich tat, wurde aber nicht über alles informiert, wir hatten uns schnell geeinigt, dass es besser war, nicht immer ganz genau zu wissen, was der andere tat. Also begann ich zu telefonieren. Die Information lief »unter zwei«, also ohne Nennung meines Namens als Quelle, so konnte ich frei sprechen. Es war gemein, aber es war mir auch eine große innerliche Freude, dieses LAGeSo, das uns, den Bewohnern und den Geflüchteten, die bisher nicht untergekommen waren, das Leben jeden Tag mit seiner Unfähigkeit so schwer machte, jetzt mal tanzen zu lassen.

Unsere Informationen trafen auf offene Ohren. »LAGeSo schließt Gebetsräume am Opferfest. Willkommen in Berlin.« Es wäre eine schöne Schlagzeile gewesen. Noch in der Nacht schickten Journalisten Fragen an den Senator, die Staatssekretäre und andere Landespolitiker, die wiederum beim Staatssekretär und der Behörde nachfragten. Das Timing war perfekt: Am nächsten Morgen würde um 11 Uhr die 69. Plenarsitzung der Sitzungsperiode beginnen, kein Verantwortlicher konnte sich wünschen, dass dieses Thema vor laufenden Kameras im Plenarsaal diskutiert werden würde. Es hätte ansonsten eine spannende Neuinterpretation von »Opferfest« werden können.

Der Senat reagierte: Am frühen Morgen ließ Sozialstaatssekretär Dirk Gerstle die Anweisung zurückzunehmen. Nur kurze Zeit darauf erreichte auch uns der hastige Anruf aus dem LAGeSo, dass es sich um ein Missverständnis gehandelt habe, natürlich sollten die Gebetsräume nicht geräumt werden, man hatte – genau wie wir es vermutet hatten – lediglich den Lageplan des Hauses betrachtet und diese Räume aufgrund ihrer Lage als gut befunden.

Nach dieser Nacht bekam die Zusammenarbeit mit den Behörden ein eigenes Motto: »Kooperation oder Pressemitteilung«, eine sehr selten eingesetzte, aber effektive Waffe gegen die Willkür hinter den Kulissen.

10. Kooperation oder Pressemitteilung

So bekam ich plötzlich einen neuen Aufgabenbereich. Unser Haus war in den letzten Wochen von den Medien überrannt worden. Kein Wunder. Schließlich wurde eine der mit nun fast 800 Bewohnern größten Unterkünfte in Berlin faktisch noch immer fast ausschließlich von Freiwilligen organisiert. Philipp hatte als 24-Jähriger eine riesige Gruppe von Freiwilligen angeführt, war dann stellvertretender Heimleiter geworden und bewies sich darüber hinaus als Experte in Asylfragen. Und zugleich galt das Haus nach nur wenigen Wochen als eines der am besten organisierten. Ständig standen Kamerateams vor oder im Gebäude, der Besuch des Bundespräsidenten hatte es überregional bekannt gemacht, und nicht selten schlugen Teams aus Japan, den Vereinigten Arabischen Emiraten, den USA, Israel, Lettland oder Argentinien bei uns auf. Die Pressearbeit lag nach wie vor fast vollständig bei Philipp, der für die Medien noch immer der zentrale Ansprechpartner war, und bei Thomas als Heimleiter. Doch der Medienansturm hielt die beiden ständig von ihrer eigentlichen Arbeit ab.

Um Entlastung in die Leitung zu bringen, fragte mich Thomas, ob ich nicht die Pressearbeit übernehmen könnte. Natürlich als Freiwilliger, nicht für den ASB.

Ich war begeistert. Endlich sollte ich das machen, was ich wirklich konnte, auch PR-Heinis hatten hier einen Nutzen. Denn natürlich war Presse wichtig für uns. Nur wenn man uns kannte, würde man uns unterstützen, außerdem konnten wir auf Zustände und Missstände hinweisen und gleichzeitig Bilder zeigen, die die Panikmache »besorgter Bürger« und einiger Medien widerlegten. Mir machte die neue Aufgabe riesigen Spaß, ich konnte die Arbeit der Freiwilligen präsentieren, kannte die Eigenheiten der Pressearbeit und wusste, was »unter eins« (»Herr Meier sagte …«), »unter zwei« (»Wie aus unterrichteten Kreisen zu hören war …«) und »unter drei« bedeutete (Hintergrundinformation, die nicht zitiert werden darf). Damit mussten wir auch die »Kooperation oder Pressemitteilung«-Methode seltener verwenden. Zwar ließen die Kämpfe mit den Behörden nicht nach, aber das Wissen, dass wir gut vernetzt waren, machte so manches einfacher. Immer noch kamen jede Nacht Menschen zu unserer Unterkunft, immer noch hatten wir reichlich Platz, und immer noch durften wir nicht aufnehmen, es war einfach nicht zu verstehen. Aber irgendwann war im Senat und beim LAGeSo deutlich geworden, dass wir ohne zu zögern die Presse informieren würden, wenn die Ansage käme, Menschen im Park schlafen zu lassen, weil irgendeine unsinnige Quote für unser Haus erreicht war.

Das System funktionierte aber vor allem, weil wir uns vertrauten. Wir mussten uns nicht immer abstimmen, wir wussten, dass die anderen das gleiche Ziel verfolgten. Natürlich waren Träger und Freiwillige nicht immer einer Meinung, aber wir sahen uns als Einheit, die ein gemeinsames Ziel hatte. Thomas, das war klar, hatte das letzte Wort, entschied aber nichts ohne Philipp. Philipp kannte das Haus am besten und hatte Kontakt zur relevanten Presse, würde aber nichts tun, ohne mich zu informieren. Ich wiederum hatte nichts zu entscheiden, konnte Medienanfragen aber am besten einschätzen und am ehesten urteilen, für wen die Anfrage relevant war.

Ich koordinierte die Presseanfragen, gab sie mal an Thomas, mal an Philipp, mal organisierte ich für Interviews Freiwillige, mal Helfer speziell mit Migrationshintergrund und oft auch Bewohner.

Und immer häufiger führte ich Journalisten durch das Haus und erklärte die Bereiche.

Wie auch schon als Springer switchte ich weiterhin zwischen den einzelnen Bereichen hin und her und versuchte, mir einen Überblick zu verschaffen, um sinnvoll Fragen beantworten zu können. Meine Aufgabe veränderte sich damit gar nicht so viel, sie wurde nur erweitert. Ich koordinierte anfangs auch weiterhin die Springer, ging aber nun zielgerichtet jeden Tag durch die Bereiche. Nur fragte ich jetzt nicht mehr nur nach Springern, sondern auch nach Befindlichkeiten, Problemen, Zahlen und Fakten. So bekam ich mit der Zeit etwas Muttihaftes und lernte schnell, wer mit wem gut oder nicht gut konnte, vermittelte zwischen Freiwilligen und nahm zusammen mit anderen auch mal jemanden zur Seite und bat sie oder ihn, eine Woche Pause zu machen und dann mit neuer Energie wiederzukommen. Denn viele von uns merkten nicht, wenn wir uns überforderten, und wenn wir es merkten, machten wir weiter, um die anderen nicht im Stich zu lassen. Die Arbeit im Haus hatte durchaus Suchtpotenzial, machte oft glücklich, erschöpfte aber auch.

Zu den Veränderungen meiner neuen Aufgabe gehörte auch, dass ich täglich von Philipp, Thomas und Manuel über alle sich ankündigenden oder bereits erfolgten Veränderungen in Kenntnis gesetzt wurde. Dadurch fühlte ich mich noch enger mit dem Haus verbunden, es war ein Teil von mir geworden und umgekehrt, nach nicht einmal einem Monat. Ich gehörte einfach hierher. Den Trotteljob der Bereichsleitung Springer verlor ich kurze Zeit später, er löste sich langsam auf, wir integrierten die Koordinierung der Springer einfach in die tägliche Arbeit des Helferbüros.

Auch sonst entwickelte sich das ganze Haus weiter. Unsere Strukturen wurden immer straffer und professioneller. Wöchentlich trafen sich nun die Bereichsleiter mit Philipp oder Thomas zum Bereichsmeeting. Hinzu kam der Orga-Chat, in dem sich die ehrenamtlichen Bereichsleitungen austauschten: »Mir hat jemand 100 Umzugskartons angeboten, brauchen wir die?« – »Die Kleiderkammer ändert die Öffnungszeiten.« – »Ich habe 50 Babybetten angeboten bekommen, haben wir dafür Verwendung?«, und so weiter. In manchen Monaten liefen bis zu tausend Nachrichten über den Chat, der Abstimmungs- und Informationsbedarf war riesig, kostete viel Zeit, sorgte aber auch dafür, dass alle über alles Wesentliche informiert waren. Hinzu kamen die einzelnen Meetings und Chats der Bereiche, außerdem eine zentrale Telefonnummer und E-Mail-Adresse, an die sich jeder wenden konnte, der Fragen hatte oder etwas spenden wollte. Wir waren inzwischen zu einer kleinen Behörde angewachsen, in der jeder seine klaren Aufgaben, Rechte und Pflichten hatte.

Die Schoko-Mafia

11.

So war es nicht verwunderlich, dass wir uns alle immer enger an das Haus banden. Ich liebte es, hier zu sein, ich mochte die Freiwilligen und unsere Bewohner. Die meisten zumindest. Wir hatten keine Engel aufgenommen, sondern Menschen. Und die konnten natürlich auch unsympathisch sein. Da gab es die Unfreundlichen, die Pampigen, die Gierigen, die, die immer Stress machten und die einen in einem unachtsamen Moment dazu verleiteten, »Die Bewohner sind ätzend« zu sagen, obwohl wir alle wussten, dass es immer nur dieselben wenigen waren, die alle Bewohner in Misskredit brachten. Und so wie einige negativ herausstachen, stachen andere besonders positiv heraus. Wie Bashar.

Bashar war 30, als er nach Berlin kam. Im syrischen Homs hatte er die Textilfirma seines Vaters geleitet und Tiermedizin studiert, war bei Ausbruch des Krieges mit seiner Frau nach Ägypten geflohen und hatte sich schließlich allein auf den Weg nach Deutschland gemacht, in Ägypten hatten sie keine Perspektive. Seine Frau, so war der Plan, sollte nachkommen, sobald er eine Aufenthaltsgenehmigung erhalten hatte, was sich aber als kompliziert herausstellte, die Hürden des Familiennachzugs wurden für viele zu einem unlösbaren Problem.

Bashar hatte von Anfang an eine besondere Rolle unter den Geflüchteten. Er war schlau und engagiert, charmant und witzig und sprach fließend Englisch, weshalb er schon in seinen ersten Tagen im Haus als Dolmetscher eingesetzt wurde und sich unentbehrlich machte. Durch diese Mittlerrolle hatte Bashar schnell intensiven Kontakt zu den Freiwilligen, insbesondere zu Barbara, Fabian und Maren.

Barbara war es, die darauf bestand, ihn zum LAGeSo zu begleiten. Die Situation war kompliziert, doch Barbara machte Druck und schaffte es irgendwie, dass Bashar am selben Tag seine Papiere bekam und im Rathaus bleiben konnte. Doch so weit sollte es nicht kommen. Fabian und seine Familie hatten bereits beschlossen, Bashar bei sich zu Hause aufzunehmen, sie rückten enger zusammen. So konnte er als Erster nach nur zwei Wochen aus dem Rathaus ausziehen, ein Dreivierteljahr wohnte er schließlich bei ihnen, wurde ein Teil ihrer Familie. Leute wie Fabian, die nicht jeden Tag im Haus waren, die aber ganz speziell eine Person oder eine Familie betreuten, wurden gewissermaßen die Außenstellen der Freiwilligen, die, nicht sichtbar, unschätzbar wichtige Aufgaben der Integration übernahmen. Maren, die bei uns den Eventbereich koordinierte, war es schließlich, die ihn bei sämtlichen Behördenterminen begleitete, die einmal zehn Stunden mit ihm am LAGeSo anstand und für ihn beim Jobcenter vorsprach. Über sie sagte er in einem Interview einmal: »Sie ist meine Mutter, meine Schwester und meine Freundin.« Wo Bashar war, da war Maren nicht weit. Und da Maren jeden Tag im Haus half, tat Bashar das auch. Er wollte etwas tun und wurde zum Vorbild für viele Bewohner.

Von vielen Bewohnern kannte ich deren Geschichte nicht genau, bei so vielen Menschen war das unmöglich. Doch gerade wenn man in der Küche, im Deutschunterricht, im Helferbüro oder in der Kleiderkammer arbeitete, lernte man viele Menschen kennen und kam schnell darin überein, wer nervte, wer eher unhöflich war, wer kommunikativ war, wer sich engagierte, auf wen man sich verlassen konnte, wer versuchte, Deutsch zu lernen. Bei ihrer Ankunft wirkten sie alle gleich, sie waren müde und erschöpft, aber auch euphorisch. Endlich in Deutschland. Egal woher die Menschen kamen, Deutschland war das Gelobte Land, hier gab es Menschen, die ihnen halfen – und propagandistischen Zeitungsartikeln in einigen ihrer Herkunftsländer zufolge bekam hier jeder schnell eine Wohnung und einen Job. Schlepper hatten sich geradezu darauf spezialisiert, das Leben in Deutschland als Paradies zu beschreiben. Und so setzte bei vielen schnell Resignation und Ernüchterung ein, wenn sie die Realität kennenlernten. Sie wollten etwas machen und loslegen, stattdessen waren sie zum Rumsitzen, Warten und immer wieder zum Anstehen verdammt. Mit Events und der Einbindung in die Abläufe versuchten wir Ablenkung zu schaffen, aber es war eben auch nur das: eine Ablenkung, keine Aufgabe.

Zum Unproduktiven verdonnert, verschärfte sich ihr häufig ohnehin problematischer psychischer Zustand leicht. Vor allem der der Kinder. Wenn die Kinder zu uns kamen, wirkten sie wie kleine tote Puppen. Den Begriff der »leeren Augen«, hier hatte ich ihn zum ersten Mal verstanden. Wenn wir ihnen Spielzeug hinhielten, nahmen sie es zwar, aber hielten es nur fest. Sie lachten nicht, sie spielten nicht. Die Erwachsenen konnten das, was ihnen widerfahren war, immerhin noch »verstehen« oder »einordnen«, auch wenn die Erlebnisse sie trotzdem traumatisierten. Doch Kinder konnten Konflikte zwischen Religionen oder Staaten nicht einordnen. Sie wussten nicht einmal, was Religion oder Staaten überhaupt waren, sie »wussten«, wenn überhaupt, dass Menschen jener Religion oder Nation böse waren, weil man es ihnen so gesagt hatte, aber verstehen konnten sie es nicht. So machte uns ihr Verhalten oft ratlos. Ich erinnere mich an einen Tag, an dem ein Rettungshubschrauber über das Haus flog. Wir wären als Kinder früher rausgerannt, am liebsten hinterhergelaufen und hätten dem Hubschrauber bei der Landung zugesehen. Doch hier rannten die Kinder ins Haus, zwei Mädchen fingen laut an zu weinen. Wir wussten nicht, was sie mit dem Hubschrauber in Verbindung brachten. Aber wir konnten es erahnen.

Mit Spielen und Zuneigung versuchten wir sie abzulenken, das Team im Kinderzimmer war immerzu da, und jeder von uns baute Beziehungen zu einigen von ihnen auf. Zu den Kindern, die ich in mein Herz geschlossen hatte gehörten Hamit und Djamal, zwei zauberhafte, intelligente fünfjährige Cousins aus Syrien, die auf mich zustürmten, sobald sie mich sahen, gefolgt von Ismael, einem Sechsjährigen aus Afghanistan, und Basima, einer Sechsjährigen aus Syrien, die lautstark losschrie, wenn man sie nicht auf den Arm nahm. Sie alle waren Teil der Schoko-Mafia, die von einem anderen fünfjährigen syrischen Lockenkopf angeführt wurde. Wer dazugehören wollte, musste eine Art Aufnahmeprüfung absolvieren: Die Bande sammelte sich vor der geschlossenen Tür des Helferbüros, in dem es immer Süßigkeiten gab. Dann wurde die Tür aufgerissen, der Neue musste reinrennen und laut »Schokolade« rufen, woraufhin der Rest Gruppe in das Büro stürmte, sich unter Tischen und hinter der Tür verbarrikadierte und lautstark nach Schokolade verlangte. Am Anfang fanden das alle süß und lustig, doch wenn man das fünfmal am Tag erlebt hatte, konnte es einem gehörig auf die Nerven gehen. Wobei wir anfangs auch häufig den Fehler machten, ihnen wirklich Süßigkeiten zu geben. An der Pädagogik mussten wir noch arbeiten. Doch wir nutzten diese Liebe zur Schokolade als Instrument, mit ihnen Deutsch zu lernen: Riefen sie am Anfang nur »Schokolade«, wurde daraus später »Bitte Schokolade«, gefolgt von »ich möchte bitte Schokolade haben«, und »Holger, darf ich bitte Schokolade haben?«. Das waren die schönen kleinen Erfolgsmomente, in denen man das Gefühl hatte, es mit ganz gewöhnlichen Kindern zu tun zu haben.

Doch nachts, wenn wir durchs Haus gingen, letzte Dinge erledigten, hörten wir immer wieder Menschen schreien, hörte man Mütter ihren Kindern gut zureden. Fast jede Nacht traf man Bewohner auf dem Flur, die ein Kind auf dem Arm trugen. Die Kinder waren es, die vermutlich am meisten gelitten hatten. Für sie gab es keine therapeutischen Angebote, am Anfang auch keine Kindergarten- und Schulplätze, und so tobten sie mit anderen Kindern durch das Haus, reagierten sich an Gegenständen ab. Und obwohl es nur eine Handvoll wirklich problematischer Kinder gab, die man sich niemals als Nachbarskinder, Patenkinder, Neffen oder gar eigene Kinder wünscht, Kinder, die ununterbrochen provozieren, ist auch eine große Gruppe frei umherlaufender netter Kinder eine Herausforderung. Und sie können auch eine Gefahr sein. Für sich und für alle Gegenstände, die ihnen in den Weg kommen. Denn unsere Bewohner fühlten sich offenbar sehr sicher bei uns. Es gab nur eine Toreinfahrt, an der kontrolliert wurde, wer ins Haus kam, und wo die Kinder nicht rausgelassen wurden. Hier drinnen fuhren keine Autos, es gab keine Hunde und auch keine Soldaten oder Grenzschützer, die einen verfolgten, es gab Hunderte Freiwillige und eine kleine, aber sehr engagierte Mitarbeiterschaft, an die man sich jederzeit wenden konnte. Diese gefühlte Sicherheit führte allerdings dazu, dass ein nicht geringer Anteil unserer Bewohner ihre Kinder komplett unbeaufsichtigt ließ. Das war in meiner Kindheit nicht anders, auch wir durften uns frei in der Nachbarschaft bewegen, und unsere Eltern kontrollierten nicht jeden Schritt. Genau genommen hatten unsere Eltern also nichts anderes getan als die Eltern in unserer Unterkunft. Allerdings: Wir hatten es hier mit Kindern zu tun, die traumatisiert waren, die keine intakte Familie und keine voll ausgestatteten Kinderzimmer hatten, in denen sie nachts zwischen ihren Kuscheltieren schliefen. Und wir waren damals mal fünf, mal zehn Kinder, die zusammen umherzogen: Jetzt ging es um 150, 250 oder später sogar 350 Kinder im Alter von 0 bis 16 Jahren, die das Haus als riesigen Abenteuerspielplatz betrachteten, trotz Verboten mit gespendeten Inlineskates oder Fahrrädern durch die Flure sausten und dabei immer wieder kleinere Unfälle bauten.

Doch es waren nicht nur die Unfälle und die damit verbundenen kleineren Blessuren, die die Kinder davontrugen. Viele von ihnen litten unter einem wirklich problematischen Zerstörungsdrang. Dutzende Studien belegen, dass Kriegstraumata bei Kindern in Aggression und Zerstörungswut münden. Eine besondere Rolle spielt hierbei die sogenannte Identifikation mit dem Aggressor: In der Hoffnung, dass durch Aggressivität und Stärke andere abgeschreckt werden, stänkern und provozieren solche Kinder, brüsten sich damit, Dinge zerstört zu haben, und demonstrieren so ihre eingebildete Stärke. Wir kannten diese Studien oder erfuhren irgendwann davon, aber das änderte nichts an der grundsätzlichen Problematik, dass auch wichtige Spenden zerstört wurden. Zahlreiche Kinderwagen waren gespendet worden, viele Frauen hatten Kleinkinder oder erwarteten ein Baby. Die Kinderwagen wurden gebraucht. In den ersten Monaten ließen die Mütter sie unten im Treppenhaus stehen und fanden sie später häufig kaputt und in Einzelteilen auf dem Hof verstreut. Es machte uns traurig, Spenden, die wir mühsam eingeworben hatten, schon bald darauf zerstört zu sehen, aber es machte uns auch wütend, dass die Eltern nicht auf ihre Kinder aufpassten. Wir sprachen mit ihnen, meistens stimmten sie uns zu und redeten mit ihren Kindern, doch nur Stunden später tobten diese wieder unbeaufsichtigt durchs Haus.

Wenn gutes Zureden nicht half, waren wir streng. So wurde es zur Routine, regelmäßig irgendwelche Kinder zurechtzuweisen, ihnen Spielzeug wegzunehmen, das sie dann laut schreiend wieder einforderten, oder sie zu ermahnen, dieses und jenes nicht zu tun. Nicht selten kam es nun vor, dass ich Kinder vor versammelter Elternschaft lautstark zusammendonnerte oder ihnen das Spielzeug wegnahm, wenn sie der Meinung waren, ihren Ball in eine Gruppe von Leuten schießen zu müssen. Ich erwischte mich mehr als einmal dabei, wie auch ich über »die Kinder« schimpfte und dabei genauso generalisierte, wie ich es bei anderen kritisierte. Vor dem Drang, zu vereinfachen, waren auch wir nicht gefeit. Doch mit der Zeit lernten wir zu differenzieren, lernten wir, die Kinder besser einschätzen und einordnen zu können und zwischen ihnen zu unterscheiden. Doch es ging so in mich über, dass ich mich eines Tages dabei ertappte, dass ich zwei streitende Kinder auf der Straße zurechtweisen wollte. Erst im letzten Moment wurde mir klar, dass das hier nicht das Rathaus war, dass mich das dort draußen nichts anging und dass die Eltern vermutlich wenig Verständnis gehabt hätten, wenn ein fremder Mann ihre Kinder maßregelte. Das Haus, die Bewohner, die Kinder, das tägliche Agieren im Ausnahmezustand – es färbte ab und nahm Einfluss auf unser alltägliches Leben, das so aber viel intensiver wurde, uns viel wachsamer für Probleme und Herausforderungen machte. Und uns meistens viel mehr glücklich als unglücklich machte: wenn der vierjährige Muhib Tag für Tag in unser Büro kam und stundenlang Bilder malte, wenn Djamal mit ausgestreckten Armen auf einen zulief, wenn Yasmin stolz die neu gelernten Worte präsentierte, wenn Kinder wieder anfingen zu lachen.

Doch auch die körperlichen Leiden mussten behandelt werden, bei Erwachsenen wie bei Kindern. Unsere Bewohner hatten keine schrecklichen Kriegswunden, aber häufig Spuren von Folter, von Schlägen, von Unterernährung. Der körperliche Zustand konnte so schlimm sein, dass manche Kinder gar nicht erst zum Leben kommen sollten. Als wir die erste Totgeburt im Haus hatten, betraf uns das alle. Natürlich kannten wir die Frau erst wenige Wochen, aber es war eben nicht mehr das Baby einer Fremden, sondern einer Frau aus unserem Haus. In zwei Wochen hätte es geboren werden sollen, die Vorbereitungen für den Neuankömmling waren bereits getroffen, ein Babybett organisiert und Säuglingskleidung aufgetrieben worden. Eine freiwillige Psychologin brachte sich ein, Lana organisierte die Beerdigung und begleitete die Familie. Es waren die hässlichen Seiten unserer Aufgaben.

Umso mehr freuten wir uns dann, wenn andere Kinder gesund zur Welt kamen. Am 29. September wuchs das Haus, »unser« erstes Baby wurde geboren. Ahmad, ein gesunder Junge von fast vier Kilo, dessen Eltern und beide Geschwister erst vor zwei Wochen zu uns ins Haus gekommen waren. Obwohl wir seine Eltern kaum kannten und wir mit seiner Geburt im Martin-Luther-Krankenhaus nicht wirklich etwas zu tun gehabt hatten, außer dass wir den Krankenwagen gerufen und Tina, die ehrenamtliche Hebamme, sie ins Krankenhaus gefahren hatte, waren wir furchtbar stolz. Wir hatten mehr als zehn schwangere Frauen im Haus, aber Ahmad war der Erste, der im wahrsten Sinne des Wortes neues Leben in unser lebendiges Haus brachte. Bei der nächsten Geburt war Maria mit im Krankenhaus, Katja ließ einen Strampler mit seinem Namen besticken, es war ein neues Mitglied in der Rathausfamilie. Dies waren die Momente, die einem die Energie gaben, weiterzumachen. Und die uns auch Krätze und Läuse überstehen ließen, die wir in den ersten Monaten alle paar Tage im Haus hatten. Mein erster Krätzepatient löste in mir einen wahren Schüttelfrost aus. Krätze war so ziemlich das Ekelhafteste, was ich mit vorstellen konnte. Zum Glück hatten wir Jens. Der pensionierte Pfleger hatte schon alles gesehen und war tiefenentspannt, ich weiß nicht, ob ihn jemals etwas aus der Ruhe bringen konnte. Er erklärte mir ausführlich, wie die kleinen Milbenweibchen Gänge in die Haut bohrten und dort ihren Kot und ihre Eier ablegten und diese dann zu allergischen Reaktionen führten. Nur vom Zuhören juckte es. Erst ganz zum Schluss, nach einem halbstündigen Vortrag, guckte er mich an und sagte: »Du kannst die doch gar nicht kriegen. Du bist jung, gesund und hast ein gutes Immunsystem. Milben wollen ein schwaches Immunsystem, wie es die Bewohner haben, wenn sie hier ankommen.« Im Rathaus gab es also auch ein Medizinstudium im Schnellverfahren.

Die Behandlung war denkbar einfach: Von Kopf bis Fuß mit fünfprozentiger Permethrin-Salbe einreiben, 24 Stunden warten, fertig. Den Patienten gaben wir Wechselkleidung und einen blauen Müllsack mit, in den sie ihre krätzebefallene Kleidung legten. Wir holten die Säcke ab, ließen die Wäsche desinfizieren, erlaubten den Patienten nicht, das Zimmer zu verlassen, außer um auf die von uns eingerichtete Isolierstation-Toilette zu gehen, brachten ihnen dreimal am Tag etwas zu essen, und wenn sie nach 24 Stunden die kleinen Viecher losgeworden waren, bekamen sie ihre gereinigte Kleidung zurück, legten in den Müllsack die Übergangskleidung, die wieder desinfiziert wurde, fertig. Beim zehnten Krätzefall zuckten wir nur noch die Schulter und kratzten uns ganz heimlich.

Wash and dry

12. Zwischenzeitlich sah das Haus aus wie ein Campingplatz, auf dem zwischen den Zelten die Wäscheleinen hängen. Auf den Fensterbrettern, auf den Treppengeländern, auf provisorisch durch die Zimmer gespannten Wäscheleinen, auf den Bettpfosten, auf den Heizungen – überall nasse Wäsche. Im ganzen Haus hing ein leicht muffiger Geruch und vermischte sich mit dem des nicht komplett aus der Kleidung ausgewaschenen Waschmittels.

Unsere Bewohner wuschen ihre Kleidung oft und regelmäßig. Das Problem: Sie mussten das in den wenigen Waschbecken der viel zu wenigen Toiletten tun und sich irgendwo einen Platz zum Trocknen suchen. Denn Waschmaschinen und Wäschetrockner standen bei uns einfach nicht zur Verfügung. Es war nicht so, dass niemand die Problematik erkannt hätte. Es war auch nicht so, dass wir keine Geräte gehabt hätten, denn eine ehrenamtliche Initiative im Bezirk hatte Geld aufgetrieben und bereits je zwölf Waschmaschinen und Wäschetrockner gekauft, die in der großen Halle standen und darauf warteten, endlich benutzt zu werden. Es mangelte nicht einmal an Wasseranschlüssen, denn auch die hatten wir inzwischen gefunden und mit fachmännischer Hilfe verstärken lassen. Das Einzige, was fehlte: eine TÜV-Abnahme für die Wasseranschlüsse.

Es verging kein Tag, an dem wir nicht bei irgendeiner Behörde nachfragten, es dauerte schließlich drei Wochen, bis wir die Maschinen endlich anschließen konnten. Bis dahin sammelten sich dreckige Wäsche, die nicht mehr zu waschen und zu trocknen oder im Haus gefunden worden war, sowie Bettwäsche, Decken und Kissen von ausgezogenen Bewohnern in drei bis zur Decke gefüllten Räumen.

Als es dann endlich losgehen durfte, übernahm Lidia die Wäscherei, in den ersten Monaten noch ehrenamtlich neben ihrem Job, bis sie sich fest anstellen ließ. Sie führte das Wash-and-dry-System ein, waschen und trocknen. Jeder Bewohner bekam einmal pro Woche einen Korb für eine Waschmaschinenladung schmutziger Wäsche, der mit der Registriernummer versehen wurde. Die Wäsche wurde am selben Tag gewaschen, und 24 Stunden später konnte die getrocknete Wäsche wieder abgeholt werden. Anfangs hatte man noch überlegt, die Bewohner selbst waschen zu lassen, doch war die Gefahr einer unsachgemäßen Benutzung und kaputter Maschinen bei 800 Leuten zu groß. So schaffte Lidia in ihrer Wäscherei auch Arbeit für Bewohner. Statt mit Freiwilligen arbeitete sie nur nur mit Bewohnern, einer wurde fest angestellt, andere halfen immer wieder aus. Und sie förderte Selbstständigkeit. Mit Inbrunst erklärte sie vor allem jüngeren Männern, warum sie Wollpullover nicht in den Trockner packen konnte, was die einzelnen Piktogramme auf den Waschanleitungen bedeuteten und warum sie rote und weiße Sachen nicht zusammenwerfen sollten, denn was in einem Korb landete, wurde in einer Maschine gewaschen. Anfangs skeptisch, die dreckige Wäsche bei einer fremden Person abzugeben, lernten die Leute, ihr zu vertrauen: Nachdem in den ersten Monaten kaum Unterwäsche in den Körben landete – dreckige Wäsche wäscht man zu Hause –, wurden die Bewohner mit der Zeit immer entspannter, immer seltener fand sich nasse Wäsche im Haus.

Und auch die Berge dreckiger Kleidung und Decken wurden abgetragen. Eigentlich sollten sie weggeworfen werden. Doch Lidia empfand das Wegwerfen guter, nur dreckiger Sachen als Frevel. Drei Wochen lang kämpfte sie sich durch die Räume, sortierte, was noch zu retten war, und wusch und wusch und führte die Sachen zurück in den Kreislauf von Spendenannahme und Kleiderkammer.

Geheiratet wird immer

13.

Das Leben in einer großen Notunterkunft ohne wirkliche Privatsphäre oder Selbstbestimmungsrecht ist, egal wie gut sie sein mag, egal wie viel man hilft oder anbietet, für seine Bewohner nur mittelmäßig unterhaltsam und fördert nicht gerade Motivation und gute Stimmung. Was wir brauchten, war ein Stück Normalität. Und Normalität in Deutschland hieß unter anderem, dass man als junger Mensch am Samstagabend feierte. Teure Klubs kamen nicht infrage, deshalb holten wir den Klub einfach ins Haus und starteten an einem Samstagabend zusammen mit einer Gruppe junger Freiwilliger von der kürzlich gegründeten Organisation Helplinge, die in vielen Unterkünften halfen, die erste Party. Da die Jungs alle persische Wurzeln hatten, hießen sie nur die Party-Perser, ein Begriff, an den ich mich erst gewöhnen musste. Aber die Party-Perser waren gut organisiert, hatten volles Equipment und wussten vor allem, welche Musik bei unseren Bewohnern ankam. Die große Halle bot Platz für Hunderte Leute, und egal wie laut man war, kein einziger Nachbar würde irgendeinen Ton mitbekommen. Und das Schöne an mehrheitlich feiernden Moslems war, dass man sich keine Gedanken machen musste, dass irgendwer besoffen in der Ecke liegen würde. So feierten wir mit Salzstangen und schwarzem Tee ein rauschendes Fest, und unsere Bewohner tanzten und sangen und taten damit etwas, was sie schon lange nicht mehr getan hatten: Sie feierten, multinational und überkonfessionell.

Die Samstagabendparty wurde ein fester Bestandteil im Haus. Genauso wie die wöchentliche Chorprobe, die ein Chor aus der Nachbarschaft von ihrem Probenraum ins Rathaus verlagerte und uns damit schöne Konzerte bescherte, wenngleich wir sie bitten mussten, nicht mehr »Time To Say Goodbye« zu proben, das erschien uns doch irgendwie unpassend. Eine junge Band saß bei gutem Wetter Gitarre spielend und singend im Hof und wechselte sich mit der Trommelgruppe ab, die dieselbe Ecke für ihre Konzerte nutzte. Einen Tag übernahm eine Sport-Tanz-Initiative, die den Kindern Breakdance-Unterricht gab und ein Fußballturnier improvisierte, es gab Kinderschminken, Schachunterricht, Tischtennisturniere, Bastelgruppen und Malkurse, Bewohner boten Bauchtanzkurse an, Sozan feierte ihren Geburtstag mit lauter persischer Musik – immerzu fand irgendetwas statt.

Manche Angebote bedeuteten aber mehr Aufwand, als wir übernehmen konnten. Immer wieder wurden uns Spenden angeboten, die wir abholen sollten, was schon zeitlich nicht zu schaffen war. Immer wieder meldeten sich Leute bei uns, die etwas anbieten wollten, die Organisation aber uns überließen. Man lud 30 Kinder in ein Kindertheater ein. Das war toll. Aber jemand musste sie dort hinbringen und betreuen. Man bot uns Karten für ein am nächsten Tag stattfindendes Konzert an und reagierte mit Unverständnis, dass wir so schnell keine Bewohner auftreiben konnten.

Immer wieder baten auch Leute, dass wir ihnen doch mal einen »Flüchtling vermitteln« sollten, mit dem sie Kaffee trinken oder einen Fahrradausflug machen könnten. Wir versuchten dann immer klarzumachen, dass wir keine Vermittlungsagentur sind und dass Menschen sich auch nicht einfach mit wildfremden Leuten zum Kaffee treffen. Wer Bewohner kennenlernen wollte, sollte gerne vorbeikommen, mitmachen oder sich beim Patenprogramm melden und dann, wenn man sich mit jemandem anfreundete, mit diesem etwas unternehmen. »Der Flüchtling« schien für manche ein buchbares Objekt. Die meisten verstanden aber irgendwann, dass sie selbst aktiv werden mussten, taten es oder ließen es bleiben.

Ich war inzwischen dazu übergegangen, mich mit meinen Freunden in der Unterkunft zu verabreden. Das war weiß Gott nicht bei allen erfolgreich, so einige Freunde blieben in dem Jahr auf der Strecke, aber andere kamen. Stefan und Ulli zum Beispiel halfen plötzlich in der Spendenannahme mit, mein Vater ließ sich überreden, Kisten zu sortieren, meine Geschäftspartnerin Rivkah kam vorbei, begann im Helferbüro und übernahm irgendwann jeden Sonntag eine feste Schicht. Andere besuchten uns nur, um sich durch das Haus führen zu lassen. Das half uns zwar nicht direkt, aber so konnten sie immerhin die Informationen aus den Medien einem Realitätscheck unterziehen, und ich war sicher, dass sie nach dem Besuch bei uns zumindest anders über Geflüchtete dachten und sprachen. Vor allem aber kamen neue Freunde hinzu, mit denen man in wenigen Wochen und Monaten oft mehr erlebte als mit anderen in Jahren.

Mit mehr Freiwilligen wuchsen auch die Angebote und Aktivitäten im Haus, immer war etwas los, nie gab es Pausen. Inzwischen hatten wir einen mehrere Tausend Menschen umfassenden Pool an Freiwilligen, von denen, neben den inzwischen elf Angestellten, täglich um die 300 im Haus halfen.

So wurde auch der »Event«-Bereich massiv ausgebaut. Wir feierten das Opferfest und Ramadan, Nikolaus und Weihnachten, ein Sommerfest, ein Kinderfest, Ostern und Fastenbrechen. Doch ein spontanes Fest war besonders. Einer der Bewohner hatte kurz nach seiner Hochzeit fliehen müssen, er und seine Frau waren auf der Flucht getrennt worden, sie war irgendwo in Süddeutschland gelandet. Mit einem Dutzend Telefonaten mit Behörden war es Philipp gelungen, dafür zu sorgen, dass die Frau zu uns nach Berlin umziehen konnte. Wir erwarteten sie an einem Samstag, was an sich keine große Sache war, denn schließlich kamen jeden Tag neue Leute bei uns an. Doch in diesem Fall hatte es sich der Bewohner in den Kopf gesetzt, die ausgefallene Hochzeitsfeier nachzuholen. Bei uns im Rathaus. Mit lauter Fremden. Also feierten wir Hochzeit. Pünktlich um 19 Uhr ertönte laute arabische Musik in der großen Halle, in der schon Hunderte Bewohner warteten, es ertönten die schrillen arabischen Lalala-Gesänge der Frauen, und die mit einem weißen Kopftuch und engen blauen Jeans bekleidete Frau kam die Treppe herunter. Der ganze Saal tobte, überall wurde getanzt, die Musik dröhnte aus den Boxen, es gab gutes Berliner Leitungswasser aus großen Wassertanks und viel Euphorie, Hoffnung und Gelächter.

Und wir? Wir tanzten mit.

Der Irre und die Fotos

14. So spontan und unerwartet die einen Dinge geschahen, so organisiert und geregelt waren die anderen. Und in unserem Haus war eigentlich alles geregelt. Ein Meer aus Schildern und Infozetteln an jeder Säule, an jeder Wand, an jeder Tür erklärte in mehreren Sprachen, was man durfte, was man nicht durfte, wo man dieses und jenes fand oder tun konnte, dass jegliche Diskriminierung nicht geduldet wurde. Das immer in Deutsch, Englisch, Arabisch, Russisch, Farsi, Urdu, oft auch in Kurdisch und Tigrinja, wenn wir dafür freiwillige Dolmetscher hatten. Für einfache Dinge gab es Symbole, wie das unübersehbare Schild am Eingang, auf denen ein durchgestrichener Fotoapparat klarmachte, dass fotografieren verboten war.

Dafür gab es verschiedene Gründe. Wir wollten verhindern, dass Bilder unserer Bewohner nach draußen drangen, zu intensiv hatte sich das Gerücht verbreitet, dass ausländische Geheimdienste in Deutschland nach Oppositionellen suchten. Es ging aber auch darum, Bilder zu verhindern, die sich für Propagandazwecke missbrauchen ließen. Viele unserer Bewohner sahen in den ersten Wochen erschreckend schlecht aus, in Ermangelung von Möbeln flogen Klamotten und Habseligkeiten in den Zimmern umher. Auf Fotos festgehalten, ohne Einordnung der Umstände, hätte sich hieraus leicht der »dreckige Flüchtling« konstruieren lassen, jeden Tag wurden einem im Internet solche Beispiele vor Augen geführt.

Wir hatten schon erlebt, dass eine Helferin, die aufgrund persönlicher Konflikte mit anderen Freiwilligen das Haus verlassen hatte, eine Kiste mit Lebensmittelabfällen fotografierte, das Bild des verschimmelten Brots bei Twitter versendete und verkündete, solches Essen würde den Bewohner vorgesetzt. Große Freude hat auch eine ehemalige Politikerin unter den Freiwilligen hervorgerufen, die zunehmend verwirrt schien. Sie schimpfte auf alles und jeden und wusste immer alles besser. Im Haus kümmerte sie sich fürsorglich um unsere muslimischen Bewohner, hatte aber an anderer Stelle kein Problem zu behaupten, diese seien alle archaische Antisemiten, weshalb ich bei einer Veranstaltung des Zentralrats der Juden mit ihr heftig aneinandergeriet. Aufgrund dieser Meinungsflexibilität war sie bei Medien eine beliebte Kommentatorin. In einem Gastkommentar zeichnete sie ein abstruses Bild unseres Hauses: So war für sie die Tatsache, dass sich einer unserer – vielleicht atheistischen, vielleicht christlichen, auf jeden Fall nicht muslimischen – Security-Männer einen Bart stehen ließ, kein Anzeichen dafür, dass auch breitschultrige Sicherheitsleute zum Hipstertum neigten, nein, der Bart diente ihr als Beweis, dass die Security aus Salafisten bestand. Diese und weitere interessante Ansichten illustrierte sie mit zahlreichen Fotos unserer Bewohner und Kinder, die allesamt nichts davon wussten. Es machte mir große Freude, mich mit der Zeitung anzulegen und die Fotos aus dem Onlineartikel löschen zu lassen.

Natürlich wurden in dem Haus im Laufe des Jahres Tausende Fotos gemacht. Es war aber nun mal ein Unterschied, ob das Fremde ohne das Wissen der Bewohner taten und sie die Bilder anschließend veröffentlichten oder ob wir uns gemeinsam mit Bewohnern mit deren Wissen fotografieren ließen oder wir eines unserer »adoptierten« Kinder auf dem Arm hielten und wir für unsere Erinnerung ein Selfie machten, das bei uns verblieb. Kurzum: Der Umgang mit Fotos war im Haus klar geregelt und wurde von jedem in einer Ehrenamtsvereinbarung unterschrieben: Nichts und niemand wird fotografiert. Doch das war nicht immer einfach zu kontrollieren. Wenige Tage nach der Hochzeit meldete sich ein älterer Herr am Eingang, seine Tochter sei Helferin und er müsse ihr einen Schlüssel geben. Nur wenige Minuten später aber lief er über den Hof und fotografierte Kinder in Nahaufnahme. Die Security griff sofort ein und forderte den Mann auf, das Fotografieren zu lassen und unverzüglich sämtliche Bilder zu löschen. Worauf der Mann durchdrehte. Er schrie, beschimpfte uns aggressiv und rief nach Presse und Polizei, er wollte unbedingt Aufmerksamkeit.

Als er gehen wollte, hinderten wir ihn daran, an der Security kam er nicht vorbei. Was tun? Durften wir ihn festhalten? Galt hier das Hausrecht? Lauter Hobbyjuristen um uns herum hatten verschiedene Meinungen. Philipp versuchte mit ihm zu sprechen, dann Thomas, doch der Herr blieb stur und beschimpfte uns, während er weiter nach Presse und Polizei rief. Letztere hatten wir inzwischen verständigt. Doch sie kam und kam nicht, die Stimmung wurde immer aggressiver, und es gelang ihm schließlich, sich aus unserem Kreis zu drängen, mir »einen schönen Tag, du beschissenes Arschloch« zu wünschen, auf die andere Straßenseite zu hechten und gemächlich wegzugehen. Hier zählte auch ein Hausrecht nicht mehr. Aber jetzt waren wir sauer. Ich schnappte mir Mehmet und seinen Kollegen, und wir folgten ihm, in gebührendem Abstand, um nun selbst alle paar Meter von dem Herrn fotografiert zu werden.

Die nächste Straße führte auf den Hohenzollerndamm, jene sechsspurige Hauptverkehrsstraße. »Jungs, lasst uns den Abstand vergrößern, der Typ rennt vors Auto.« Und als wäre das sein Signal gewesen, rannte er los, stellte sich mitten auf die Fahrbahn, sprang auf ein bremsendes Auto zu und schrie: »Ruft die Polizei, ich werde verfolgt.« Der Fahrer schaute uns nur an, schüttelte den Kopf und fuhr weiter, der Irre rannte weiter und verbarrikadierte sich in einer Tankstelle.

Nun endlich kam die Polizei, ich erklärte die Situation, wir zeigten unsere Papiere. Die Polizei war super.

»Der Herr möchte sie anzeigen: versuchte Entführung, Erpressung, Freiheitsberaubung und noch irgendwas.«

»Kein Problem, so viel kriegen wir auch zusammen«, erwiderte ich lachend.

Der Polizist grinste. »Gehen Sie mal zurück, wir klären das hier und kommen noch mal zu Ihnen.«

Die Fotos wurden gelöscht, die angeblich von uns entführte Tochter Klamotten sortierend in der Kleiderkammer gefunden, deutlich machend, dass dies nicht die erste Aktion ihres Vaters war, bevor sie entnervt zurück zu ihrer Arbeit ging.

Zwei Stunden Entertainment für uns waren vorbei.

Der Kontakt mit der Polizei war nicht alltäglich, aber auch nicht selten. Meistens waren sie wegen irgendwelchem Kleinkram da. Mal hatte eine Bewohnerin drüben in der Drogerie Shampoo geklaut, obwohl sie das auch bei uns umsonst bekam. Hinzu kamen in den ersten Monaten regelmäßige Polizeibesuche wegen Schwarzfahrten, weil die Bewohner weder Monatskarten noch Geld für Tickets hatten, aber ja irgendwie zu den Behörden kommen mussten. Und mehr als einmal riefen übernervöse Helfer oder Sicherheitsleute die Polizei wegen eines Streits unter Bewohnern, als hätte diese nichts Besseres zu tun. Man stelle sich vor, bei jedem Streit unter Deutschen würde die Polizei gerufen.

Wir hatten aber auch vier Großeinsätze. Den ersten im Herbst 2015. Ein Helfer hatte sich in der Küche mit einem Messer in die Hand geschnitten. Sich selbst. Anstatt bei den Medizinern im Haus vorbeizuschauen, rief eine Freiwillige die Feuerwehr. Die hörte offenbar nur »Messer«, »Blut« und »Flüchtlingsheim« und setzte die Polizei in Bewegung, die mit einer halben Hundertschaft, ausgestattet mit Schlagstöcken und Pfefferspray, in die Kantine stürmte und einen Freiwilligen vorfand, der etwas eingeschüchtert um ein Pflaster bat.

Zwei weitere Male stürmte die Polizei in Kampfmontur in den Innenhof, wieder mit gezückten Schlagstöcken und Pfefferspray, einmal wegen eines Streits unter zwei Fünfjährigen, in dessen Folge sich die Väter anbrüllten, aber nicht berührten. Die sehr entnervte Einsatzleiterin fragte mich kopfschüttelnd: »Sie rufen uns an wegen eines Streites unter Kindern? Was sollen wir machen? Ihnen den Hintern versohlen und Stubenarrest geben? Wissen Sie, was das kostet?« Das gleiche Bild ergab sich Wochen später, als sich zwei Bewohner in der Küche stritten und einer von ihnen im Laufe der Auseinandersetzung mit Pudding beworfen wurde. Bei uns wurde halt mit harten Bandagen gekämpft.

Keiner der Konflikte rechtfertigte einen Polizeieinsatz in dieser Größenordnung. Natürlich waren Konflikte hier lauter. Es mischten sich immer die Angehörigen und Freunde ein, und bei Hunderten Menschen waren das so einige. Aber jeder Polizeiwagen vor unserer Unterkunft diskreditierte die gesamte Bewohnerschaft, dabei gab es bei uns im gesamten Jahr keine ernsthafte oder bedrohliche Auseinandersetzung. Ein Polizeieinsatz im April sollte aber sogar noch zu einem handfesten Skandal führen und zahlreiche Medien und die Politik beschäftigen.

Flüchten auf bayerische Art

15.

10. Oktober, Samstagabend, kurz nach 23 Uhr. Ich war nun gut einen Monat hier, die Tage flogen vorbei, vermischten sich zu einem einzigen großen Ereignis, doch an diesen Abend würde ich mich lange erinnern. Wir hatten einen intensiven Tag hinter uns gebracht. Neue Bewohner waren gekommen, in der Küche gab es die täglichen Beschwerden wegen des Essens, die zunehmenden Probleme rund um das LAGeSo und das BAMF (Bundesamt für Migration und Flüchtlinge) setzten allen zu, das Wetter wurde schlechter. Die Kälte zwang die Bewohner ins Haus, umgeben von einer dauerhaften Geräuschkulisse, die mehrere Hundert Menschen auf engem Raum nun mal erzeugen. Die allgemeine Anspannung nahm zu. Maren organisierte Event nach Event, alle Bereiche schafften Aufgaben, die Bewohner übernehmen konnten. Dafür brauchte es viel Abstimmung, wofür tagsüber oft keine Zeit war, sie fand abends und nachts statt. Hatten unsere Tage etwas von einem Ferienlager der anderen Art, dann waren unsere Abende im Büro das Lagerfeuer. Man erzählte, was man erlebt hatte, berichtete von Neuerungen, fragte die anderen um Rat. Im Haus war es inzwischen ruhig, nur wenige Kinder rannten noch schreiend durch die Gänge, die Security ging ihre Runden.

Irgendwann dann die fast allabendliche Nachricht: neue Leute vor der Tür. Offenbar gerade erst in Berlin angekommen. Es war wie ein Gesetz der Fluchtbewegung: Geflüchtete kamen abends, wenn die meisten Freiwilligen schon weg waren. Und sie wurden abends krank, wenn keine Ärzte mehr im Haus waren. Wahrscheinlich war das ganz normal, aber wenn tausend Menschen in einem Haus leben, konnte man schnell den Eindruck gewinnen, dass ständig jemand krank war. Bei großen Sachen kamen Notarzt oder Krankenwagen, die kleineren Fälle übernahmen wir. Mit der Zeit wurden wir zu Krankenpflegern, allabendlich musste irgendwo Fieber gemessen, mussten kleine Verletzungen verbunden und verklebt oder plötzliche Kopfschmerzen behandelt werden. Ob Nasenspray, Pflaster oder kalte Kompressen, wir waren gut ausgestattet. Dabei waren wir mehr Drogerie als Apotheke, denn natürlich hatten wir keine verschreibungspflichtigen Medikamente. Über unsere einzigen harten Drogen, Ibuprofen, Paracetamol und Zäpfchen für Kinder, führten wir akribisch Buch, um zu sehen, ob jemand auffällig oft kam, und damit die Ärzte bei Bedarf nachschauen konnten.

Dass wir die Apotheke heute brauchen würden, war anzunehmen, denn wer um 23 Uhr nach einer Flucht bei uns ankam, war selten fit und gesund. Philipp und ich gingen also nach vorne. Fünf Leute kamen an diesem Abend. Schnell stellte sich heraus, dass es sich nicht um eine Familie handelte, sondern um zwei Gruppen, die sich unterwegs kennengelernt und zusammengeschlossen hatten. Es gab den alten Mann mit Frau und Sohn, die von der Altersstruktur ungewöhnlich waren, daneben Mutter und Tochter, auch sie ein ungewöhnliches Paar. Die Mutter sehr westlich mit offenen Haaren, ihre Tochter mit Kopftuch, das war sonst eher andersherum. Doch ihnen allen gemeinsam war die Erschöpfung, sie husteten und flüsterten nur, aber sie sahen nicht aus, als wären sie geradewegs von der gängigen Fluchtroute gekommen.

Während wir unsere fünf Besucher ins Warme holten und Tee organisierten, versuchten wir herauszufinden, wer hier zu uns gekommen war. Zwar waren keine Dolmetscher mehr im Haus, doch die Frau mit Kopftuch stellte sich als Englischlehrerin heraus. Unsere Neuzugänge kamen aus Syrien, waren aber schon seit zwei

Wochen in Deutschland. Sie hatten Papiere und waren sogar registriert. In Bayern. Wir stutzten. Was machten sie dann in Berlin? »Ausgezogene« waren sie auch nicht – unser Begriff für Bewohner, die, ohne jemanden zu informieren, einfach die Unterkunft verließen, weil sie bei Freunden oder Verwandten unterkommen wollten, und dann im Heim als »vermisst« galten. Unsere fünf sagten, sie seien nach Berlin geschickt worden. Warum waren sie dann nicht mit einem der Züge gekommen, mit denen Geflüchtete koordiniert von Bayern aus weitergeschickt wurden?

Laut ihrer Aussage waren sie am Tag zuvor in ihrer Unterkunft in Bayern von der Heimleitung informiert worden, dass sie Bayern verlassen sollten. Man habe sie zum nächsten Bahnhof gefahren und ihnen gesagt, sie sollten irgendeinen Zug nehmen, aber er müsse aus Bayern hinausführen. Am Bahnhof habe ihnen jemand geraten, nach Berlin zu fahren. Berlin sei die größte Stadt in Deutschland und es gebe viele Helfer. Am späten Abend erreichten sie nach sieben Stunden Bahnfahrt Berlin und irrten durch den Hauptbahnhof, bis sie zufällig auf jemanden trafen, der unsere Unterkunft kannte und ihnen die Adresse gab.

Und hier saßen sie nun. Das war die verrückteste Geschichte, von der wir in diesen Tagen hörten. Doch Ähnliches erlebten auch andere Unterkünfte an diesem Wochenende in Berlin. Aufnehmen durften wir sie jedoch nicht. Zwar hatten wir immer noch jede Menge Platz und viele leere Zimmer, trotzdem gab es weiterhin den Aufnahmestopp. Man wollte anscheinend wirklich eine Quote aufrechterhalten, während Menschen in den Parks und U-Bahnhöfen der Stadt schliefen. Der Senat, so schien es, wollte es so, anders war das ständige Verhandeln um Aufnahmen nicht zu erklären. Bei uns wohnten zu dem Zeitpunkt 800 Menschen, mehr waren angeblich wegen der begrenzten Zahl an Toiletten und Duschcontainer nicht zumutbar. Monate später waren es 1200 Bewohner, die Anzahl der Toiletten und Duschen hatte sich nicht verändert. Gut war das nicht, aber weit besser als jede Turnhalle und erst recht jeder Park.

Was tun? Dass wir niemanden einfach wegschicken und im Park schlafen ließen, musste nicht diskutiert werden. Vor allem der Gesundheitszustand des alten Mannes, aber auch der der Frau mit Kopftuch machten Sorgen. Sie hatten Fieber, alle husteten. Vermutlich brauchten sie einfach nur ein Bett. Philipp hängte sich ans Telefon, versuchte die zentrale Einsatzleitung zu erreichen, sprach mit anderen Unterkünften, versuchte eine Lösung zu finden.

Ich bemühte mich in der Zwischenzeit, gute Laune zu verbreiten. Alles würde gut werden, sie würden nicht im Park schlafen, das war das Einzige, was ich versprechen konnte. Wir hatten zwei Dinge gelernt: Wir durften niemals ein Versprechen machen, das wir nicht einhalten konnten. Brachen wir ein Versprechen, verloren wir Vertrauen. Und wir mussten die Zuversicht ausstrahlen, um bei den Leuten selbst Zuversicht zu wecken, die sie brauchten, um hier neu beginnen zu können.

Nach langem Hin und Her entschied sich Philipp für die Aufnahme. Es war niemand aufzutreiben, der uns eine Genehmigung gab, also agierte die Notunterkunft so, wie es sich für eine Notunterkunft gehörte: Sie reagierte auf den Notfall, auch wenn das Ärger geben konnte. Die Frage aber war: wohin? Die Zimmer im fünften Stock waren noch nicht freigegeben, im Rest des Hauses waren keine zwei nebeneinanderliegenden Räume frei, zudem wollten wir keine schwer erkälteten Neuzugänge mitten ins Haus setzen, ohne Registrierung mussten sie außerdem schnell aufzufinden sein.

Wir entschieden uns für die Unterbringung auf der Isolierstation. Der südliche Flügel im dritten Stock war zur Isolierstation gemacht worden, schon in den ersten Tagen nach der Eröffnung. Dafür gab es zwar keine behördliche Handhabe, aber die Freiwilligen hatten sie einfach von sich aus eröffnet, um die Verbreitung von Krankheiten wie Krätze, Masern und Windpocken zu verhindern. Die Isolierstation wurde nur von Leuten betreten, die geimpft waren oder diese Krankheiten schon gehabt hatten. Und sie war leer, seit fünf Tagen waren wir krätzefrei.

Als wir begannen, die Daten aufzunehmen, liefen den Frauen

die Tränen. Sie hatten begriffen, dass wir sie nicht wieder wegschicken würden. Es war so schön und gleichzeitig deprimierend zu sehen, dass Menschen sich freuten, nicht im Park schlafen zu müssen. Philipp sagte: »Bitte nicht weinen, sonst muss ich auch weinen.« Ich konnte seit der Geschichte des Mannes, dessen Frau und Kind ertrunken waren, nicht mehr weinen. Ich versuchte es stattdessen mit Fröhlichkeit. Jeder von uns entwickelte im Laufe der Zeit seine eigene Strategie, seinen eigenen Umgang mit den Geschehnissen.

Katja und Lana hatten inzwischen Starterpakete besorgt, und als wir schließlich alle Unterlagen fertig hatten, schnappten wir uns jeder ein paar Sachen und brachten die beiden Familien zu ihren Zimmern. Ich redete unaufhörlich, wir mussten diese Traurigkeit loswerden, es würde vielleicht nicht alles gut, aber alles besser werden. Und es wurde besser.

Am Montag kümmerten sich Martina und Philipp um ihre Registrierung, nun wurden sie offiziell unserem Haus zugewiesen, und wir kümmerten uns um ihre Ausstattung, erklärten ihnen, wo sie waren, wo sie hinmussten, was wir für sie tun konnten.

Obwohl ich so viele Leute mit aufgenommen hatte: »Meine Bayern« wuchsen mir ans Herz. Irgendwie adoptierte ich sie, ich weiß nicht warum, man suchte sich keine Geflüchteten, man fand sich. Sie wurden »meine erste Geflüchtetenfamilie«, der ich mich enger annahm, und in den kommenden Monaten erlebte ich mit ihnen mehr Behördenchaos, Rückschritte und Fortschritte, als ich es mir je hatte vorstellen können.

Das Netzwerk wächst

16.

Uns fiel bald auf, dass mit dem Anstieg der Spenden an Geflüchtete immer weniger bei Obdachloseneinrichtungen und Bahnhofsmissionen einging. Eine Spaltung der einzelnen sozial benachteiligten Gruppen wollten wir verhindern, soweit wir es im Kleinen beeinflussen konnten, denn jeder würde dabei nur verlieren: die Obdachlosen und sozial Benachteiligten, aber auch die Geflüchteten, denn Populisten konnten die »Benachteiligung von Deutschen« argumentativ gegen sie nutzen.

Wir arbeiteten schon mit anderen Notunterkünften zusammen, jetzt brachte Susann, die den Hygieneartikelbereich leitete, die Obdachlosenunterkünfte ins Spiel. Wir konnten bei uns im Haus weder die von Hotels gespendeten Großflaschen gebrauchen, da jeder Bewohner seine eigene Flasche hatte, noch die Minigrößen, die nur für ein oder zwei Tage reichten. Für Obdachloseneinrichtungen aber waren sie optimal. Was mit Duschgel begann, wurde bald mit elektrischen Geräten, die wir an die Bewohner nicht ausgeben durften, mit großer Kleidung in L und XL, von denen sich im Dezember bereits mehr als eintausend Kisten im Keller stapelten, und später mit Kuscheltieren für den Kindernotdienst fortgeführt. Susann fuhr nach jeder Schicht mit ihrem Wagen zu den Unterkünften, um die Kleidung dort abzugeben, wobei sie irgendwann sogar zwischen den einzelnen Obdachlosenunterkünften vermittelte, wenn sie wusste, dass in der Bahnhofsmission ein paar Schuhe in 45 benötigt wurden, die sie wiederum in einer anderen Einrichtung gesehen hatte. So wuchsen auch hier wieder neue Netzwerke, von denen alle profitierten.

Genauso verfuhren wir mit dem Essen. Es gab zwar eine unsinnige Vorgabe, wonach übrig gebliebenes Essen aus Abrechnungsgründen weggeworfen werden musste, aber wir wurden kreativ. Wenn die Container mit den einzeln und damit hygienisch verpackten Frühstücken oder Abendessen aus der Küche zu den Mülltonnen gebracht wurden, fingen Freiwillige sie dort ab und verfrachteten sie in bereitstehende Autos. So kamen über die Wochen Tausende Abendessen bei Obdachloseneinrichtungen an oder wurden zu den wartenden Geflüchteten am LAGeSo gebracht, die dort teilweise seit Tagen und Wochen campierten.

Diese Hilfe entwickelte sich im Großen und im Kleinen. Irgendwann begann ich, jeden Abend fünf Aluschalen mitzunehmen: eine für den mit höchster Wahrscheinlichkeit in der U7 anzutreffenden Obdachlosen, eine für den Obdachlosen in der U1 und drei für die Obdachlosen, die an meiner Straßenecke campierten. Als diese eines Tages nicht anzutreffen waren, musste ich die Schalen mit nach Hause nehmen und mich drei Tage davon ernähren. Kulinarisch hatte sich mein Leben dem der Bewohner durchaus angeglichen.

Sonst hatte unser Alltag mit dem Alltag der Bewohner wenig zu tun. Wir gingen nach Hause, machten die Tür zu, lasen oder schalteten den Fernseher an, wenn wir abschalten wollten. Die Bewohner mussten sich das Zimmer mit zwei oder drei Fremden oder Familienmitgliedern teilen und konnten weder abschließen noch Ruhe bekommen. Wir entschieden, wo und wie wir wohnten, den Bewohnern wurde es vorgegeben. Wir trugen die Kleidung, die wir wollten, die Bewohner mussten tragen, was gespendet wurde. In vielen Unterkünften war es schlechter, aber trotzdem war es nicht gut.

Wir duschten morgens, wann wir wollten, und verbrachten Zeit vor dem Spiegel in unserem eigenen Badezimmer. Die Bewohner mussten sich an der Dusche anstellen und konnten sie nur zu bestimmten Zeiten nutzen. Gefiel uns die Frisur nicht mehr, gingen wir zum Friseur. Die Bewohner konnten sich einen Friseurbesuch nicht leisten. Selbst die Cut&Go-Friseure nahmen in Berlin 15 Euro, das waren mehr als zehn Prozent der Summe, die ein Geflüchteter im Monat bekam – wenn er überhaupt Geld bekam, denn manchmal war das LAGeSo über Monate nicht in der Lage, die Beträge auszuzahlen. So sahen die Bewohner, insbesondere die männlichen, wild aus, sie hatten keine Frisuren, sondern nur noch Haare. Sorgen um die Frisur – das klingt nach einem Luxusproblem. Es ist aber viel mehr. Dieses persönliche Unwohlsein, das Gefühl, nicht man selbst sein zu können, führt zu einer Stimmung, die Konflikte, Depressionen und Lethargie begünstigt.

Die Lösung war eigentlich ganz einfach. Mansour und sein Freund hatten in Afghanistan als Friseure gearbeitet. Wir hatten also zwei Bewohner, die sich langweilten, aber etwas konnten, was viele andere brauchten, um sich besser zu fühlen. Wir konnten zwei Fliegen mit einer Klappe schlagen: Wir mussten einfach einen Friseursalon eröffnen. Mit Unterstützung von ASB, Stadtrat und der Friseurinnung gelang es, das Equipment für einen Friseursalon aufzutreiben: Waschbecken, Stühle, große Spiegel, Föhne und Kämme, Scheren kamen aus der Spendenannahme.

Und so wurde im November der erste Friseursalon in einer Notunterkunft eröffnet. Die Bewohner standen Schlange, das Ergebnis veränderte die Stimmung im Haus: Die Menschen waren wieder mehr sie selbst, sie hatten wieder Frisuren. Für meinen Geschmack alle die gleichen, aber immerhin. Es wurde geschnitten, gestylt, gelegt und gegelt, es wurde wieder mehr gelacht, mehr geschäkert, sich mehr präsentiert. Selbstwertgefühl und Selbstbewusstsein der Bewohner entwickelten sich weiter, und damit sie selbst.

Wenige Wochen später nahm Mansour eine »Auszubildende« an, eine junge Bewohnerin, die gerne das Friseurhandwerk lernen wollte. Natürlich fand diese Ausbildung fernab jeder IHK-Norm statt, es gab kein Zertifikat, kein Zeugnis. Aber es war ein erster Schritt in die Partizipation. Später wurden sogar Frauenfriseurzeiten eingerichtet, was insbesondere für Frauen mit Kopftuch eine wichtige Sache war. Das Projekt war ein kleines, die Auswirkungen indes waren groß. Eines Tages stand ich mit Philipp und Maren auf dem Hof, als uns vier vorübergehende Frauen grüßten.

Ich schaute hinterher. »Haben wir Neuzugänge? Die kenne ich nicht.«

»Klar kennst du die, du warst bei ihrer Aufnahme dabei. Afghaninnen«, sagte Philipp.

»Nee, die habe ich noch nie gesehen.«

Maren grinste. »Doch, die tragen nur keine Kopftücher mehr.«

Ich staunte nicht schlecht. Was war passiert? Ganz genau wussten wir es nicht, aber sie hatten offenbar beschlossen, in Deutschland kein Kopftuch mehr zu tragen.

Die Entwicklung ging in allen Bereichen voran, viele Bewohner übernahmen Aufgaben. Damit wurden wir entlastet, die Angebote konnten wachsen, und die Bewohner hatten endlich wieder eine sinnvolle Tätigkeit. Es war nicht so, dass unsere Bewohner gar nichts zu tun gehabt hätten. In Wahrheit hatten sie unglaublich viel zu tun. Dreimal am Tag mussten sie in der Kantine anstehen, sie mussten in den ersten Wochen mit der Hand ihre Wäsche waschen und irgendwo im Haus zum Trocknen aufhängen, später dann an der Wäscherei oder an der Kleiderkammer anstehen, wieder und wieder mussten sie zum LAGeSo, zur Ausländerbehörde, zum BAMF. Es war ein ständiges Stehen und Warten, aber nichts davon war eine sinnvolle Beschäftigung, bei der man selbst etwas gestaltete oder etwas Produktives tat. Die Situation führte zu Frust und Ungeduld.

Also schafften wir Aufgaben. Dabei merkten wir relativ schnell, dass wir Bereiche nicht einfach abgeben konnten, wie wir es beim Friseursalon taten, sondern sie weiterhin begleiten mussten. Denn wo immer jemand etwas zu entscheiden hatte, drohte die Gefahr, dass er Freunde bevorzugte, was zu Misstrauen bei Helfern und zu

Konflikten innerhalb der Bewohnerschaft führte: In der Spendensortierung war das eben noch gespendete Paar Turnschuhe plötzlich verschwunden, in der Hygieneausgabe landeten plötzlich drei Flaschen Duschgel in der Tasche der Freundin, obwohl nur eine Flasche auf der Karte abgehakt worden war. Doch mit klaren Ansagen, dass das zu einem Ausschluss aus dem Bereich führen würde, besserte sich die Situation zusehends.

So fanden unsere Bewohner die meisten Aufgaben in der Wäscherei, in der Küche, im Helferbüro, in der Spendenannahme, in den Kleiderkammern. Lidia arbeitete ohnehin nur mit zu Freiwilligen gewordenen Bewohnern, von denen später einige regulär angestellt wurden. In den Kleiderkammern hatte Kristina schon nach ein paar Tagen Bewohner in die Arbeit eingebunden, inzwischen waren hier ein halbes Dutzend von ihnen tätig, die übersetzten, Kleidung ausgaben und neuen erklärten, wie das System funktionierte. Im Helferbüro waren ohnehin immer viele Bewohner, Jungen wie Yussof waren mehr Helfer als Bewohner.

Es lief gut und immer besser, und die positiven Folgen überwogen. Die Bewohner, die mit uns zusammenarbeiteten, waren es, die die engsten Kontakte zu den Freiwilligen hatten und damit zur sogenannten Aufnahmegesellschaft Kontakte knüpften. Sie waren es schließlich, die sich am schnellsten integrierten und unter den Freiwilligen nicht selten neue Freunde fanden und so wiederum in deren Freundeskreise, manchmal sogar in die Familien integriert wurden.

Welchen Einfluss diese Einbindung im Alltäglichen hatte, sahen wir auch bei unseren Kindern. Man musste sich nur wenige Minuten mit einem Schulkind unterhalten und konnte dann mit ziemlicher Gewissheit sagen, ob es in einer Willkommensklasse für ausschließlich Geflüchtete oder in einer Regelklasse war: Wer in der Regelklasse war, sprach deutlich besser Deutsch, war deutlich mehr »angekommen«.

Auch Familie P., meine Familie aus Bayern, war inzwischen richtig bei uns im Haus angekommen. Sie gehörten zu den sehr ruhigen Familien, die wenig Kontakt zu den anderen Bewohnern suchten, die nie in der großen Halle oder bei gutem Wetter auf dem Hof saßen. Sie baten selten um etwas und versuchten, so viel wie möglich selbst zu regeln. Sie mieden die Kleiderkammer weitestgehend, wenn sie etwas brauchten, griffen sie auf ihre Ersparnisse zurück. Sie waren überhaupt viel unterwegs und begannen schnell, sich ihre Umgebung zu erschließen. Schon nach wenigen Tagen hatte Hawwa, die Mutter, mich nach einer Kirche gefragt, wodurch ich erst erfuhr, dass sie Christen waren. Die Kirche besuchte sie häufig und verstand überhaupt nicht, warum ich das nicht jeden Sonntag tat. Noch weniger verstand sie, warum ich mit Mitte 30 noch immer nicht verheiratet war. Aber ich mochte die Familie, es war ein irgendwie besonderes Verhältnis. Besonders war auch ihr Asylantrag. Schon am 23. Oktober, nur elf Tage nach ihrer Registrierung, bekam Familie P. die Flüchtlingseigenschaft zugesprochen und eine Aufenthaltsgenehmigung bis April 2019 ausgestellt. So etwas hatten wir noch nie erlebt. Manche Bewohner warteten ein Jahr nach ihrer Ankunft noch auf einen Bescheid des BAMF. Wenn bei ihnen alles so schnell ging, mussten wir uns um sie wenig Sorgen machen.

Wieso können Nazis kein Deutsch?

17.

Das Rathaus brannte. Lichterloh schossen die Flammen aus den Fenstern, es knallte, Leichen, überall Leichen, Männer mit Fackeln rannten durch die Gänge, riefen Unverständliches, meinen Namen, Kinder rannten um mich herum, ihre Gesichter zu Masken geformt, sie riefen, verfolgten mich, kletterten auf meinen Arm, weinten … ich lief durch die U-Bahn, ein Hubschrauber über mir, unter mir Wasser, aus dem Hände ragten, langsam sanken sie, ertranken sie …

Seit einigen Nächten verfolgten mich diese Träume. Immer wieder andere, aber immer mit den gleichen Bildern. Tote, im Meer ertrinkende Menschen, Verletzte, Menschen, die vor der Polizei wegliefen. Die Bilder kamen aus den Geschichten, die wir immer wieder hörten, mal versteckt, mal offen, mal komplett, mal nur in Andeutungen. Tagsüber erschütterten sie einen ein bisschen, aber es war nicht schlimm. Sobald ich das Haus betrat, die Energie und Schaffenskraft spürte, ging es mir gut, traurige Gedanken ließen sich durch neue Aufgaben leicht vertreiben. Aber nachts kamen sie zurück und verfolgten einen.

Vor wenigen Tagen aber hatten die Träume eine Wendung genommen, zum ersten Mal war ich Protagonist, nicht nur Zuschauer. Es begann, nachdem ich als Studiogast bei »Hart aber fair« aufgetreten war: »Flüchtlingskrise als Dauerzustand – jetzt reden die Helfer«. Im Studio waren: Lothar Venus, ein Bayer, wie wir ihn uns in

Berlin halt so vorstellen, kräftig, laut, der sich als sehr engagierter und anpackender Bürgermeister der Gemeinde Wegscheid an der deutsch-österreichischen Grenze herausstellte, ein Macher, der keine Zeit für ideologische Auseinandersetzungen hatte. Er sprach beeindruckend über seine nächtlichen Einsätze, wenn Österreich die Menschen an der Grenze »aus dem Bus kippte«. Heike Jüngling, Sozialdezernentin der Stadt Königswinter in Nordrhein-Westfalen, die über die Zusammenarbeit mit Freiwilligen und Trägern sprach. Sandro Poggendorf, ein die Lage differenziert betrachtender Redakteur beim MDR, der als Einziger von uns Pegida-Demonstrationen live erlebt hatte und von diesen absurden Veranstaltungen, aber auch von Grenzorten und dem Versagen der Politik berichten konnte. Außerdem Tania Kambouri, eine Polizistin aus Bochum, die kurz zuvor mit ihrem Buch »Deutschland im Blaulicht« für Aufmerksamkeit gesorgt hatte, in dem sie von ihren – quasi ausnahmslos negativen – Erfahrungen mit Migranten berichtet. Natürlich seien »nicht alle« so, aber mit Ausnahme einer Freundin kenne sie halt keine netten Moslems. Sie selbst könne gar nichts gegen Ausländer haben, da sie selbst griechischer Abstammung sei.

Kambouri fiel Ende 2015 noch einmal auf, als sie behauptete, das Bundeskriminalamt hätte Statistiken zur Kriminalität unter Flüchtlingen »gefälscht oder beschönigt«, weil richtige Zahlen »politisch nicht gewollt« seien. Zwar ruderte sie nur wenige Tage später wieder zurück, natürlich hatte sie keine Belege für ihre Aussage und nannte diese nun »unglücklich«, aber den Verschwörungstheoretikern diente sie damit als Heldin.

Sogar Bundesinnenminister Thomas de Maizière, sonst nicht gerade als Fürsprecher Geflüchteter bekannt, sah sich zu einer Reaktion genötigt und ließ wissen: »Insgesamt zeigten uns die derzeit verfügbaren Tendenzaussagen, dass Flüchtlinge im Durchschnitt genauso wenig oder oft straffällig werden wie Vergleichsgruppen der hiesigen Bevölkerung.« Anders ausgedrückt: Geflüchtete waren Menschen, von denen sich die meisten gesetzestreu verhielten, einige eben nicht.

Der Letzte in der Runde bei »Hart aber fair« war ich, der »ehrenamtliche Helfer in einer Flüchtlingseinrichtung in Berlin«. Die Sendung lief gut. Das Konzept, sich auf Nichtprofis als Studiogäste eingelassen zu haben, die Tatsache, dass es einmal nicht nur um gegenseitige Vorwürfe und politische Schlachtreden ging, sondern um die Situation vor Ort, wurde gelobt. Es war geradezu harmonisch, das einzige kleine Störfeuer kam von Kambouri.

Von der Sendung selbst bekam ich eigentlich nichts mit, wir hatten gerade erst angefangen, da war es auch schon wieder vorbei, aber es hatte Spaß gemacht. Noch während der Sendung liefen die ersten Nachrichten in den sozialen Netzwerken ein. Am Anfang dominierten Lob und Dank für die Arbeit der Freiwilligen, Spenden- und Hilfsangebote gingen ein, Menschen sagten, sie fühlten sich nun motiviert, selbst mitzumachen. Das größte Kompliment erhielt ich wenige Tage später im Rathaus, als mir ein Kisten stapelndes Ehepaar in der Spendenannahme sagte: »Du bist der Grund, warum wir jetzt hier sind.«

Aber es gab natürlich auch die anderen Reaktionen. Ein Ehepaar fragte, warum »die Deutschen nur ein Herz für Fremde« hätten. Ich beantwortete ihre E-Mail, wie auch die von Herrn W., der sich über die »gesteuerten manipulierten Medien« echauffierte und fragte: »Für wie dumm haltet Ihr alle unsere Bürger, und mit was für einer Verachtung und Gleichgültigkeit straft Ihr Menschen die sich ein Leben lang den Hintern aufgerissen haben um diesen Staat zu finanzieren. Für alles was Ihr tut gehört euch auch die volle Verantwortung zugeordnet was die Sicherheit der einheimischen angeht«. Anonym wurde ich in einer langen, langen E-Mail gefragt: »Wo ist Ihr Emotionalen Einsatz im eigenen Lande zur Kinderarmut, Hartz IV, Obdachloser, Armutsrentner in unserem Lande?« Ich beantwortete die E-Mails, sachlich und höflich, und ignorierte die Rechtschreibfehler, auch wenn es mich in den Fingern juckte.

Wer mir schrieb, ich bereite mit der Hilfe für Geflüchtete einen »Genozid an den Deutschen« vor, bekam keine Antwort, ebenso wenig wie der halb anonyme Sender »kberberich@...«, der lediglich schrieb: »Ich hoffe nur, dass so was wie Sie sich nicht fortpflanzt.« Konnte ich nicht versprechen.

Dann kamen die Anrufe. Immer wieder klingelte das Telefon mit unterdrückter Nummer, niemand meldete sich. Geh halt nicht ans Telefon, hieß es dann. Zu Hause kann man das so handhaben, auch mit dem privaten Handy. Im Büro und am Diensthandy geht das nicht. Besonders hoch ging es aber in den sozialen Medien her, wo sich kleine Menschen in ihrer Anonymität so groß fühlen. Ein User schrieb auf Facebook, man sollte mir mal in die Fresse treten. In anderen Blogs wurde diskutiert, was man mit mir anstellen sollte. Eine E-Mail an mich beinhaltete meine Adresse und Postleitzahl. Man wusste, wo ich zu finden war.

All das machte deutlich, welche Stimmung im Land gerade entstand. Aber die Stimmung kippte ja nicht nur auf der Straße, nicht nur im Anonymen. Freunde wendeten sich ab, manche bewusst, manche unbewusst. Auch die verbalen Angriffe von entfernten Bekannten, mit denen man sich irgendwann mal auf Facebook befreundet hatte oder die man auf Partys von Freunden traf, nahmen zu. Natürlich wurden hier keine Drohungen ausgestoßen, aber es war deswegen nicht weniger aggressiv. Wie oft hörte ich, dass ich die Islamisierung Deutschlands forciere, wie oft, dass nur wegen »eurer Willkommenskultur« so viele kriminelle Ausländer Deutschland unsicher machten, dass wir Antisemitismus, Homophobie, Frauen- und Behindertenfeindlichkeit ermöglichen würden. Die »Das wird man doch wohl mal sagen dürfen«- und »Ihr seid so naiv und holt die Terroristen ins Land«-Fraktion wurde größer. Und sie bestand zu 99 Prozent aus Menschen, die noch nie mit einem Geflüchteten geredet hatten.

Es waren auch längst nicht nur die Ungebildeten und Abgehängten, es waren immer häufiger auch die, die überdurchschnittlich gebildet waren, gut bezahlte Jobs hatten und Anhänger eines freien Gesellschaftmodells waren, teilweise politisch, aber nicht unbedingt sozial engagiert. Sie fürchteten sich vor »den Moslems«, denen sie nicht zutrauten, sich an deutsche, europäische gesellschaftliche Normen anpassen zu können. Diese Leute kultivierten ihre Vorurteile und ihren Hass, sie waren gleichzeitig auch fast ausnahmslos jene, die nicht bereit waren, bei der Integrationsarbeit mitzuwirken. Positive Geschichten, die wir ja zuhauf erlebten, waren natürlich die Ausnahmen, während die negativen Geschichten für alle galten. Sie hatten den Durchblick, wir waren blind und naiv.

Diese Mischung aus anonymen und persönlichen Angriffen bereitete mir keine echte Angst. Aber sie machte nervös. Die wachsende Nervosität vermischte sich mit den täglichen Herausforderungen, dem wenigen Schlaf in den letzten Monaten und dem kontinuierlichen Alarmmodus, in dem wir uns befanden.

Zwei Tage nach der Sendung, ich war spät am Abend auf dem Weg von der Unterkunft nach Hause, schaute mich eine Frau, Ende dreißig, kurze dunkelblonde Haare, entschlossener Gesichtsausdruck, dicke Jacke, vom anderen Ende des U-Bahn-Waggons an, ging mit großen, sicheren Schritten auf mich zu und blieb einen halben Meter vor mir stehen, die linke Hand an der Haltestange, die rechte in der Manteltasche. »Warst du das vorgestern im Fernsehen?« Was hatte sie in ihrer Manteltasche? Langsam nickte ich, verfolgte, wie die Hand aus der Tasche gezogen wurde, merkte, wie ich nach hinten an die Wand des Wagens wich. Sie hielt mir die Hand hin. »War ein guter Auftritt, wollte ich dir nur mal sagen, wenn ich dich hier sehe.« Ich schwitzte, griff ihre Hand, sagte nur: »Danke, ich muss hier aussteigen«, und verließ die Bahn. Die Frau schaute mich an, als sei ich verrückt geworden, genauso musste ich gewirkt haben.

Aber die Nerven lagen einfach blank. Wenn ich spätabends nach Hause lief und hinter mir Schritte hörte, wurde ich nervös, wechselte die Straßenseite, wurde schneller, schaute mich um. Dabei wohne ich mitten in Berlin, in einer der belebtesten Gegenden der Stadt, es ist quasi unmöglich, dass nicht irgendjemand hinter einem über die Straße läuft. Doch der Weg von der Nervosität zur Paranoia war nicht weit.

Diese Paranoia mischte sich mit der emotionalen Überforderung, mit dem Gefühl, dass man nie genug machte, und mit einem schlechten Gewissen. Ich kümmerte mich zu wenig um meine Familie, meine Patenkinder ließen ausrichten, sie würden mich gerne mal wiedersehen, meine Freunde fragten schon gar nicht mehr, ob ich mit ihnen weggehen würde.

Doch ich hatte das Gefühl, mit niemandem darüber reden zu können. Den anderen Freiwilligen wollte ich davon nichts erzählen. Wir kannten uns gerade mal zwei Monate, außerdem wollte ich keine Schwäche zeigen, wo Stärke doch so wichtig für uns war.

Viel schlimmer aber war, dass ich mit meinen eigentlichen Freunden darüber nicht sprechen konnte. Natürlich hätten sie zugehört, ich hatte tolle Freunde, manche seit Jahrzehnten. Aber sie hätten mir alle das Gleiche gesagt: Hör auf mit der Arbeit im Rathaus! Aber aufhören kam nicht infrage. Wir hatten eine Aufgabe, wir konnten nicht einfach gehen. Aufhören hätte aufgeben bedeutet. Diesen Triumph durften wir denen, die das Scheitern unserer Arbeit wollten, nicht gönnen. Wir bleiben. Das war ungeschriebenes Gesetz, unser Versprechen an uns und an unsere Bewohner, sie nicht im Stich zu lassen.

Im Stich gelassen fühlte ich mich selbst, von meinen Freunden. Und daran war ich vielleicht selbst schuld. Ich hatte mich zu diesem Schritt entschieden, nicht sie. Trotzdem war ich enttäuscht. Politisch über alle Lager verteilt, hielten sie sich mit persönlichem Engagement sehr zurück. Dabei wäre es ein Leichtes gewesen, über mich einen Einstieg zu finden. Manche, von denen ich es gar nicht erwartet hätte, standen plötzlich im Rathaus und packten mit an, andere spendeten. Die Mehrzahl aber verließ ihre Komfortzone nicht. Gründe gab es immer. In meiner Wahrnehmung ließen sie nicht nur die Gesellschaft mit ihrer großen Herausforderung im Stich, sondern auch mich persönlich. Ich hatte mehr erwartet. Genau diese Erwartung war das Problem. So in der Euphorie unserer Tätigkeit gefangen, so überzeugt von dem, was wir taten, so häufig belohnt von den positiven Entwicklungen im Haus, war ich selbstgerecht geworden und erwartete von meinem Umfeld, das zu tun, was ich tat. Darin lag der Fehler. Meine Aufgabe musste also darin bestehen, zu erzählen, meine Freunde zu Multiplikatoren unserer Arbeit zu machen. Und so erzählte ich, wenn ich sie sah. Doch weil man manche Dinge erleben muss, um sie zu verstehen, fing ich bei Adam und Eva an und redete und redete, mutierte zu einer monotonen Schallplatte, die immer wieder die gleichen Botschaften verbreitete und die Zuhörer am Ende trotzdem mit vielen Fragezeichen zurückließ. Anschließend ärgerte ich mich, über die immer gleichen Geschichten. Aber worüber hätte ich sonst reden sollen? Nachts schlief ich, danach ging ich ins Büro, dann kam das Rathaus. Also erzählte der »Flüchtlingsholger«.

Schlimmer nur empfand ich gute Ratschläge zum Umgang mit Geflüchteten oder Behörden, haarsträubendes Halbwissen mit »Habe ich irgendwo gelesen«-Belegen, und eine Form von Lob, mit der man Hunde und kleine Kinder lobte: »Ihr macht das ganz toll«, gerne auch »Ich bin total stolz auf dich«. Ich *hasste* diesen Satz. Er machte mich wirklich wütend und zu gerne hätte ich laut gerufen: »Wenn du so stolz bist, warum packst du nicht selbst mit an, dann könntest du auch auf dich *total stolz* sein.« Natürlich habe ich das nie gesagt. Was hätte es auch gebracht? Die Antworten kannte ich ohnehin: so viel zu tun, die vielen Dienstreisen, die Beziehung, das Hobby, der Job. Natürlich gab es tausend Gründe, nichts zu tun. Es ärgerte mich, die Wahrheit war aber: Es war ihr gutes Recht, ob es mir passte oder nicht. Auch das war Teil der Lernprozesse.

Meine Freunde blieben meine Freunde, und immer seltener war ich wütend, immer seltener enttäuscht. Trotzdem bedauerte ich, mit ihnen über das Erlebte nicht wirklich sprechen zu können. Mit wem das ging, waren die Freiwilligen. Zunehmend erfuhr ich, dass es auch anderen so erging. Viele hatten Drohungen oder Anfeindungen erlebt, waren Zeugen, wie sich die Gesellschaft spaltete. Viele hatten in der Anfangszeit mit Albträumen kämpfen müssen. Die meisten konnten Geschichten aus ihrem Umfeld erzählen, von Freunden, ja sogar Familienmitgliedern, die sich abwandten, von Beleidigungen und Beschimpfungen in den sozialen Netzwerken, auch von Leuten, die man kannte, von Nachbarn, die einen anpöbelten. Von der Situation im Café, wenn am Nachbartisch gehetzt und Blödsinn erzählt wird und man verlegen überlegt, ob man sich einmischen oder den Mund halten soll.

Das machte vielen von uns zu schaffen. Aber ich war nicht allein, wir waren nicht allein. Wir verstanden uns, ohne viel zu reden. Wir kannten uns kaum, aber wir kämpften für das Gleiche, fühlten das Gleiche, stützten einander. So wurde ausgerechnet die Zuflucht für Geflüchtete auch zu meiner, zu einem Ort, wo ich mehr lachte als draußen.

Wir entwickelten ein Eigenleben. Je mehr wir erlebten, desto mehr brauchten wir uns. Je mehr wir erlebten, desto mehr härteten wir ab, wenn mal wieder eine Nachricht einging, irgendwann zuckte man nur noch die Achseln. Botschaften wie »Du elendiger Hurensohn gehörst an die Wand gestellt« waren zwar nicht schön, aber manchmal waren sie in ihrer Absurdität schon wieder unterhaltsam: *»du schule sau du setz mal dein hirn ein? uns würdens abschlachten ihn so einem staat und du voll trottel willst solche helfen, dich sollte man runter schicken zu di islamisten und schauen wie sie dir helfen du voll trottel verräter vom christentum … verpiss dich drüben fickens dich bist e kein mann du links linke sau schwuchtl.«*

Das waren also die Verteidiger des Abendlandes, die Hüter der deutschen Kultur und Herrenrasse. Wie beruhigend. Ich veröffentlichte die Nachricht im Internet. Gemeinsam ließ sich besser lachen.

So ist das in Deutschland

18. In der Öffentlichkeit wurden die Freiwilligen immer nur als die wahrgenommen, die Kuscheltiere verteilten, Betten aufbauten, Essen ausgaben und Spenden verteilten. Doch die unsichtbare Aufgabe war viel wichtiger: Wir versuchten die Leute in unseren Alltag zu integrieren. Integration ist ein großes Wort. Dass sie gelingt, ist von zwei Faktoren abhängig. Der eine Faktor wird stets betont: die Bereitschaft der Ankommenden, sich zu integrieren. Die muss gegeben sein, und wer sich nicht integrieren will, hat hier langfristig keinen Platz.

Doch es gibt einen zweiten Faktor: Man muss die Chance bekommen, das kennenzulernen, worin man sich integrieren soll. Dazu braucht es Menschen, die einen mitnehmen, die einem das Leben in der neuen Heimat zeigen und nicht nur darüber reden. Das Grundgesetz ins Arabische zu übersetzen war eine nette Aktion, mehr aber auch nicht. Wie viele Deutsche haben jemals die 146 Artikel des Grundgesetzes gelesen? Vermutlich sehr wenige. Ich jedenfalls nicht. Trotzdem halte ich mich daran. Warum? Weil man mir vorgelebt hatte, was die Werte und Regeln dieses Landes sind.

Genau da setzten wir an: Wir lebten vor. Bei uns hatten Frauen das Sagen. 72 Prozent der acht Millionen Freiwilligen – immerhin zehn Prozent der deutschen Bevölkerung – waren Frauen. Juden,

Schwule, Lesben und Menschen mit Behinderung waren selbstverständlicher Teil unserer Helferschaft, manche trugen einen Davidstern um den Hals, andere ein Kreuz, die meisten weder das eine noch das andere. Es gab Vorurteile, sicher. Was wussten denn Syrer über Juden? Dass sie gefährlich und böse und reich waren, der Feind in direkter Nachbarschaft schlechthin. Ein halbes Jahrhundert antiisraelische, antijüdische Propaganda steckte in ihren Köpfen. Was wussten denn Iraner über Schwule? Dass sie Perverse waren und Verbotenes taten, den Mullahs sei Dank. Nahezu alle Bewohner kamen aus Ländern, in denen Juden und Homosexuelle als böse galten und definitiv nicht sichtbar waren.

Wie immer, wenn es Vorurteile gab, bestanden sie aus einem Grund: Man kannte das »Fremde« nicht. Wo es die wenigsten Homosexuellen und Menschen mit Migrationshintergrund gibt, sind Homophobie und Ausländerfeindlichkeit am stärksten ausgeprägt.

Genauso verhielt es sich in der deutschen Debatte über Geflüchtete. Wie oft hörte man von »importierten« Problemen: Antisemitismus, Gewalt gegen Frauen, Homophobie, alles von den Geflüchteten eingeschleppt wie eine Seuche.

Das war natürlich ein elegantes Reinwaschen, das Suggerieren, diese Probleme wären bei uns gänzlich neu. Dabei zeigt die Studie »Die Enthemmte Mitte« von 2016, dass 40,1 Prozent der Aussage zustimmten: »Es ist ekelhaft, wenn sich Homosexuelle in der Öffentlichkeit küssen.« 57,8 Prozent der Befragten hätten »Probleme damit, wenn sich Sinti und Roma in meiner Gegend aufhalten«. 21,9 Prozent meinten, die Frau solle »sich wieder mehr auf die Rolle der Ehefrau und Mutter besinnen«, 38,9 Prozent der Befragten in Deutschland stimmten der Aussage »Die Juden haben einfach etwas Besonderes und Eigentümliches an sich und passen nicht so recht zu uns« teils/teils, überwiegend oder voll und ganz zu. Studien wie z.B. »Fragile Mitte – Feindselige Zustände« kommen zu dem Ergebnis, dass in den letzten zehn Jahren der Anteil derer, die eine klare antisemitische Einstellung haben, recht stabil zwischen 8 und 12 Prozent liegt.

Diese Zahlen sollen nicht der Relativierung dienen, sondern die Phänomene in Relation setzen, ein großer Unterschied. Die Probleme waren nicht neu.

Doch gerade deshalb setzten wir uns aktiv mit diesen Themen auseinander, wir wollten das mit Vorurteilen aufgeladene Unbekannte sichtbar machen, für uns war es selbstverständlicher Teil der Integrationsarbeit. Dafür veranstalteten wir keine Gesprächsrunden und hielten keinen Aufklärungsunterricht ab, sondern machten das, was wir die ganze Zeit getan hatten: Wir lebten unsere Vision von einer idealen, gleichen Gesellschaft vor – einer Gesellschaft, die also offener war als die, in der wir in Wirklichkeit lebten. All das wurde wie so vieles im Haus nicht lange diskutiert. Jemand sah ein Problem, hatte eine Idee, sie wurde umgesetzt.

Während viele Dinge im Alltäglichen angegangen wurden, nahm das Thema Antisemitismus einen größeren Raum ein. Viele Juden in deutschen Gemeinden waren verunsichert. Völlig nachvollziehbar. Die Wahrscheinlichkeit, dass mit den Geflüchteten auch antisemitische Einstellungen nach Deutschland kamen, war hoch, nur weil wir davon nichts hörten und jüdische Helferinnen wie Lana keine Probleme hatten, hieß das ja nicht, dass das Problem nicht existierte. Doch war der Umgang mit diesem Thema sehr unterschiedlich. Da gab es die einen, die uns Freiwillige gerne als die »Willkommenskulturszene« darstellten (übrigens eine dumme Bezeichnung, wir waren keine Szene, sondern durchschnittliche Bürger dieses Landes, die halt was machten) und sich auf Distanz hielten. Und die, die das Thema anpackten.

So wie Deidre Berger, Direktorin des American Jewish Committee in Berlin, die sich sehr wohl der Sorgen der in Deutschland lebenden Juden bewusst war und die diese zweifelsohne teilte, die allerdings nicht verzagte. Sie berief als erste Maßnahme eine Expertenrunde ein, um über die Erfahrungen mit Geflüchteten zu diskutieren, und ging mit mir fast zwei Stunden durch das Rathaus, um sich selbst ein Bild zu machen.

Und es gab Nina, die wunderbare Vorsitzende des Freundeskreises der Synagoge vom Fraenkelufer. Anfang November kam Nina mit 50 Mitgliedern ihrer Gemeinde ins Rathaus zum Helfen. Anlass war der »Mitzvah Day«, der »Tag der guten Tat«, an dem sich viele jüdische Gemeinden ehrenamtlich engagieren. Offiziell waren alle entspannt. Aber ich war es nicht. 50 Juden, mit Kippas, mit grünen T-Shirts, auf denen groß Davidsterne aufgedruckt waren. Rein zu tausend Bewohnern, die meisten Moslems, die ich als neues Mitglied der Kategorie Gutmensch zwar immer und überall verteidigte, aber so richtig koscher war mir das nicht. Doch die Sorgen waren unbegründet. Unsere Bewohner guckten, fragten, waren sichtlich erstaunt. Geredet hatten sie noch nie mit einem Juden. Jetzt waren diese angeblichen Teufel plötzlich hier und machten mit, sortierten Spenden, packten Kisten, halfen in der Kleiderkammer, organisierten ein Kinderprogramm, schminkten Kinder, bauten die Halle um, arbeiteten in der Küche. Eine Zeitung schrieb später: »Auf die Frage von Gilad, was sie in Deutschland merkwürdig finden, antwortete Ibrahim: ›Dass ich vor meinen Landsleuten fliehen musste und mir hier Juden helfen.‹« Und genau das blieb hängen: »Die« haben uns geholfen, »die« können gute und schlechte Menschen sein, aber sie sind Menschen. Mindestens ein Bewohner war nicht begeistert von unserem Besuch, er wollte mit Juden nicht reden. Die Frage war aber: Was fiel stärker ins Gewicht, die 800, die positiv reagiert hatten, oder der eine, der negativ reagiert hatte?

Wir zogen eine positive Bilanz. Und auch Nina und ihre Freunde taten das. Eine so positive Bilanz, dass sie wiederkamen, den eigentlich nur jährlich stattfindenden Mitzvah Day monatlich wiederholten. Von diesem Tag hatten alle profitiert. Wir, die neue Hilfe von außen erhalten hatten. Die Bewohner, die die Möglichkeit erhielten, mit ihren Vorurteilen aufzuräumen. Die jüdische Gemeinde, weil auch sie Sorgen abbauen konnte. Und auch so mancher Freiwillige hatte vermutlich zum ersten Mal mit Juden zusammengearbeitet.

Das aber hieß nicht, dass es bei uns nur harmonisch zuging, dass wir alle in einer konfliktfreien Zone auf einer Wolke der Glückseligkeit schwebten. Gab es bei uns Probleme mit Geflüchteten und Konflikte untereinander? Natürlich. »Ach, und warum liest man das nicht in der Zeitung?«, wurde ich dann oft gefragt. Dahinter steckte der Vorwurf, wir wollten die »wahren Probleme mit den Flüchtlingen« verheimlichen und vertuschen. Verschwörungstheoretiker sahen uns geradezu als heimlich agierende Macht mit dem Ziel der Islamisierung Deutschlands und der Zerstörung des Abendlandes.

Ich fragte dann zurück: Warum sollte man mit jedem Problem an die Öffentlichkeit gehen? Wem genau würde das helfen, was genau würde damit bewiesen? Es ging nicht darum, etwas zu verheimlichen, im Gegenteil, wir hatten immer offen Probleme mit Bewohnern angesprochen. Verheimlichung hätte ich für grundfalsch gehalten, weil sie Misstrauen geradezu gefördert hätte. Aber die Frage war, auf welcher Grundlage und Perspektive Probleme diskutiert wurden.

Gab es sexuellen Missbrauch, Gewalt und Diebstahl durch Geflüchtete? Leider ja. Wir hatten über eine Million Menschen in Deutschland aufgenommen (jedenfalls glaubten wir das, in Wahrheit waren es 200 000 weniger, das Innenministerium musste im Oktober 2016 seine falschen Zahlen korrigieren, mit denen es die ganze Zeit argumentiert hatte, aber dazu später). Natürlich waren unter diesen Menschen Verbrecher, Mörder, Vergewaltiger und einfach grundunsympathische Typen.

Aber auch hier, nicht zur Relativierung, sondern um die Relation zu betrachten, noch mal ein paar Zahlen aus der deutschen Gegenwart. In Berlin wurden im Jahr 2015 569 549 Straftaten begangen. Das heißt alle 0,92 Minuten eine Straftat. Darunter waren 16 191 Gewaltdelikte – alle 32 Minuten eines. Laut Bundeskriminalamt kamen in Deutschland im Jahr 2010 auf 100 000 Einwohner 9,4 Vergewaltigungen. Klingt nicht so viel? Bei 82 Millionen Einwohnern schon. Macht nämlich 7700 Vergewaltigungen, alle 68 Minuten eine vergewaltigte Frau. 2010, lange bevor die Geflüchteten kamen. Frauenhäuser brauchte man in Deutschland nicht erst, seit Geflüchtete hier waren. Wurde über all diese Fälle berichtet? Nein.

Und warum nicht? Zum einen, weil wir nicht in der Lage wären, das alles zu lesen, rein zeitlich nicht. Vor allem aber, weil wir wissen und akzeptieren, dass es in einer Gesellschaft schlechte Menschen gibt, die das Eigentum, die Gesundheit und die persönliche Integrität anderer Menschen verletzen. Dass die Mehrheit aber nicht so ist. Deswegen haben wir vor Deutschen nicht grundsätzlich Angst.

Bei Geflüchteten aber gibt es diesen Drang, alles dargestellt und bewiesen zu sehen, mit jedem Problem sollte man an die Presse gehen.

»Flüchtling prügelt sich.« – »Ist doch klar, sind ja auch alles Schläger.«

»Flüchtling klaut in Drogerie.« – »Wen wundert das, sind ja auch alles Diebe.«

»Flüchtling missbraucht Frau.« – »Habe ich dir doch gesagt, das sind alles Wilde.«

Zu Beginn führte ich die Debatten noch leidenschaftlich, irgendwann wütend, irgendwann ermüdete es mich. Manche Leute waren so versessen darauf, Probleme zu finden, bei ihnen halfen keine Argumente mehr. Warum wir mit Problemen mit unseren Bewohnern nicht an die Presse gingen, war einfach zu erklären. Wir lösten sie, wir skandalisierten sie nicht. Und wir halfen den Opfern.

Eines Abends bat mich Thomas in sein Büro. Eine Frau war offenbar von ihrem Mann geschlagen worden und vorübergehend zu anderen Frauen geflüchtet, wohnte inzwischen aber wieder bei ihrem Mann. Eine Ärztin und die Psychologin hatten mit der Frau gesprochen und sie untersucht. Sie hatte keine Verletzungen oder blauen Flecken, aber dabei musste es ja nicht bleiben. Alle Angebote, in ein anderes Zimmer zu ziehen, die Polizei zu informieren oder ihr eine andere Unterkunft zu besorgen bzw. den Mann aus unserer Unterkunft verlegen zu lassen, lehnte sie kategorisch ab. Ob es der häufige Reflex misshandelter Ehefrauen war, den Partner zu schützen, wussten wir nicht, aber wir mussten etwas tun. Die Polizei informieren? Ohne sichtbare Spuren von Gewalt und angesichts einer Ehefrau, die alles abstreiten würde, hätte das keinen Erfolg.

Wir entschieden, uns den Mann vorzunehmen. Wir schickten vier Security-Leute los, den Mann aus seinem Zimmer abholen zu lassen. Kurze Zeit später erschienen sie wieder am Büro: zwei Schränke vorne, zwei hinten, in der Mitte der kleinere Mann, der mit gesenktem, knallrotem Kopf in das Büro eintrat. Wir wiesen ihm einen Stuhl zu, begrüßten ihn nicht wie sonst alle unsere Bewohner mit Handschlag.

Thomas begann ohne Umschweife: »Wir dulden in diesem Haus keine Gewalt und erst recht keine Männer, die ihre Frauen schlagen. Wer Frauen schlägt, ist ein Schwächling.« Der Dolmetscher übersetzte, der Mann wollte etwas erwidern, doch Thomas bedeutete ihm, ruhig zu sein. »Wir haben mit Ihrer Frau gesprochen und wissen Bescheid. Sie brauchen das mit uns gar nicht zu diskutieren, weil wir über Gewalt nicht diskutieren. Also: Wir werden Sie nicht aus den Augen lassen, die Security wird Sie beobachten. Wenn wir noch einmal etwas mitbekommen, rufen wir die Polizei und Sie fliegen raus.«

Der Gesichtsausdruck des Mannes war versteinert, innerlich brodelte er. Er sagte ein paar kurze Sätze zu dem Dolmetscher. »Er sagt, er habe sie nicht geschlagen, es gab nur lauten Streit, die Enge hier im Haus würde ihn verrückt machen, er überlegt, besser zurückzugehen.«

Alles klar, das hörten wir schon mal. Thomas lächelte ein sehr schmales Lächeln und sagte sehr ruhig: »Sie können gerne zurückgehen. Ihr Antrag betrifft dann aber nur Sie, nicht Ihre Frau. Da Ihre Frau nach Deutschland geflohen ist, wird Sie wohl hier bleiben wollen. Wenn Sie aber zurückgehen möchten, weil Sie denken, es ist besser, im Krieg zu sein als hier, dann werden wir Sie nicht aufhalten.«

Ich griff mir irgendein Formular vom Tisch und drückte den Kugelschreiber. Natürlich gab es so ein Formular nicht, und selbst wenn es dies gegeben hätte, würde es nicht bei uns liegen … der Trick verfehlte seine Wirkung nicht. Der Mann sagte nichts mehr.

Eine Woche lang ließen wir die Security vor dem Zimmer des

Paares aufpassen, ließen uns von anderen Frauen berichten, dass es keinen weiteren Zwischenfall gegeben hatte. Bei dem Paar blieb es ruhig. Vorläufig hatten wir das Problem gelöst. Wir gaben uns nicht der Illusion hin, dass wir mit unserer Aktion aus dem Mann einen anderen Menschen gemacht hatten. Wir waren uns auch darüber im Klaren, dass wir nicht für immer würden kontrollieren können, wie sich der Mann gegenüber seiner Frau verhielt. Aber zumindest hatten wir einem Mann klargemacht, dass Gewalt gegen Frauen in Deutschland nicht akzeptiert wurde, und hatten einer Frau deutlich gemacht, dass sie Mittel hatte, sich zu wehren. Und es hatte auch eine Außenwirkung auf die anderen Frauen. Sie wussten nun, dass man ihnen helfen würde.

Doch ein anderer Fall war schlimmer. Ein Junge war sexuell missbraucht worden. Zwar war in das Kind nicht eingedrungen worden, körperlich war es unversehrt. Psychisch aber war es vergewaltigt worden von einem Mann, der sich selbst befriedigt hatte und dabei zum Glück erwischt worden war. Die Stimmung im Haus war explosiv. Zum ersten Mal hatten wir ernsthaft Sorge, ob die Bewohner ruhig bleiben würden. Thomas und Philipp reagierten sofort. Der Mann wurde in einen Raum gebracht, aus dem er nicht entkommen konnte, gleichzeitig aber auch vor der sich inzwischen ansammelnden Menge in Sicherheit war. Während die Polizei den Täter abholte und Yasmine die überaus unglückliche Aufgabe zufiel, als Dolmetscherin zu fungieren, wurde eine Psychologin einbestellt, die dem Kind und dessen Familie zur Seite stand.

Alle, die den Vorfall mitbekommen hatten, kümmerten sich in den kommenden Wochen um diese Familie besonders, niemand ließ den Jungen aus den Augen. Wir versuchten, all das zu tun, was wir für sinnvoll hielten und was die Psychologen empfahlen. Wir konnten nicht alles verhindern. Aber wir konnten den Opfern, meistens von Krieg und Vertreibung, nun eben von körperlicher oder sexueller Gewalt, zur Seite stehen.

Doch wir hatten auch ganz banale Probleme, die eher der Wohnsituation geschuldet waren. Das sichtbarste war der Müll. Er wurde fallen gelassen und nicht selten aus dem Fenster geworfen. Was wieder von wenigen ausging, wurde zu einem Problem für alle. Auch die Nachbarn beschwerten sich. Mit Kindern ließ es sich recht einfach regeln, wenn sie etwas fallen ließen. Wir schnappten uns das Kind, ließen es den Müll aufheben und warfen es gemeinsam in den Mülleimer. Mühsame Kleinarbeit, aber auf lange Sicht erfolgreich.

Mit Erwachsenen, die Müll aus dem Fenster warfen, war es schwieriger. Wer erwischt wurde, bekam Ärger mit der Security oder mit uns, aber man konnte unmöglich alle drei Seiten des Hauses bewachen. Und so schnappte sich Sima, mit der man sich nicht anlegen wollte, regelmäßig Bewohner und forderte sie unmissverständlich auf, um das Haus zu gehen und den Müll aufzusammeln. Obwohl es meistens die Falschen traf, wurde es besser, dafür sorgte der soziale Druck.

Das unsichtbare Problem war das Klauen. Es passierte sehr selten, aber dennoch zu häufig. Und die Diebe hatten es auch denkbar einfach. Keines der Bewohnerzimmer war abschließbar, jeder konnte in fremde Zimmer gehen, der früh gestellte Antrag beim LAGeSo, eine Schließanlage einzuführen, um die Zimmer abschließen zu können, blieb ergebnislos, weshalb wir uns schon im Oktober Schließfächer von einer Bank spenden ließen, die die Bewohner zum Wegschließen ihrer Wertsachen nutzen konnten. Mehr zu tun war nicht möglich. Aber wir stellten auch fest: Von uns Freiwilligen kam nie etwas weg. Ich stellte meine Tasche mit Laptop, Portemonnaie und Schlüssel immer auf denselben Stuhl im Helferbüro, das immer voll war und in dem es ein Leichtes gewesen wäre, die Tasche unbemerkt zu klauen oder den Reißverschluss zu öffnen und das Portemonnaie herauszuziehen.

Überhaupt wurde uns von fast allen Bewohnern größte Höflichkeit und Respekt entgegengebracht. Jeder grüßte mich mit einem Hallo, denn »Holger« ist außerhalb von Deutschland und Skandinavien unaussprechlich. Philipp hatte es da besser, jeder wusste, dass er »Filiippe« heißt, einige Mal wurde ich sogar mit »Hallo Freund

Filiippe« begrüßt, was mich finster blicken und Philipp grinsen ließ. Man hielt uns die Türen auf, man wurde mit Süßigkeiten bedacht, zum Tee eingeladen, den sie in den Zimmern natürlich nicht kochen durften, auch ich, trotz meiner offenkundigen Namenlosigkeit, trotz oftmals sehr klarer Ansagen, die nicht jeden zufriedenstellten und deutlich machten, dass ich in einer stärkeren Position war.

Diese stärkere Position war auch etwas, mit dem einige lernen mussten umzugehen. Nicht jedem bekam es, plötzlich »mächtig« zu sein, weshalb wir uns ab und zu mal einen Kollegen schnappen mussten, um darüber zu reden und andere Umgangsformen anzumahnen. Wir lernten aber auch, dass Lautstärke nicht immer ein Zeichen von Aggressivität war, in Syrien diskutierte man halt lauter und hitziger. Wir nannten es kulturelles Lernen, und mit der Zeit wurden manche von uns etwas lauter und manche der Bewohner etwas leiser.

Hand aufs Herz

19.

Noch immer war ich fast täglich kurz bei Familie P., musste immer wieder erklären, warum ich nur eine Viertelstunde Zeit haben würde. Wir redeten, tranken Tee, bearbeiteten den nicht abreißenden Fluss an Papieren. Ich korrigierte ihre Deutschtests, erklärte, warum sie mich duzen und nicht siezen sollten. Die Familie wohnte zurückgezogen im Haus, verbrachte die meiste Zeit im Zimmer. Und sie wollten nichts von uns annehmen, das verbat ihnen der Stolz. Aus den Gesprächen erfuhr, auf den Fotos sah ich, dass sie in Syrien wohlhabend gewesen waren. Sie hatten mehrere kleine Firmen besessen und ein, so wirkte es auf den Fotos, riesiges Haus bewohnt. Viele Zimmer, mehrere Badezimmer und Toiletten, ein großer Garten. Und nun wohnten sie hier, zu dritt auf 16 Quadratmetern, und wollten nichts von uns annehmen.

Hawwa konnte noch eine Zeit lang auf ein Konto zurückgreifen und kaufte so viel wie möglich selbst ein, doch die Ersparnisse schmolzen dahin. Deutschland war deutlich teurer, als es ihre Heimat gewesen war, eine gute Winterjacke zu kaufen war kaum möglich, das Geld wollte sie für Wichtigeres aufheben. Und so reichte es mir irgendwann, abends um zehn schnappte ich mir Hawwa und ihren Sohn Dawud und zwang sie förmlich, mich in die Kleiderkammer zu begleiten. Ich wollte, dass sie sich aussuchte, was immer sie wollte. Ihre Karte war nahezu leer, sie hatten sich in den letzten Wochen fast nichts an Kleidung geholt. Nun, wo sie niemand beobachtete, stöberte sie zum ersten Mal durch die Sachen, ließ sich bereitwillig von mir Schal und Handschuhe aufschwatzen und fand tatsächlich eine Jacke, die ihr gefiel.

Hawwa wollte so schnell wie möglich eine Wohnung finden, täglich durchforstete sie die Onlineangebote, jeden Tag musste ich mir die Angebote angucken und immer wieder darauf hinweisen, dass diese oder jene Wohnung nicht zu finanzieren war, was sie nicht erkennen konnte: In Syrien gab es keine Unterscheidung zwischen Nettokalt- und Bruttowarmmiete. Doch nicht nur der Berliner Wohnungsmarkt war eine Herausforderung. Auch ihre Erwartungen und Wünsche waren es. Sie wollten gar nichts übermäßig Großes, Besonderes, aber eben doch mehr, als es ihr finanzieller Spielraum zuließ.

Auch ich war, zugegeben, anfangs irritiert. Wieso erwarteten sie so viel, wo »wir« das doch alles bezahlten? Sollten sie nicht froh sein, dass sie sicher waren und alles Lebensnotwendige erhielten? Durchaus. Aber je mehr ich die Menschen kennenlernte, desto mehr versuchte ich ihre Perspektive zu begreifen. Es war nicht ihre Entscheidung, nicht ihre Schuld, dass es einen Krieg gab, dessentwegen sie hatten fliehen müssen. Entgegen mancher Vorstellung hatten diese Leute vorher nicht in Lehmhütten in der Wildnis gewohnt und waren nun automatisch glücklich über alles, was sie hier bekamen. Sie wollten so viel von der Normalität zurückhaben, die sie unfreiwillig verlassen mussten. Wie alle Menschen hatten auch sie Ansprüche, Wünsche und Träume. Eine Zweieinhalbzimmerwohnung für die dreiköpfige Familie, neben einem kleinen Schlafzimmer für die Eltern auch ein Kinder- und ein Wohnzimmer. War das so vermessen? Aber bei einer Familie aus Syrien hieß es schnell: Wieso brauchen die denn so viel Platz, woher diese Ansprüche? Und das auch noch auf »unsere« Kosten.

Es war ein Prozess zwischen Realität und Empathie – sagen, was möglich und was nicht möglich ist, aber auch verstehen, warum Menschen sich so verhielten.

Für einige Bewohner brachte man mehr Empathie und Zuneigung auf, für manche weniger, manche kannte man vom Sehen, andere wuchsen einem ans Herz. Eine der beiden Frauen, mit denen ich neben Hawwa den meisten Kontakt hatte, war Nour, die Englischlehrerin, die wir am selben Abend wie Hawwa und ihre Familie aufgenommen hatte, die Frau in meinem Alter und mit Kopftuch, deren Mutter jede Form von Religion ablehnte. Nour war sehr religiös, gleichzeitig aber auch sehr westlich, hatte studiert, fuhr Fahrrad, ging tanzen, ging alleine mit Männern ins Café. Sie war so etwas wie das Paradebeispiel, wie sich westliche Kultur und gläubiger Islam verbinden ließen.

Ich traf sie eines Tages auf dem Gang vor der Kleiderkammer und freute mich, sie wiederzusehen, eine ganze Weile schon hatten wir uns nicht mehr gesprochen. Von Weitem winkte sie mir zu. Als ich vor ihr stand, umarmte ich sie, nicht fest, legte aber dabei meinen Arm um ihre Schulter. Ich war inzwischen ein notorischer Umarmer geworden, etwas, das ich ein halbes Jahr zuvor nicht getan hätte. Bewohnerinnen umarmte ich eigentlich nicht, aber bei Nour war das ähnlich wie bei Hawwa: Ich machte es einfach, sie gehörten irgendwie zur Familie. Sie umarmte mich auch, wir wechselten ein paar Sätze, scherzten, sie hatte nichts von der Schüchternheit oder Zurückhaltung vieler unserer arabischen Bewohnerinnen. Sie sprach ein feines britisches Englisch, war immer fröhlich und gut gelaunt, immer in Eile zu irgendeinem Termin oder einer Verabredung und erinnerte mehr an eine moderne Londonerin, nur eben eine mit Kopftuch.

Mitten im Gespräch schaute sie mich plötzlich an und sagte: »Holger, wie begrüßen sich die Eskimos?«

Ich guckte sie überrascht an. »Sie reiben sich die Nasen?« Das war zwar widerlegt, aber der Mythos hielt sich ja hartnäckig.

»Richtig. Wie begrüßen sich die Japaner?«

»Sie verbeugen sich?« Ich machte eine Verbeugung und kam mir etwas albern vor.

»Richtig. Wie begrüßen sich die Deutschen?«

»Sie geben sich die Hand?«

»Richtig. Und wenn sie sich gut kennen, umarmen sie sich, richtig?«

»Richtig.«

»Und wie begrüßen sich die Araber?«

Gute Frage. Da war ich jeden Tag von Arabern umgeben und wusste es nicht. Die meisten Bewohner begrüßten mich mit einem »Hallo« oder »Hallo, wie geht es?«, die anderen gaben mir die Hand oder umarmten mich halt. Ich schüttelte fragend den Kopf.

»Sie legen die rechte Hand aufs Herz und nicken mit dem Kopf.« Ja, jetzt wo sie es sagte, fiel mir das auch ein.

»Da ich eine Frau bin und du ein Mann, wäre es besser, wenn wir uns so begrüßen. Es sei denn, du bestehst darauf.« Sie lachte, ich musste lachen. Warum sollte ich darauf bestehen? Sollte es mir wirklich wichtig sein, ob wir uns umarmten oder die Hand gaben?

Wir wechselten das Thema, sprachen über Alltägliches, aber ich musste anschließend lange darüber nachdenken. Wir hatten seit Monaten die Debatte um vermeintliche Frauenfeindlichkeit und Extremismus, die sich angeblich darin zeigten, dass muslimische Männer deutschen Frauen nicht die Hand geben wollten. Männer und Frauen berührten sich in der arabischen Kultur nicht, genauso wenig, wie streng religiöse Juden einer Frau nicht die Hand gaben und das Konzept »Schomer Negia« (»Achtsamkeit bezüglich Berührung oder Kontakt«) befolgten. Wenn es also diskriminierend war, dass Männer Frauen nicht die Hand gaben, war es dann auch diskriminierend, wenn eine Frau einem Mann nicht die Hand geben wollte? Für uns war das vielleicht komisch oder befremdlich, aber war es ein Problem? War es wichtig, sich die Hand zu reichen, nur weil dies in Deutschland so gehandhabt wurde? Und unterwarf ich mich nun, weil ich Nour künftig so begrüßte, wie sie es vorgeschlagen hatte?

Paris

20.

Die Detonationen der Anschläge von Paris am Freitag, den 13. November, waren noch bei uns im Rathaus zu spüren. Während sie Paris in den Ausnahmezustand versetzt hatten – 130 Menschen waren ermordet und mehr als 350 verletzt worden –, machten sie sich bei unseren Bewohnern als Angst und Unruhe bemerkbar. Zwei Dinge ängstigten sie: die Sorge, dass man sie unter Kollektivverdacht stellen würde, und die Erkenntnis, dass das sichere Europa auch nicht mehr sicher war.

Und tatsächlich verschärfte sich der Ton gegen die Geflüchteten, medial, aber auch auf der Straße. Unsere Bewohner verließen in den kommenden Wochen immer seltener das Haus, höchstens in kleinen Gruppen, sprachen in der U-Bahn kein Arabisch mehr. Als Samstagabend, einen Tag nach den Anschlägen, 30 unserer Bewohner gemeinsam zur Französischen Botschaft am Brandenburger Tor fahren wollten, um Kerzen anzuzünden, bat ich sie, das nicht zu tun. Ich hatte ernsthafte Sorgen, dass es zu Konflikten kommen könnte, wenn eine große Gruppe arabischer Geflüchteter keine 24 Stunden nach den Anschlägen gemeinsam vor der Botschaft auftauchen und dort auf eine nicht kalkulierbare Stimmung treffen würden.

Damit hatten die Attentäter von Paris nicht nur ihr Ziel erreicht, viele Menschen zu töten, sie hatten auch dafür gesorgt, dass die

Stimmung in ganz Europa angespannter wurde, dass sich immer mehr Menschen vom Islam bedroht sahen, ja, sie beeinflussten sogar uns.

Dass neun der elf Täter von Paris französische oder belgische Staatsangehörige und in diesen Ländern geboren waren, dass einer der gefundenen syrischen Pässe, der einem der Attentäter zugeordnet werden konnte, sich als Fälschung erwies, dass sich vier der Attentäter zwar als Geflüchtete in Griechenland hatten registrieren lassen, jedoch keine Geflüchteten waren, sondern die Fluchtroute für ihre Zwecke missbraucht hatten – all das interessierte nicht.

Vielmehr wurde die Stimmungsmache gegen Geflüchtete sogar befeuert. Nicht nur von der AfD, das konnte man irgendwie aushalten, Rassisten blieben Rassisten. Schlimmer waren Äußerungen von Politikern demokratischer Parteien, die unterschwellig Stimmung machten, nie direkt, aber immer so weit, dass es die Menschen verunsicherte oder Vorurteile bestätigte. Innenminister Thomas de Maiziere wurde zum Meister der erfundenen Zahlen: »Ungefähr 30 Prozent der Menschen, die jetzt kommen, behaupten, sie wären Syrer, sind aber gar keine« – eine Aussage, die er nicht belegen konnte, die schließlich sogar seine eigene Behörde dementierte, denn bei 100 000 Prüfungen hatte man exakt 412 Pässe und Urkunden beanstandet, ob sie alle Fälschungen waren, war noch nicht einmal sicher.

Doch die falschen Zahlen nisteten sich in den Stammtischen ein. Der Innenminister hatte denen, die sich gegen Geflüchtete organisierten, freiwillig und ohne Not Munition geliefert. Dabei war er nicht alleine. Die sich im Wahlkampf befindende Ministerpräsidentin von Rheinland-Pfalz, Malu Dreyer, forderte im Oktober von der Bundeskanzlerin eine schlüssige Antwort, wie wir den »verstärkten Zustrom von Flüchtlingen begrenzen«. Was genau wollte sie damit sagen? Das war nicht ganz klar, aber sie hatte ihren Wählern das Signal gesendet: Es müssen weniger Leute nach Deutschland kommen. Die CSU, die ansonsten gerne in einen Wettkampf mit Populisten um die radikalsten Formulierungen trat, schrieb im November in ihr Programm: »In Deutschland gilt das Grundgesetz und nicht die Scharia.« Hatte irgendjemand etwas anderes gefordert?

Der Wind, der Geflüchteten und ihren Helfern ins Gesicht blies, wurde schärfer. Doch führte der Umgang mit Paris auch zu Resignation und Trotz. Die Tatsache, dass solche Anschläge in ihren Heimatländern jeden Tag geschahen, ziemlich unbeachtet von der Weltöffentlichkeit, machte den Bewohnern in den kommenden Tagen, als weltweit Städte ihre Wahrzeichen in den Farben der französischen Nationalflagge erleuchten ließen, deutlich, wie sehr die Opfer in zwei Gruppen unterteilt wurden. Nur einen Tag vor den Anschlägen in Paris waren bei einem Anschlag in Beirut 43 Menschen getötet und fast 200 Personen verletzt worden, wenige Stunden davor töteten Attentäter in Bagdad 18 Menschen. Die Liste der Anschläge war lang.

»Bei uns passiert das jeden Tag. Meine Eltern wurden im letzten Jahr bei einem Anschlag getötet, mein Bruder starb während des Krieges. Und? Es interessiert niemanden, weil wir keine Europäer sind.« Khaled resignierte immer mehr. Er hatte alles verloren, seine Familie war tot, und niemand schien sich für den islamistischen Terror zu interessieren, wenn er den Irak traf, jetzt aber, wo es eine westliche Stadt getroffen hatte, gaben ihm die Menschen sogar noch eine Mitschuld.

So traf die Angst, dass der Terror ihnen folgen würde, auf die Wut über das Desinteresse und auf die Sorge vor Vorverurteilung. Eine schlechte Kombination, mit der auch wir nicht recht umzugehen wussten, außer: dass wir weiterhin da waren. Als am Tag nach den Anschlägen auf Wunsch unserer Bewohner eine Schweigeminute im Rathaus stattfand, begrüßten wir das, mischten uns aber nicht ein. Wir wollten sie nicht zu einer Schweigeminute drängen und ihnen damit indirekt zu verstehen geben: »Ihr müsst euch dafür entschuldigen, dass Terroristen im Namen eurer Religion töten.«

Aber es war auch Samstag. Der Tag, an dem die Party-Perser die Musik aufdrehten, der einzige Tag, an dem die Bewohner tanzen und feiern konnten. Und das taten sie. Gemeinsam feierten wir das Leben, die Angst sollte bei uns nicht siegen.

Die Anschläge von Paris hatten aber auch Einfluss auf die Stellung von Bundeskanzlerin Merkel. Stärker als zuvor wurde nun sie selbst unter medialen und politischen Beschuss genommen. Mehr oder weniger deutlich warf man ihr vor, mit der Grenzöffnung in der Nacht vom 4. auf den 5. September Deutschland einer erhöhten Gefahr von Anschlägen auszusetzen.

Waren wirklich 1,1 Millionen Menschen nach Deutschland gekommen, nur weil Merkel gesagt hatte »Deutschland ist ein starkes Land. Das Motiv, mit dem wir an diese Dinge herangehen, muss sein: Wir haben so vieles geschafft – wir schaffen das«? Konnte es nicht vielleicht etwas mit Fassbomben, IS-Schergen, Giftgaseinsätzen, Hunger, Folter und Entführungen zu tun haben? Was erwarteten die »besorgten Bürger« eigentlich? Wollten sie eine »Mimimi, jetzt wird alles ganz schlimm«-Kanzlerin, die uns alle ängstlich zurückließ? Die, die das forderten, waren die, die sonst stolz auf Deutschland schauten, wenn ihre Kanzlerin wieder zur mächtigsten Frau der Welt gekürt wurde. Und jetzt? Jetzt schickte diese Frau ein starkes, selbstbewusstes Zeichen, sagte etwas Ermutigendes, und damit war sie schuld? Schuld woran eigentlich? Schuld, in einer der schlimmsten politischen Krisen zu verhindern, dass Zehntausende an den Grenzen Europas starben? Wäre es uns lieber gewesen, in einen Wettkampf der Schändlichkeit mit Leuten wie Viktor Orbán einzutreten? Es war unwürdig.

Dass die Zahl der Million überhaupt im Raum stand, dazu hatte auch das Bundesinnenministerium beigetragen. Man hatte sich schlichtweg verrechnet und sich auf das sogenannte EASY-System gestützt, eine Anwendung zur »Erstverteilung der Asylbegehrenden« auf die Bundesländer, obwohl schon seit Jahren bekannt war, dass das System ungenaue Zahlen lieferte. Im Oktober 2016, ein Jahr später, erklärte das Ministerium, dass nicht, wie behauptet, 1,1 Millionen, sondern 890 000 Menschen im Jahr 2015 nach Deutschland gekommen waren, von denen 50 000 ihren Asylantrag nicht weiterverfolgt hatten und entweder in ein anderes Land weitergereist oder in die Heimat zurückgekehrt waren. 820000 plus 20000 unbegleitete Minderjährige, die noch keinen Asylantrag gestellt hatten, statt 1,1 Millionen.

820000, das waren zweifelsohne sehr viele Menschen, um genau zu sein, ein Prozent der hiesigen Bevölkerung. Die Zahl hatte aber rein gar nichts mit der im September 2015 von Merkel bekannt gegebenen Grenzöffnung zu tun. Denn bereits im August 2015, also bevor sich die großen Gruppen der Geflüchteten aufgemacht hatten, bevor sich Tausende Geflüchtete in Ungarn stauten, hatte das Innenministerium eine Prognose für die Geflüchtetenzahlen für das Jahr 2015 verkündet. Die Zahl lautete: 800000. Die Prognose war also ziemlich präzise, nur hatte man sich nicht entsprechend vorbereitet. Der Mythos, Regierung, Behörden und Kommunen seien wegen der plötzlichen Menschenmassen überfordert gewesen, ist damit widerlegt. Ob politischer Wille oder ein Mangel an organisatorischer Kompetenz zu dem Versagen führten, wird sich nicht klären lassen. Das EASY-System wurde trotzdem weiter genutzt, und erneut zeigten sich gewaltige Differenzen: Statt der Zahl von 309000 Asylsuchenden, die das EASY-Sytem von Januar bis August 2016 erfasst hatte und die auch kommuniziert wurde, lagen schlussendlich nur 218000 Asylanträge vor, erneut fast ein Drittel weniger als behauptet.

Ich hatte Merkel nie gewählt und würde ihre Partei wohl auch nie wählen, aber plötzlich war ich froh, dass sie Kanzlerin war, und rechnete ihr hoch an, dass sie ihre eigene Kanzlerschaft gefährdete, um zu helfen, und nicht die Augen verschloss. So verschoben sich die Koordinaten. Menschen wie Merkel oder Kanzleramtsminister Peter Altmaier waren es plötzlich, die zur Hoffnung von Geflüchteten und Helfern wurden, weil sie – auch wenn man mit ihnen in anderen Politikfeldern und sogar in relevanten Teilen ihrer Geflüchtetenpolitik über Kreuz lag – Probleme benannten, aber dabei keine Stimmungsmache betrieben, sondern Zuversicht ausstrahlten und Lösungen suchten. Weil sie einfach genau das taten, was man von starken politischen Persönlichkeiten erwarten sollte.

»Danke«

21.

Ein gewöhnlicher Novemberabend im Rathaus Wilmersdorf. Der Tag war lang gewesen, mit Philipp, Thomas und Manuel saßen wir wie fast jeden Abend hinten in unserem Büro, rauchten heimlich, tranken heimlich und redeten über die alltäglichen Herausforderungen im Rathaus und die LAGeSo-Schlamperei, wo erst kürzlich 2000 Akten verloren gegangen waren, was auch Bewohner von uns betraf.

Gegen 23.30 Uhr informierte uns die Security über Neuzugänge. Neuzugänge um diese Uhrzeit hieß immer: Sie waren mit allergrößter Wahrscheinlichkeit noch nicht beim LAGeSo registriert, es würde also kompliziert werden, aber es war inzwischen eben normal; wie bei unseren »Bayern« würden wir eine Lösung finden. Philipp und ich gingen nach vorne. In der Toreinfahrt erwartete uns bereits Katja, die gefühlt immer da war. Auf dem Fußboden saßen zwei Frauen Anfang 30, um sie herum vier Kinder. Die Frauen sahen verstört aus, hager, erschöpft und ängstlich; die Kinder sagten nichts, weinten nicht, verzogen kein Gesicht. Als ich in die Hocke ging und sagte: »Hallo, wie geht es euch?«, gab es keine Reaktion.

Natürlich kannten wir die Antwort – »Nicht gut«, das sah man ja –, aber mit einer Frage konnte man herausfinden, ob sie Englisch oder vielleicht sogar ein bisschen Deutsch sprachen. Minimale Deutschkenntnisse ließen oft darauf schließen, dass sie schon einige Wochen durch Deutschland gereist waren und sie eine medizinische Grundversorgung erhalten hatten, gar keine Deutschkenntnisse deuteten darauf hin, dass sie geradewegs von der Balkanroute kamen und wir Mediziner brauchen würden.

Ein freundliches »Wie geht es dir?« führte immer zu einer Reaktion, zu einem Weinen, zu einem Lachen, zu einem irritierten Blick zu den Eltern. Doch diese Kinder blickten einfach nur durch mich hindurch. Ich fasste eines von ihnen an der Hand, tätschelte seinen Kopf, wie man es bei kleinen Kindern eben so tut, doch es gab keine Reaktion. Nichts.

Ich fragte einen der Jungen, ob er Hunger habe, und führte die Hand zum Mund, weil ich nicht sicher war, ob er mich verstand. Und wieder: keine Reaktion von dem Jungen, den ich direkt angesprochen hatte. Doch einer der anderen Jungen nickte eifrig mit dem Kopf.

Die beiden Frauen waren Schwestern, jede von ihnen hatte zwei Kinder, eine von ihnen war mit dem Bewohner aus Afghanistan verheiratet, der gerade mit Philipp sprach. Die Familie war in Griechenland oder Ungarn getrennt worden, per Handy hatte die Frau herausgefunden, wo sich ihr Mann befand. Jetzt wollten sie hierbleiben. Klar, warum sollte man auch woandershin, wenn der Ehemann und Vater direkt vor einem stand? Aber wir standen vor dem immer gleichen »Platz ja, Genehmigung nein«-Problem. Die Diskussion spitzte sich zu, als Philipp vorsichtig erklärte, er würde telefonieren, sie müssten vielleicht in eine andere Unterkunft. Die Frauen klammerten sich am Geländer fest, die Kinder schrien. Die Szene war furchtbar, für die Leute, aber auch für uns. Wir waren die Letzten, die sie wegschicken wollten, aber wir durften ihnen auch keine falschen Hoffnungen machen.

Während Philipp versuchte, dem Vater die Situation zu erklären, und Lana die Kinder übernahm, organisierten wir anderen Essen, Wasser, Fladenbrot und Schokolade, über die optimale ausgewogene Kinderernährung konnten wir morgen reden.

Die Reaktion, als ich die erste Aluschale aufriss, schockierte uns: Ohne hinzuschauen, ohne zu überlegen, ohne auszuwählen oder zu mäkeln, griffen die Kinder einfach zu und stopften das Essen in sich hinein. Sie aßen nicht, sie stopften hinein, schluckten runter, griffen zum nächsten, stopften hinein, schluckten runter. Wir hatten schon hungrige Neuzugänge erlebt, aber das hier war schlimmer als alles, was ich zuvor gesehen hatte. Dieses »Ich sterbe vor Hunger« war hier gerade Realität.

Während wir die Familie aus der zugigen Toreinfahrt ins Haus holten und mit Tee versorgten, telefonierte Philipp mit anderen Unterkünften, um eine gute Lösung für die Leute zu finden. Dafür würde er alles tun, Lücken im System nutzen, aber als stellvertretender Heimleiter musste er sich auch an bürokratische Regeln halten. Unser heutiges Glück im Unglück war, dass keine der Unterkünfte sechs Personen aufnehmen konnte oder wollte. Doch der Prozess zog sich. Die zentrale Leitungsstelle wusste inzwischen, dass wir keinen Platz in einer anderen Unterkunft fanden, wollte aber partout kein Einverständnis geben, die Leute aufzunehmen. Doch auch hier hatten wir das Glück, dass man Respekt vor unserer Kommunikationsstärke gewonnen hatte. Kooperation oder Pressemitteilung, es galt noch immer.

Nach fast zwei Stunden endlich die erlösende Nachricht: Sie durften bleiben. Jubel, bei unseren sechs Neuzugängen, bei unseren Bewohnern, bei uns. Zum ersten Mal kehrte ein bisschen Leben in die Kinder zurück, zum ersten Mal gab es eine echte Regung. Sie hatten begriffen, dass ihre Reise endlich ein vorläufiges Ende hatte.

Jeder griff sich irgendeine der Tüten, Taschen, Essensbeutel und die vorbereiteten Starterpakete, und ich bedeutete der Familie, uns zu folgen. Während wir durch die große Halle gingen, spürte ich plötzlich eine Berührung an meiner rechten Hand. Ich schaute herab und sah, wie der kleine Junge, der zuvor nicht reagiert hatte, meine Hand ergriffen hatte. Überrascht, belustigt, berührt griff ich fest nach seiner Hand und lächelte ihn an. Zum ersten Mal lächelte er zurück und sagte auf Deutsch nur ein einziges Wort: »Danke.«

Herr Czaja und die Türgriffe

22.

Wenn wir gefragt wurden, was uns am meisten belastete und unsere Arbeit am meisten beschwerte, dann war die Antwort fast immer die gleiche: die Behörden. Sie banden uns nicht ein, sie ignorierten die Expertise, die Tausende Freiwillige aufgebaut hatten, sie fühlten sich eigentlich nur gestört von uns, die immer wieder öffentlich auf Missstände hinwiesen und Druck machten. Und sie blockierten wahnsinnig viel.

Fast wäre es zu einer Regelung gekommen, die das vorläufige Ende des Ehrenamtes bedeutet hätte. Ende 2015 steckte uns jemand, dass der zuständige Senator vorhatte, von allen Freiwilligen ein erweitertes Führungszeugnis zu verlangen. Das war grundsätzlich eine sehr gute und unterstützenswerte Idee, für alle, die bei uns mit Kindern arbeiteten, hatten wir dies in unserem Haus schon eingeführt, bevor jemand in der Politik darüber nachdachte. Doch so einfach war das nicht. Die Ausstellung der Zeugnisse nahm viel Zeit in Anspruch. Sehr viel Zeit. Ich hatte mein Führungszeugnis bereits im Oktober 2015 angefordert. Im November hatte ich es noch immer nicht. Im Juli 2016, neun Monate später, wurde uns schließlich mitgeteilt, dass die Anträge bei der zuständigen Verwaltung verloren gegangen waren, wir mussten die Anträge neu stellen, erst im August 2016 hatte ich das Zeugnis endlich.

Die Verpflichtung zur Vorlage eines Führungszeugnisses hätte das Ehrenamt mit sofortiger Wirkung abgeschafft – man hätte die Freiwilligen für die Wartedauer schlichtweg aus den Unterkünften verbannen müssen. Der Senat hatte eine gute Idee, schaffte aber selbst nicht die Voraussetzungen, um sie umsetzen zu können. In Abstimmung mit Freiwilligen anderer Unterkünfte nutzten wir alle unsere Kontakte, zur Presse, zu politisch Verantwortlichen. Wenige Wochen später wurde die Idee vorläufig kassiert. Es bestand nur noch die Pflicht, das Zeugnis zu beantragen. Das Problem war vom Tisch, der Prozess aber symptomatisch: Viele Ressourcen waren gebunden worden, da man die praktischen Folgen nicht bedacht und mit den »Betroffenen« nicht gesprochen hatte.

Aber die Freiwilligen hatten Mario Czaja, den Senator für Gesundheit und Soziales, ohnehin ins Herz geschlossen. In keinem Bundesland wurde so dilettantisch gearbeitet, in keinem Bundesland war so spät reagiert worden, in keinem Bundesland standen Leute Tage, gar Wochen vor der Behörde und hofften inständig auf einen Termin, in keinem anderen Bundesland schliefen so viele Menschen – wenn sie Glück hatten – in Turnhallen oder – wenn sie Pech hatten – in Parks, in keinem anderen Bundesland verloren Behörden plötzlich Tausende Akten von Geflüchteten, nirgends gab es so massive Probleme mit dem Security-Dienst rund um eine Behörde. Und das LAGeSo blockierte noch immer unsere Aufstockung. Ich gehörte zu denen, die gar nicht mehr glaubten, dass Herr Czaja gar nichts konnte. Ich war mehr und mehr überzeugt, dass er gar nichts wollte.

Mit Philipp und Daniel hatte ich an einem sonnigen Nachmittag das fünfte Stockwerk erkundet, wir waren heimlich in den abenteuerlichen Dachstuhl des Rondells gestiegen, hatten die Dachluke geöffnet und von hier aus einen großartigen Blick über diese großartige Stadt erhascht. Platz gab es ohne Ende, wir konnten aufstocken, unser Ziel waren mindestens 1200 Menschen statt der bisherigen 800, doch wir erhielten keine Genehmigung. Zuerst hatten wir das Soll erfüllt, was angesichts der Zustände außerhalb des Hauses ziemlich zynisch war. Dann sorgte man sich über eine zu große Notunterkunft, die sich nicht kontrollieren ließe.

Dabei waren sich Beobachter, Medien und sogar Politiker einig, dass kaum irgendwo sonst die Dinge so problemlos funktionierten wie hier, was nicht nur an den vielen Freiwilligen, der Heimleitung, der Unterstützung des Bezirks und der straffen Struktur lag, sondern eben auch am architektonischen Vorteil des Gebäudes mit den vielen kleinen Zimmern, in denen zwei, drei oder vier Personen wohnten, nicht hundert oder gar tausend, wie in manchen Turnhallen oder im Hangar des alten Flughafens Tempelhof. Im Rathaus gab es zumindest gewisse Rückzugsmöglichkeiten, was bestimmte Konflikte gar nicht aufkommen ließ. Hier war es viel ruhiger als in Massenquartieren, und wenn jemand erkältet war, steckte er maximal drei und nicht 300 Personen an. Man musste sich nur zu viert einigen, wann das Licht ausgeschaltet wurde, fremde Männer schliefen nie direkt neben fremden Frauen, Christen, Sunniten, Schiiten, Kurden oder Menschen verschiedener Sprachen mussten sich keine Zimmer teilen.

Wobei die entsprechende Zuteilung mitunter eine intellektuelle Herausforderung war. Bei Familien war das einfach: eine Familie = ein Zimmer, eine große Familie = zwei Zimmer. Wehe aber, es waren viele einzeln oder zu zweit Reisende. Dann ging das große Aufteilen los. Wer mit wem? Moslems waren ja nicht gleich Moslems, dazu gab es noch die Christen. Zwar wusste fast jeder, dass es christliche Araber bzw. arabische Christen gab, jeder wusste, dass Sunniten, Schiiten und Aleviten nicht das Gleiche waren. Aber man sieht Menschen Religion oder Nation ja nicht an. Und selbst Kurden sind nicht gleich Kurden, sondern schiitische, sunnitische und alevitische Kurden. Die einfache Aufteilung nach Ländern konnte man damit vergessen, der schiitische Syrer war nicht der optimale Zimmergenosse des sunnitischen Syrers, aber selbst wenn man zwei Schiiten vor sich hatte, war das Problem nicht gelöst – der iranische Schiit sprach Persisch, der syrische Schiit Arabisch. Dann hatten sie zwar die gleiche Religion, konnten sich aber nicht verständigen. Großartig.

Aber irgendwie klappte das am Ende immer. Und wenn doch mal Leute auf einem Zimmer miteinander – egal ob aus religiösen, nationalen oder auch einfach persönlichen Gründen – nicht auskamen, dann wechselte Mohammed aus Zimmer A in das Zimmer B, aus B zog Mahmoud in Zimmer D, dafür zogen aus D Ali und Neeman aus, von denen einer in Zimmer G und der andere in Zimmer A zog. Das alles wurde dann so lange hin und her geschoben, bis alle zufrieden waren.

Es war nicht annähernd perfekt und keine Herberge für immer, aber allemal besser als viele andere Unterkünfte, besser als jede Turnhalle. All das sprach für die Aufstockung. Aber sie wurde mit allen Mitteln blockiert.

Dabei scheiterten wir schließlich fast an etwas sehr Banalem. An fünf Türgriffen im fünften Stock, der deswegen noch immer nicht freigegeben war. Denn aus Gründen des Brandschutzes mussten diese Türen einen Knauf bekommen, damit sie sich von einer Seite öffnen ließen. Nun sollte man glauben, das wäre eine Sache von einigen Stunden, vielleicht Tagen. Doch es wurden Wochen. Selbst austauschen durften wir nicht, natürlich nicht. Die Gutachter, die das Okay für die Aufstockung hätten geben können, stellten immer nur wieder fest, dass die Türgriffe fehlten, was wir ja selbst wussten. Doch das LAGeSo gab die Kosten einfach nicht frei. Wir versuchten es über alle Kanäle, es half nichts.

Ende November nahm ich an einer Podiumsdiskussion teil, mit Senator Czaja, dem von den Freiwilligen im Bezirk wegen seines Engagements geschätzten Bezirksbürgermeister Reinhard Naumann, der Seelsorgerin Lissy Eichert und der Journalistin Christine Richter. Irgendwann konnte ich die Türgriffe ansprechen. Ich beklagte, dass der Senator die Aufstockung doch wirklich an fünf Türgriffen scheitern ließ, weil das LAGeSo 200 Euro nicht freigab. Das Publikum lachte. Der Moderator bot an, den Betrag zu spenden. Doch Czaja schaffte erneut den Ausstieg. Er verwies darauf, dass man verschiedene Angebote einholen müsse, bevor man eine Entscheidung treffen könne, schließlich verwende man ja Steuergelder. Das begeisterte das »kritische« Publikum in den ersten Reihen, denen »die Flüchtlinge« ohnehin zu teuer waren.

Dabei nahm man das längst nicht immer so genau. So verzichtete die Senatskanzlei wenige Monate später auf eine Ausschreibung, als sie einer Unternehmensberatung einen Auftrag über eine Viertelmillion Euro zukommen ließ, bei der zufällig jener Ex-Staatssekretär anheuerte, der zuvor in einem Gutachten für die Senatskanzlei die Beratung durch eine Unternehmensberatung empfohlen hatte. Das Ganze führte schließlich zu Ermittlungen der Staatsanwaltschaft gegen den Leiter der Senatskanzlei Björn Böhning. Für die Türgriffe nahm die Ausschreibung Wochen in Anspruch.

Doch irgendwann erlebten wir ein vorgezogenes Weihnachtswunder. Im Dezember wurden die Türgriffe ausgetauscht, wir durften aufstocken.

Familie ohne Familie

23.

Bei inzwischen fast tausend Menschen verlor man schnell den Überblick, ständig verwechselte ich, ob die Leute nun aus Syrien, Afghanistan oder dem Irak kamen, mit dem Merken der Namen war ich ohnehin überfordert. Obwohl ich behaupten konnte, die meisten unserer Bewohner zu erkennen, wusste ich doch nur über eine Handvoll wirklich Bescheid, jeder hatte sein eigenes Schicksal. Neben Familie P. kümmerte ich mich noch ein bisschen um eine alleinerziehende Mutter, Faizah, die mit ihrem Sohn Alim bei uns wohnte und sich mit Familie P. angefreundet hatte. Eine moderne, gut Englisch sprechende Frau, die sich recht schnell zu integrieren versuchte.

Doch Ende November, gerade als sie wirklich angekommen waren, kam ein Brief. Der Königsteiner Schlüssel hatte zugeschlagen, jenes eigentlich gute Instrument, das darüber entschied, welches Bundesland wie viele Geflüchtete aufnahm. Dabei wurde nicht individuell hingeschaut – ob die Kinder in der Schule waren, ob sich die Menschen integriert hatten oder dabei waren, es zu tun, ob sie Freunde oder Verwandte vor Ort hatten. Sie waren eine Nummer. Und manche Nummern durften bleiben, andere Nummern mussten weg. In Faizahs und Alims Fall hieß das: raus aus der Großstadt, rein in eine brandenburgische Kleinstadt mit 12000 Bewohnern. Nur wenige Tage später wurden sie abgeholt, alle unsere Versuche, das zu verhindern, waren erfolglos geblieben. Es war komisch. Wir hatten zweifelsohne genug zu tun und genügend Bewohner, die auf Hilfe angewiesen waren, aber Bewohner, die wir gut kannten, waren keine Fremden mehr.

Wir hatten für Alim eine Brille bestellt – er war mit einem kaputten Glas in Berlin angekommen und sah kaum noch etwas –, die beim Umzug nach Brandenburg noch nicht fertig war. Zwei Tage vor Weihnachten erhielten sie ein Paket von mir mit der Brille, Süßigkeiten und kleinen Geschenken. In ihrem Schreiben dankte Faizah nicht zuerst für die Geschenke. Sie dankte, weil wir sie nicht vergessen hatten.

Bei Khasib wiederum schlug das Dublin-II-Verfahren zu, dem zufolge ein Geflüchteter in das Land zurückmuss, in dem er Asyl beantragt hatte. In seinem Fall hieß das Ungarn. Wir konnten niemanden nach Ungarn zurückschicken lassen, das Land ging mit unglaublicher Brutalität gegen die Geflüchteten vor. Ich selbst hatte von dem Fall gar nichts mitbekommen. Aber einer Gruppe von Freiwilligen war es gelungen, einen Pfarrer zu überzeugen, unserem Bewohner Kirchenasyl zu gewähren. Das Prinzip war recht einfach: In der Dublin-Verordnung ist geregelt, dass der ausweisende Staat, in diesem Fall Deutschland, nach der Zustimmung des angefragten Staates, in diesem Fall Ungarn, nur sechs Monate Zeit hat, den Geflüchteten abzuschieben. Ist dies in den sechs Monaten nicht möglich, weil er sich in die Illegalität begibt oder eben Schutz in der Kirche findet, ist der ausweisende Staat verpflichtet, den Asylantrag inhaltlich und nach nationalen Standards zu prüfen. Man konnte über die Sonderstellung der Kirchen denken, was man wollte, aber hier war sie von unschätzbarem Wert. Khasib entging einer Abschiebung nach Ungarn, ein Dreivierteljahr später bekam er Asyl. In Deutschland.

Andere Bewohner blieben sehr viel länger, als es vorgesehen war. Spätestens nach drei bis sechs Monaten in der Notunterkunft oder einer Erstaufnahmeeinrichtung sollte der Umzug in eine Gemeinschaftsunterkunft stattfinden, in der die Menschen kochen und selbstständig leben konnten. Doch tatsächlich waren ein Jahr danach noch immer Bewohner bei uns, die am ersten Tag gekommen waren.

So wie Yussof, ein 16-Jähriger aus Syrien, der hier zusammen mit acht Familienmitgliedern lebte. Mit viel Geschick war es gelungen, die Familie, die zuvor auf mehrere Standorte in Berlin aufgeteilt war, in unserem Haus zusammenzuführen.

Doch Yussofs Eltern waren noch immer in Syrien, es war ihnen nicht möglich, die gefährliche Reise nach Europa anzutreten. An Familiennachzug war nicht zu denken: Die Wartezeiten bei den Botschaften betrugen bis zu einem Jahr, außerdem lag Yussofs Antrag wie Hunderttausende andere Anträge auch unbearbeitet beim BAMF. Jeden Tag, wann immer es eine Internetverbindung zuließ, skypte Yussof mit seinen Eltern. Und obwohl große Teile seiner Familie mit ihm in Berlin waren, war er einsam. Eltern sind natürlich etwas anders als Geschwister, vor allem, wenn diese sich mit ihren eigenen Problemen beschäftigen. Das Familienkonstrukt bröckelte, Yussof war ziemlich auf sich allein gestellt.

Sein Glück war Marianne. Marianne war eine Helferin der ersten Stunde, Mitte, Ende 40, alleinstehend, die es sich leisten konnte, viel Zeit im Haus zu verbringen. Hatte sie anfangs genauso wenig Ahnung wie wir alle von Asylanträgen, Anhörungsverfahren und anderen komplexen Sachverhalten, war sie inzwischen zu einer Expertin geworden und in so ziemlich jeder Behörde bereits irgendeinem Sachbearbeiter erfolgreich auf die Nerven gegangen. Marianne war Zuhörerin, Tränentrocknerin und Unterhalterin in einem, und da sie Yussof und seine Familie gut kannte, entwickelte sich schnell so etwas wie eine Mutter-Kind-Beziehung. So wie ohne erklärbaren Grund Familie P. mich gefunden hatte, so hatte Yussof Marianne gefunden. Oder umgekehrt. Sobald sie das Haus betrat, saß Yussof nicht mehr gelangweilt auf dem Hof herum, sondern unterstützte sie bei ihrer Arbeit. Er wurde Träger, Dolmetscher und Freiwilliger in einem. Immer häufiger begleitete er sie, wenn es Dinge zu organisieren und zu klären gab, sie nahm ihn mit zum Einkaufen, und wenn sie für andere Leute zu den Behörden ging, nahm sie ihn als Übersetzer mit.

Doch Yussofs Zustand besserte sich nur langsam, was auch daran lag, dass wir anfangs keinen Schulplatz für ihn fanden. Da seine Unterlagen zu denen gehörten, die im LAGeSo verschwunden waren, konnten wir ihn nirgendwo anmelden. Zwar konnte er nachweisen, dass er sich registriert hatte, doch die Registrierung war bei der Behörde nicht eingetragen. Und ohne Registrierung kein Schulplatz. Es war ein Teufelskreis, aus dem sich ein Mensch, der neu in Deutschland war, der niemanden kannte, an den er sich wenden konnte, und der keine Möglichkeit hatte, selbst etwas zu tun, nicht alleine befreien konnte. Doch Marianne ließ sich nicht stoppen. Nach einigen Wochen gelang es schließlich einem Lehrer, der sich immer wieder ans Schulamt gewendet hatte, Yussof in seiner Klasse unterzubringen.

Yussof machte einen enormen Sprung. Sein Deutsch verbesserte sich in unglaublichem Tempo, er machte gute Fortschritte in der Schule, die Lehrer lobten ihn. Zwar fühlte er sich weiter einsam, doch die Schule rettete ihn, der Kleine war ehrgeizig. Vorläufig schienen wir uns um ihn keine Sorgen mehr machen zu müssen.

Irgendwie ... stolz

24. Die letzten Monate waren nicht spurlos an mir vorübergegangen. Ich hatte kaum Zeit für irgendetwas anderes als schlafen, arbeiten und im Rathaus sein, aber das störte mich nicht. Schleichend hatte sich mein Leben verändert, meine Sicht auf die Welt. Die Erste, die es ansprach, war meine Freundin Natascha.

Jetzt, nach drei Monaten im Rathaus, versuchte ich wieder ein bisschen mehr in mein früheres Leben zurückzukehren, ging mittags wieder essen, sah meine Freunde, gab mir einen Abend die Woche rathausfrei, ab Januar wollte ich auf drei bis vier Mal die Woche reduzieren.

Als ich Natascha nach Wochen zum ersten Mal wiedertraf, redeten wir ein bisschen über die Arbeit, Kunden, Kollegen und Freunde. Vor allem redete ich – über das Rathaus.

Natascha hörte zu und lächelte. »Ich erkenne dich kaum wieder. Du strahlst so. Es geht dir gut, oder?« Die Frage traf mich etwas unvorbereitet. Aber ja, es ging mir gut. »Du hast nur zu viel abgenommen«, die verdammten Treppenhäuser, »und solltest mal wieder zum Friseur gehen.« Ja, das konnte ich mal tun. »Wann warst du das letzte Mal im Theater, im Konzert oder shoppen?«

Na, jeden Tag: Theater gab es im Rathaus immerzu, Konzerte gab es wöchentlich vom Chor. Und shoppen? »Nicht mehr, seit ich im Rathaus bin.«

Ich hatte mich verändert. Ich hatte ständig gute Laune. Der Chef meines ersten Praktikums hatte mich mal einen nörgelnden Pessimisten genannt, mein Glas war immer halb leer gewesen. Plötzlich war es immer halb voll. Es war eine Veränderung, die ich bei vielen im Haus bemerkte. Die oft erschreckenden Geschichten, die oft aussichtslos erscheinende Situation unserer Bewohner, aber auch die vielen kleinen Erfolge hatten dafür gesorgt, dass wir versuchten, im Negativen das Positive zu finden, optimistisch zu sein, nicht aufzugeben. Dinge, die mir vorher Sorgen oder Ärger bereitet hatten, nahm ich inzwischen ziemlich gelassen. Ich verschob meine Prioritäten. Und ich war insgesamt ruhiger geworden, immer in Eile, immer im Stress, immer auf dem Weg zum nächsten Termin, aber dabei irgendwie ruhend.

Ich wurde häufig gefragt, wie das sein könne, dass wir bei all dem, was wir erlebten, gute Laune hatten. Vielleicht, weil wir in scheinbar ausweglosen Situationen Auswege fanden. Vielleicht, weil wir andauernd von Menschen umgeben waren, die positiv und optimistisch an Herausforderungen herangingen. Vielleicht aber auch, weil das, was wir taten, einen Sinn hatte. Menschen, die sich im Tierschutz, für den Umweltschutz, in Lesehilfevereinen, bei Obdachlosenunterkünften oder anderen sozialen Einrichtungen engagieren, kennen das. Wenn einem die freiwillige Aufgabe keinen Spaß mehr macht, ist es an der Zeit, sie zu beenden.

Aber da war auch dieses paradoxe Gefühl des Stolzes. Auf uns, auf die Gesellschaft, auf die, die anpackten, ja vielleicht auf Deutschland. Nie in meinem Leben hatte ich so etwas wie Nationalstolz gespürt. Nicht, weil ich ein Problem mit Deutschland hatte, ich hatte einfach das Konzept von Nationalstolz nie verstanden. Mit meiner Nationalität ging es mir wie mit meiner Haarfarbe, meinem Geschlecht oder dem Wetter: war da, war gut, nicht mehr. Doch in den letzten Wochen hatte sich das verändert. All diese Menschen aus allen sozialen und kulturellen Schichten und Generationen, die etwas taten, die anpackten, die sich gegenseitig unterstützten, die Herausforderungen und auch Probleme sahen und nach Lösungen suchten. Wer hätte das erwartet von einem Land, das oft so träge und satt war? Was ich spürte, war noch immer kein Nationalstolz, gerade in diesen Tagen erlebten wir ja das Erstarken der hässlichen Seite des Landes. Aber es gab eben auch die andere. Und die sah ich jeden Tag.

Auch mein Blick auf die Politik änderte sich. Ich hatte selbst für Politiker gearbeitet, hatte für sie Termine organisiert und sie begleitet, man hatte Einrichtungen besucht und diese Termine gut vermarktet. Jetzt waren wir es, die besucht wurden. Und es nervte manchmal ein bisschen.

Es war gut und wichtig, dass sich Politiker informierten. Aber über Leute, die eine Stunde durchs Haus geführt wurden, begleitet von Mitarbeitern und Journalisten, und danach glaubten, sie wüssten nun genau, was die Probleme einer Notunterkunft und die Bedürfnisse von Freiwilligen und Bewohnern waren, konnte ich nur den Kopf schütteln. Sie beschäftigten sich jeden Tag mit Papier, das Geflüchtete betraf. Wir aber beschäftigten uns jeden Tag mit echten Menschen. Keiner dieser Politiker hatte sich jemals stunden-, tage- oder wochenlang um Menschen gekümmert, die gerade alles verloren hatten, deren Kinder vor ihren Augen ertrunken, die gefoltert worden waren, niemand hörte nachts die Schreie.

Doch viele Politiker kamen auch wirklich aus Interesse und unterstützten uns. So investierten wir, und aufgrund seiner Position und seiner Dauerpräsenz vor allem Philipp, viel Zeit in politische Termine. Und im Grunde machten wir ja selbst täglich Realpolitik: Wenn wir Druck auf Behörden aufbauten und sie zwangen, Missstände zu beheben, wenn wir uns mit Abgeordneten trafen, damit sie unseren Forderungen parlamentarisches Gewicht verliehen. Und wir verbündeten uns auch mit der Politik, um auf Veränderungen hinzuwirken. Wir wurden zu Botschaftern.

Im Herbst besuchte uns eine Spitzenpolitikerin, um sich zu informieren. Wir erklärten ihr, dass einige der Betten, die wir im Haus hatten, Feldbetten und Gartenliegen waren, die für einen wochenlangen Gebrauch nicht ausgerichtet waren und insbesondere für Alte und Schwangere eine wirkliche Katastrophe darstellten. Nur wenige Tage später rief mich ihr Mitarbeiter an, um mitzuteilen, dass sie in der Partei gesammelt hatten. Ohne Medien, ohne Fotos, wurden 50 gute Betten geliefert.

Eine andere Abgeordnete besuchte uns regelmäßig, nahm sich einzelner Fälle an und half uns mit ihren Kontakten mehr als einmal. Und manchmal entstanden auch Netzwerke, mit denen so niemand gerechnet hatte. Eine Delegation von litauischen Ministern und Staatssekretären meldet sich noch heute bei Philipp, um Fragen zu Unterkünften von Geflüchteten zu stellen. Andere Abgeordnete kamen mit ihren Besuchergruppen im Rathaus vorbei, die Fragen stellten, für ein paar Stunden mithalfen und so nicht selten zum ersten Mal mit Geflüchteten in Kontakt kamen.

Aus Jung mach Alt

25.

So hatten uns die letzten Monate nicht nur verändert, sondern auch »erwachsener« gemacht. Denn wir mussten immer wieder Entscheidungen treffen, die wir vorher nicht hatten treffen müssen, die manchmal auch über das klassische Helfen hinausgingen und die uns mit Fragen konfrontierten, mit denen wir uns vorher nie beschäftigt hatten. Im Dezember bekamen wir zwei Neuzugänge, Cousins aus Afghanistan. Offiziell waren beide 18, doch bei uns regten sich Zweifel. Der eine wirkte deutlich jünger, und unsere Bewohner sahen aufgrund ihrer Erlebnisse oft eher älter aus. Unser Verdacht sollte sich bestätigen, der Jüngere war gerade einmal 16. Damit durfte er nicht bei uns bleiben. Denn selbst wenn der Cousin mit seinen 18 Jahren als Vormund akzeptiert worden wäre, so hätte diese Entscheidung Monate dauern können. Blieb nur der Auszug in eine Unterkunft für »Unbegleitete minderjährige Flüchtlinge«. UMF, die Abkürzung hatte ich ja früh gelernt. Diese Unterkünfte waren, zumindest in der Theorie, besser ausgestattet als Notunterkünfte: Es sollte mehr Personal, psychologische Betreuung und eine bessere individuelle Förderung geben. Dass dies selten der Fall war, erfuhren wir erst später durch Bewohner oder Mitarbeiter, die dorthin gewechselt waren.

Dennoch sträubten wir uns dagegen, den Jungen in eine andere Unterkunft zu schicken. Beide Cousins hatten gerade alles verloren, beide waren ohne Eltern, Familie oder sonstigen sozialen Anschluss hierhergekommen, sie hatten: sich. Sollten wir sie in dieser Situation trennen? Ich plädierte dafür, den Jungen für eine gewisse Zeit »älter« zu machen und zusammen mit seinem Cousin bei uns wohnen zu lassen. Andere schlugen vor, ihm sofort die intensive Betreuung einer Unterkunft für UMF zu ermöglichen. Wir sprachen mit Psychologen, die auch eher dafür plädierten, einen langsamen Übergang mit seinem Cousin zu gestalten. Schließlich führten wir ein langes Gespräch mit den beiden Jungen. Der Jüngere wollte auf keinen Fall weg. Gemeinsam beschlossen wir, uns um eine Woche zu vertagen. Er wirkte nun schon gefestigter. Wir warteten eine weitere Woche. Und entschieden nun zusammen mit beiden, dass der Jüngere umziehen würde, sie würden sich jeden Tag gegenseitig besuchen können.

Die Verwaltung war wenig erfreut über unsere Trickserei, doch wir hätten sie nicht einbeziehen können, wenn wir sie nicht in eine Zwickmühle bringen wollten. Wenige Tage später zog der junge Mann aus. Sie hatten die Zeit gehabt anzukommen, sich auszuruhen, sich bei Fragen und Problemen gegenseitig zu unterstützen. Juristisch betrachtet hatten wir einen Fehler gemacht. Menschlich aber bestätigte uns die Entwicklung der beiden in den kommenden Monaten, dass wir richtig gehandelt hatten. Regeln waren eine gute Sache, aber man musste sie flexibel der Situation anpassen.

O du fröhliche

26.

Ich fürchtete mich vor den Weihnachtsferien. In einer Stadt, in der so viele Menschen zugezogen waren und über Weihnachten in die Heimat oder in den Urlaub fahren würden, drohte das Haus ohne Helfer zu implodieren. Aber darüber machten wir uns jetzt erst mal keine Gedanken, wir wollten Weihnachten feiern, mit einem großen Weihnachtsmarkt, mit Buden, Waffeln und Würstchen und allem, was so zu einem Weihnachtsmarkt gehört.

Doch zwei Tage vorher stand die Polizei in Thomas' Büro. Die Nachricht von frei umherschweifenden Weihnachtsmännern, Glühwein, einem offenen Grill und Gospelchor bei fast tausend Moslems setzte die Polizei offenbar in Alarmbereitschaft. Ich weiß nicht, was sie erwarteten, aber sie erwarteten offenbar das Schlimmste. Wir sollten das Fest absagen. Doch Thomas blieb stur. Er, der Oberchrist, wollte dieses Fest. Und wir, Christen oder nicht, wollten es auch. Wir kannten unsere Bewohner. Und sie kannten uns: Wir hatten einen schwulen Heimleiter, jugendliche Hipster, Helferinnen, die nicht nur das Sagen hatten, sondern auch gerne mal Miniröcke trugen, und Juden, die im Kinderzimmer halfen. Und wir sollten uns wegen Weihnachten Sorgen machen? Also bitte.

Im Hof stand eine fünf Meter hohe Tanne, eine Spende, über und über behängt mit Tausenden kleiner Glühbirnen, am nächsten

Tag würden die Buden aufgestellt werden. So wollten wir es und so kam es. Der Weihnachtsmarkt, unterstützt und möglich gemacht durch zahlreiche Initiativen aus der Nachbarschaft, war großartig. Viele Nachbarn waren gekommen, die Kinder bestaunten eingeschüchtert den Weihnachtsmann, ein paar Bewohner tranken heimlich Glühwein und flüsterten uns lachend »Halal? Egal!« zu. Ob nun ein christliches Fest oder ein deutsches, das war den Leuten herzlich egal, es gab Action, es gab Beschäftigung, es gab anderes Essen, es gab etwas Neues. Gegrillt wurden an diesem Tag lediglich 2000 Bratwürste, gestürmt nur der Weihnachtsmann.

Deutlich kleiner, aber nicht weniger aufregend feierte ich am dritten Advent bei mir zu Hause eine Weihnachtsfeier, mit meiner Familie und meinen Freunden. Und Familie P. Als gläubige Christen litten sie sehr darunter, Weihnachten nicht richtig feiern zu können. Ein Klischee bedienend, kamen sie in bester arabischer Manier eine Stunde zu spät. Dass »15 Uhr« wirklich hieß, dass man um 15 Uhr begann, erstaunte sie dann doch. Integration war Arbeit im Kleinen und rächte sich ein halbes Jahr später, wenn ich mit einem mahnenden Blick empfangen wurde, weil ich mal wieder zu spät kam.

Doch nun, wo sie da waren, schienen sie die kleine Feier sichtlich zu genießen. Zumindest nachdem sie aufgetaut waren und sich an die Szene gewöhnt hatten. Die meisten der Frauen und Männer, Mitte, Ende 30, trugen keine Eheringe. Sie waren Singles, in dem Alter? Sie versuchten schon jede Woche, mir irgendeine Frau aufzuschwatzen, hier wartete gleich eine ganze Gruppe Hilfsbedürftiger. Am Tisch saßen Moslems und Juden? Aber Weihnachten war doch christlich! Manche glaubten nicht an Gott? An gar keinen? Hielten da zwei Frauen Händchen? Was sollte das heißen, sie seien verheiratet? Die Eltern des Patenkindes hingegen waren nicht verheiratet und hatten trotzdem ein Kind? Sodom-und-Gomorrha-Weihnachten in Kreuzberg, es war spannend. Auch für meine Freunde und meine Familie. Alle in diesem Raum sympathisierten mit meiner Tätigkeit, aber niemand war in der Arbeit mit Geflüchteten aktiv. Es war ein Projekt der gegenseitigen Integration. Man lernte sich kennen, stellte fest, dass »die« anders, aber gar nicht so anders waren, genauso, wie ich es gewollt hatte.

Zwei Mal noch ging ich nach dieser Feier ins Rathaus. Danach begann meine schon ein halbes Jahr zuvor gebuchte Reise mit Freunden nach Asien. Erst wollte ich nicht weg, aber es tat gut, richtig rauszukommen, wieder andere Dinge zu sehen, sich mit Menschen über völlig andere Themen zu unterhalten. Doch richtig weg war ich nicht. Auch wenn ich den Urlaub genoss, blieb ich doch jeden Tag per E-Mail oder Telefon vor allem mit Katja, Philipp, Thomas und Manuel in Kontakt. Die Vorstellung, dass im Haus Dinge geschahen, von denen ich nichts wusste, war für mich unerträglich.

Einen Tag vor Weihnachten dann kam der Anruf vom LAGeSo, auf den wir seit dem Einbau der Türgriffe und der damit bewilligten Aufnahmegenehmigung gewartet hatten: Am 24. Dezember sollten 250 neue Bewohner kommen. Ein Tag Vorwarnzeit. Ich wusste nicht, wie sie das schaffen sollten. Die ganze Nacht über bereiteten die übrig gebliebenen Freiwilligen, unterstützt von 20 Mitarbeitern von ASB und THW, die Ankunft vor, nahmen erst mal den fünften Stock dafür in Beschlag. Aber für die kommenden Tage gab es nur noch eine Handvoll Freiwilliger. Doch über unseren Orga-Chat erfuhr ich von unserem zweiten Weihnachtswunder: Nicht nur blieb die Heimleitung im Haus, auch zahlreiche jüdische und muslimische Freiwillige sprangen ein. Sie feierten keine Weihnachten, ermöglichten durch ihre Hilfe aber allen anderen, es zu tun. Alleine aus der Gemeinde vom Fraenkelufer kamen wieder 54 Leute, verteilten Geschenke, feierten mit den Bewohnern und machten es möglich, den Betrieb im Haus weiterzuführen. Nina sagte später einer Zeitung: »Es war schön zu sehen, wie sie sich gefreut haben, wie ihre Augen geleuchtet haben. Es gab keine Berührungsängste, nur Dankbarkeit.« So war der durch christliche Feiertage bedingte Engpass ausgerechnet von Juden und Moslems gerettet worden.

Köln

27.

Die Silvesternacht von Köln, sie veränderte alles. Jahreswechsel 2015/16. Hunderte Männer begrapschten und bedrängten vor allem Frauen, es kam zu Diebstählen, sexuellen Übergriffen. Insgesamt 1276 mutmaßliche Opfer stellten 1182 Strafanzeigen, 497 davon wegen sexueller Übergriffe, wie ein Team von Redakteuren des *ZEITmagazins* in einer großen Reportage zusammengetragen hatte.

Ich, noch immer weit weg, las am 1. Januar die ersten, noch verhältnismäßig »harmlos« klingenden Nachrichten, von ein paar Übergriffen war die Rede. Die gesamte Wucht der Lage wurde erst am Montag, den 4. Januar, richtig deutlich, als die Redaktionen wieder besetzt waren. Der 4. Januar war der Tag, an dem die Stimmung endgültig zu kippen begann. In der Tat waren, was erst in den kommenden Monaten deutlich wurde, mehr als 90 Prozent der aufgespürten Täter nicht deutscher Herkunft gewesen, von den 183 mutmaßlichen Tätern waren 55 Marokkaner, 53 Algerier, 22 Iraker, 14 Syrer, 14 Deutsche, bei den anderen war die Nationalität nicht klar oder wurde nicht genannt. Der Ton in der Politik wurde nicht rauer, er wurde schrill. Immer mehr Politiker gingen auf Distanz zu Geflüchteten, Islamkritiker von allen Seiten ließen ihren Ressentiments nun freien Lauf, nicht wenige Politiker, egal welcher Partei, nutzten die Situation zur Abrechnung mit der Bundeskanzlerin, die selbst anfing, verbal zu wackeln.

Wenn ich mit Philipp telefonierte, bestätigte er meine Sorgen: Die Stimmung unter unseren Bewohnern war auf dem Tiefpunkt angekommen. Wie nach Paris wurden sie kollektiv für schuldig befunden, sollten sich von etwas distanzieren, was sie nicht begangen hatten, manche zogen sich noch mehr zurück. Die Anschläge von Paris hatten unsere Bewohner verunsichert, sie ängstlich und auch wütend gemacht. Doch Köln war schlimmer. Plötzlich waren es nicht mehr nur Terroristen, jetzt waren es die gewöhnlichen jungen Männer. Vor allem sie wurden nun immer mehr als Gefahr wahrgenommen, Bewohner wurden auf der Straße und in der U-Bahn beschimpft, auch körperliche Angriffe nahmen zu.

Für die Freiwilligen im Haus veränderte sich auf den ersten Blick wenig. Mir wurde kein Fall bekannt, in dem Freiwillige, insbesondere weibliche, nun aus Angst wegblieben. Aber viele von uns sahen sich mehr und mehr in der Defensive, immer häufiger wurden wir attackiert. Leute, die vorher den Mund gehalten hatten, nutzten »Köln« als Freifahrtschein, um jetzt loszulegen. Und auch der Umgang im Haus wurde sensibler.

Monate später versuchte ein Bewohner, eine Freiwillige zu küssen. Er hatte sie nicht angefasst, aber für die Frau war es zu viel, sie fühlte sich bedrängt und belästigt. Die Heimleitung reagierte sofort, der Frau wurde psychologische Unterstützung angeboten, der Bewohner musste unverzüglich ausziehen und bekam Hausverbot. Niemand wollte sich später anhören müssen, nicht reagiert zu haben, die Mitarbeiterinnen und Helferinnen einer Gefahr ausgesetzt zu haben. Das alles war richtig. Dennoch fragte ich mich anschließend, ob auch ohne die Nacht von Köln so reagiert worden wäre. Und ob ich als deutscher Helfer ebenfalls Hausverbot bekommen hätte, wenn ich versucht hätte, eine Frau zu küssen.

Wir müssen mehr reden

28. Nach dreiwöchiger Reise, zwölf Tage nach den Ereignissen von Köln, kam ich zurück nach Berlin und erlebte das Haus in einem anderen Zustand. Die Stimmung war gedämpft. Die Bewohner – nunmehr angewachsen auf 1152 Personen, unter den Erwachsenen zu zwei Dritteln Männer, ca. 400 Minderjährige, davon ungefähr 150 Drei- bis Sechsjährige und ca. 170 schulpflichtige Kinder, von denen bereits 150 einen Schulplatz hatten – wirkten insgesamt angespannter. Die Kinder, die schon zur Schule gingen, hatten sich in den Ferien gelangweilt. Die Stadt war leer, das Wetter schlecht. Viele der seit Monaten bekannten Freiwilligen, die ja nicht nur Papierkram machten und Essen ausgaben, sondern eben auch Zuhörer, Tröster und Freunde geworden waren, waren weg oder seltener hier gewesen. Überhaupt waren weniger Freiwillige da. Viele hatten, genau wie ich, schon vor Weihnachten beschlossen, im neuen Jahr nicht mehr so oft zu kommen und das alte Leben zum Teil wieder aufzunehmen.

Auch sonst standen Umbrüche an. Maren war in eine andere Unterkunft gewechselt, den Eventbereich übernahm nun Michael, der wiederum den Spendenbereich an Inga und Gloria abgab. Orly eröffnete den – neu eingerichteten – Sportbereich. Manuel hatte völlig überraschend per Facebook mitgeteilt, dass er aus persönlichen Gründen ab sofort nicht mehr kommen werde, und hinterließ ein großes Vakuum. Er hatte die organisatorischen Fäden in der Hand gehalten. Seine Aufgaben mussten nun andere übernehmen, die doch eigentlich weniger machen wollten.

Auch Philipp sah angeschlagen aus. Vor wenigen Tagen war er zum »Berliner des Jahres« gewählt worden. Fast alle Freiwilligen fanden das sehr gut, wir wussten, dass die Entwicklung des Hauses ganz wesentlich ihm zu verdanken war. Einige Kollegen aber störten sich daran, dass er, der für sie als stellvertretender Heimleiter nur ein Mitarbeiter war und ohnehin schon über mehr Kompetenzen und Freiheiten als alle anderen verfügte, nun auch noch einen Preis für sein Engagement bekam, das, wie einige betonten, ja nur sechs Wochen als Freiwilliger im Rathaus angedauert hatte. Es gab nur wenige Attacken, doch die waren heftig.

Und auch sonst hatte sich das Haus verändert. Seit Silvester waren kaum neue Geflüchtete dazugekommen, der Takt hatte sich verlangsamt, der Alarmmodus war seltener geworden. Was auf der einen Seite gut war, nahm dem Haus auch etwas von seiner Energie. Das spürte man in unserem ersten Bereichsmeeting nach der Winterpause. Jeder hatte Gerüchte gehört, aus fehlenden Informationen wurden falsche. Das war auch meine Schuld. Denn ich hatte zwar aus der Ferne jeden Tag mit Leuten im Haus telefoniert und die Puzzleteile zu einem Bild zusammengefügt, nicht aber kommuniziert. Es wurde deutlich, dass wir, nach dem Weggang von Manuel noch mehr, eine Person brauchten, die Informationen der Bereichsleitungen zusammentrug und an die Heimleitung weitergab und umgekehrt, um aus Gerüchten nicht wieder Fehlinformationen entstehen zu lassen.

»Wenn du sowieso jeden Tag mit Thomas und Philipp sprichst und alle Informationen sammelst, dann mach du das doch«, sagte Esther. Ich war etwas überrumpelt, die anderen nickten, manche, damit *sie* es nicht machen mussten, man einigte sich darauf. Und ja, ich wollte das machen. Ein paar Tage später stellte mich Katja jemandem als Sprecher der Freiwilligen vor und so hatte ich plötzlich eine Position ohne Entscheidungskompetenz, in der ich genau genommen nur das fortführte und erweiterte, was zufällig in jener Nacht begonnen hatte, als ich die Pressearbeit übernahm.

Mein Plan, mich wieder ein bisschen mehr mit anderen Dingen zu beschäftigen, war damit erledigt. Die internen Abstimmungen nahmen noch mehr Zeit in Anspruch als meine bisherige Aufgabe. Dazu kam viel Arbeit, die wir vorher nicht gesehen hatten.

Die Facebook-Gruppe war das Herzstück unserer Kommunikation. Fast alle unsere Helfer waren Mitglieder der Gruppe, die auf mehr als 5000 Personen angewachsen war. In den ersten Monaten war die Gruppe offen, jeder konnte posten, doch schon bald wurde sie förmlich geflutet und musste moderiert werden. Das war die Aufgabe von Anja, die sich aber nun zurückzog, weil sie es zeitlich nicht mehr einrichten konnte. Also verteilten wir diese Aufgabe auf Yasmine, Katja und mich, so viel konnte es ja nicht sein. Doch wir wurden überrascht: Jede einzelne Mitgliedsanfrage, das jeweilige Profil und die dort geposteten Inhalte wurden geprüft, manchmal 30 pro Woche. Regelmäßig wollte jemand Mitglied werden, der rechtsextremes Material postete und damit sicher nicht zu uns passte.

Ab April wurden wir plötzlich mit Mitgliedsanfragen aus Thailand und Vietnam überschüttet, die nun mit Sicherheit in keinem Kontakt zum Haus standen. Dazu kamen immer häufiger Profile von Personen, die nur auf Arabisch, Farsi oder Russisch posteten. Jedes dieser Profile ließen wir von Bewohnern auf den Inhalt prüfen, um sicherzustellen, dass die Gruppe nicht unterwandert wurde. Außerdem kamen darüber täglich Spendenanfragen, Kurs- und Eventangebote, Fragen zum Haus, die irgendjemand beantworten musste. Also wir.

Was kommt nach der Euphorie?

29. Hatte ich die Stimmung nach Weihnachten schon als bedrückend empfunden, so wurde sie jetzt von Tag zu Tag schlechter, bei allen. Die Mitarbeiter krochen auf dem Zahnfleisch, die Bewohnerzahl war aufgestockt worden, wie wir es gewollt hatten und mit unseren Angeboten auch abdecken konnten, aber die Verwaltung hatte noch den gleichen Personalstand, teils, weil keine Stellen geschaffen wurden, teils, weil sich für ausgeschriebene Stellen niemand fand. Das Haus hatte nur noch bis zum Sommer eine Genehmigung vom LAGeSo. Zwar glaubte niemand, dass man das Rathaus einfach zumachen würde, aber die Verträge konnten eben nur für einige Monate unterschrieben werden und waren damit unattraktiv.

Auch bei den Freiwilligen war die Stimmung nicht die beste. Wir waren nervös, weil Thomas in zwei Wochen gehen würde, niemand wusste, wer der neue Heimleiter sein würde und ob er uns so frei agieren lassen würde wie Thomas.

Zudem machte die Information die Runde, dass der ASB seinen Verpflichtungen nicht nachkam. Das Thema kam jede Woche wieder auf den Tisch: Musste der Träger die Hygieneartikel bezahlen, ja oder nein? Es war einfach nicht klar. Aus anderen Unterkünften wussten wir, dass die Träger dort die Sachen kauften, wir ließen sie uns spenden. Allerdings hatte der Träger auch nach sechs Monaten noch immer keinen Vertrag mit dem LAGeSo. Überall in der Stadt streckten Betreiber wie der ASB Riesenbeträge vor – allein bis Dezember 2015 25 Millionen Euro –, weil der Senat es nicht schaffte, die Verträge abzuschließen. Vielleicht war es nachvollziehbar, dass die Betreiber nicht mehr Geld ausgeben wollten – oder es sich einfach nicht mehr leisten konnten. Der Stimmung half das trotzdem nicht.

Dazu waren weniger Freiwillige im Haus. Sie blieben nicht einfach weg, die meisten waren noch immer aktiv. Aber zum einen hatten wir fast alle unsere Stunden im Haus reduziert, zum anderen hatten etliche Freiwillige ihren Tätigkeitsbereich verschoben, halfen nun den ausgezogenen Bewohnern und wurden so zu weiteren Außenposten. Trotzdem musste es ja im Haus weitergehen. Noch immer führten wir zahlreiche Bereiche selbstständig, hatten von morgens um neun bis mindestens Mitternacht ein offenes Helferbüro, das man auch als zentrale Bewohneranlaufstelle bezeichnen konnte.

Wir hatten zu diesem Zeitpunkt noch nicht begriffen, dass wir nun in Phase zwei eingetreten waren. Phase eins, das war der Katastrophendienst gewesen, das aufreibende, aber auch aufpeitschende Beschaffen von Schlafplätzen, Betten, Essen und Kleidung, eine schnelle Taktung, in der jede Minute zählte.

Jetzt sollten wir uns auf andere Sachen konzentrieren: die aktive Integration der Bewohner in die Gesellschaft und die Betreuung der Exbewohner, die nun in Hostels, Gemeinschaftsunterkünften oder in eigenen Wohnungen wohnten. Immer mehr Freiwillige waren als Integratoren tätig. Aber in diesem Moment erkannten wir das nicht so deutlich.

Die Schichten in der Spendenannahme oder der Kleiderkammer wurden langsam zurückgefahren: Was es vormals sieben Tage die Woche gab, gab es nun nur noch drei Mal die Woche. Das war an sich auch kein Problem, die Bewohner waren inzwischen gut ausgestattet. Aber es vermittelte uns den Eindruck, dass das Engagement nachließ, dass wir nachließen, obwohl die Herausforderungen doch weiter bestanden.

Die Stimmung der Bewohner war nicht besser. In dem riesigen Haus waren sie, bedingt durch das Wetter, geradezu gefangen. Je länger sie auf die Bearbeitung ihrer Anträge warteten, desto mehr verloren sie die Geduld – und wir damit auch.

So wurden aus kleinen Mücken große Elefanten gemacht, alles, was nicht funktionierte, alles, was nicht so war, wie man es wollte, war plötzlich ein riesiges Problem. Die Unterkunft war schlecht, die Freiwilligen ungerecht, die Mitarbeiter unwillig, die Security unfreundlich und das Essen eine Katastrophe. Die Beschwerden über das Essen waren wie eh und je, inzwischen schickten wir sogar Testesser aus den Reihen der Freiwilligen in die Küche, es war nicht schlecht, aber eben unbefriedigendes Kantinenessen. In solchen Situationen half es manchmal, wenn wir neue Bewohner bekamen, die zuvor in Turnhallen oder anderen Massenquartieren gelebt hatten. Die Notunterkunft im alten Flughafen Tempelhof etwa war das Grauen. Bis zu 2000 Menschen in einer Halle, die winzigen »Wohnbereiche« abgetrennt nur durch Aufstellwände. Wenn sich jemand über alle Maßen aufregte und das Rathaus als den schlimmsten Ort der Welt ausmachte, rief ihm einer der anderen Bewohner gerne zu: »Du willst nach Tempelhof!?« Das sorgte für kurzes Gelächter, und die Debatte war beendet. Für den Moment.

In dieser Situation waren Sündenböcke gefragt. Die Schuldigen waren immer die anderen – und bei 32 Nationen und 17 konfessionellen Gruppen gab es viele andere. Obwohl die Konflikte überschaubar blieben, waren die Spannungen dennoch spürbar. Bei jedem Konflikt, bei jeder gefühlten Ungerechtigkeit wurde die nationalreligiöse Karte gezogen. Meist nur verbal, aber Dawud, der Sohn von Hawwa, hatte kürzlich nach einer Prügelei mit zwei anderen Kindern ein blaues Auge davongetragen. Für seine christliche Familie war klar, dass es sich um einen gezielten Angriff gehandelt hatte. Von der Security ließ ich die beiden Jungen und deren Eltern holen, es sollte ein offenes Gespräch geben. Die Jungen heulten, offensichtlich hatten sie von ihren Eltern ordentlich Ärger bekommen, Dawud heulte, Hawwa heulte, die Mutter eines der vermeintlichen Schläger heulte – wir hatten also die besten Voraussetzungen für ein sachliches Gespräch.

Ich war parteiisch, ob ich wollte oder nicht. Dass Christen in Unterkünften mitunter diskriminiert wurden, wussten wir. Wir wussten auch, dass der angebliche Schläger immer wieder als chaotischer Draufgänger aufgefallen war, und Dawuds Familie stand mir persönlich nah. Auf der anderen Seite redeten wir immer noch von einer Prügelei unter Kindern.

Eine halbe Stunde hörte ich mir die Diskussionen auf Arabisch an, die Dolmetscher kamen kaum hinterher. Also griff ich zum Holzhammer.

»Wir kriegen das hier offenbar nicht gelöst und langsam wird es mir zu blöd. Ich erwarte, dass die Jungs sich jetzt die Hand geben, und dass ihr beide euch bei Dawud entschuldigt.« Ich wurde übersetzt, die Eltern der »Schläger« pflichteten mir nickend bei.

»Ich erwarte, dass wir das heute sacken lassen und dass ihr morgen noch einmal Fußball spielt.« Dawud protestierte, doch ich winkte ab, jetzt wurde nicht mehr diskutiert.

»Wir schauen uns das Spiel an. Sollte es den kleinsten Zwischenfall geben, sehen wir uns alle wieder. Und sollte ich noch einmal erleben, dass einer von den hier Anwesenden etwas gegen Christen oder Moslems sagt, egal ob im Spaß oder im Ernst, fliegt die ganze Familie raus. Das hier ist die letzte Verwarnung.«

Und plötzlich gab es den Schulterschluss, alle waren sich einig, dass der Streit nun wirklich nicht so schlimm gewesen war, dass man solche Maßnahmen ins Spiel bringen musste.

Zum Glück wusste niemand, dass meine Drohung völliger Quatsch war, so einfach würde niemand und schon gar nicht ich als Freiwilliger irgendwen rauswerfen können. Aber das mussten sie jetzt ja nicht wissen. Man gab sich die Hände, die Mütter umarmten einander.

Ob sich hier nun Kinder geprügelt hatten, weil sie sich doof fanden, oder ob es einen religiösen Konflikt gegeben hatte: Ich wusste es nicht. Aber wir mussten klarmachen, dass wir im Rathaus religiöse Konflikte nicht tolerieren würden. Wenige Tage später wurde das Spiel wiederholt. Wir hatten noch nicht den Weltfrieden erreicht, aber zumindest ließ sich jetzt schon ohne blaues Auge Fußball spielen.

Aber das Grundproblem war damit nicht aus der Welt. Die Syrer fühlten sich gegenüber den Afghanen benachteiligt, die Afghanen gegenüber den Irakern, die Iraker gegenüber den Iranern und so weiter. Wenn wir 75 Fußballtickets gespendet bekamen, wegen 200 Anmeldungen die Tickets verlosten und hauptsächlich Syrer gezogen wurden, dann waren sich die Afghanen sicher, dass man sie diskriminieren wollte. Dass wir 65 Prozent Syrer im Haus hatten und sie damit natürlich häufiger gezogen wurden, kam ihnen nicht in den Sinn.

Unsere Bewohner ließen den Stress aneinander aus und benahmen sich in dieser Situation … wie wir. Ob uns das gefällt oder nicht, wir ticken genauso. Wenn uns im Auto ein vermutlich türkischer Fahrer die Vorfahrt nimmt, ist der erste Gedanke »blöder Türke« und nicht »blöder Autofahrer«. Wenn mich eine Handvoll Bewohner nervte, erwischte ich mich dabei, wie ich in meinem Kopf auf »die Bewohner« schimpfte.

Wir gingen das Problem an, so gut es ging. Die Samstagabendparty, organisiert und nicht selten, wenn die Party-Perser keine Zeit hatten, auch übernommen von Katja, spielte Musik der einzelnen Sprachen abwechselnd. Wir konzentrierten uns auch auf Kinder. Beim Tischtennis, beim Fußball, wo wir es konnten, bildeten wir national gemischte Teams. Damit schlugen wir zwei Fliegen mit einer Klappe: Sie mussten sich nicht nur mit Kindern anderer Nationalitäten beschäftigen, es blieb ihnen auch nichts anderes übrig, als Deutsch miteinander zu sprechen. Überhaupt sprachen wir seit Ende letzten Jahres fast nur noch Deutsch und versuchten, so wenig wie möglich auf Dolmetscher angewiesen zu sein. Bei den Leuten 50 plus machten wir eine Ausnahme und natürlich dann, wenn es um komplexe Anträge ging. Ansonsten aber wurde Deutsch gesprochen. Wenn die Geflüchteten hier weiterkommen wollten, mussten sie Deutsch lernen.

Mit Gesprächen, Angeboten und Einbindung konnte man vielen Problemen entgegentreten, aber die Gesamtstimmung war ein Problem, aus der wir uns befreien mussten. So verrückt es war, aber jetzt, wo die tägliche Katastrophenstimmung weg war, wo man nicht mehr ohne viel nachzudenken einfach machte und gemeinsam anpackte, drohte das Haus auf einmal zu kippen und seine positive Energie zu verlieren. Es musste weitergehen.

Integration? Nein danke

30.

Dabei wurden unsere Bemühungen um Integration vom Staat nicht wirklich unterstützt. Vielmehr wurden sie behindert. Zwar wurde im Oktober 2015 mit dem Asylbewerberbeschleunigungsgesetz beschlossen, Sprach- und Integrationskurse anders als bisher auch schon in der Zeit der Asylbewerbung, also in der Zeit, in der die Leute monatelang auf die Entscheidung des BAMF warteten, zu genehmigen. Allerdings galt dies nur für Geflüchtete, bei denen eine gute Bleibeperspektive vorlag. Und eine gute Bleibeperspektive hatte nur, wer aus einem Herkunftsland mit einer Schutzquote von über 50 Prozent kam. 2016 waren das Eritrea, Irak, Iran, Syrien und seit dem 1. August 2016 auch Somalia.

Was so kompliziert klang, hieß nichts anderes als: Nur wenn mindestens 50 Prozent der Asylbewerber aus einem Land Asyl auch zugesprochen bekamen, wurde der nationalen Gruppe eine gute Bleibeperspektive bescheinigt. Damit wurden z. B. die Afghanen für die Dauer ihres Asylverfahrens – im Durchschnitt 14 Monate – von Integrations- und Sprachkursen ausgeschlossen.

Aber wie konnte es sein, dass ausgerechnet die Afghanen, die nach Syrien mit 154 046 Zugängen nach Deutschland im Jahr 2015 (laut dem unpräzisen EASY-System) die zweitgrößte Gruppe der Geflüchteten stellten, nur eine Gesamtschutzquote von 47,6 Prozent erreichten, obwohl Afghanistan nun zweifelsfrei ein Kriegsland war, in dem es täglich Anschläge durch die Taliban gab und Tausende Soldaten aus Dutzenden Ländern aktiv waren?

Das Bundesinnenministerium wandte einen statistischen Trick an. Denn zur Berechnung der Bleibeperspektive orientierte es sich an der unbereinigten Schutzquote, nicht an der bereinigten.

Die Schutzquote errechnete, wie viele Antragsteller Schutz aus einem der folgenden Gründe bekamen:

- Artikel 16a des Grundgesetzes: Asylrecht wegen politischer Verfolgung
- § 3 Absatz 1 und 4 des Asylgesetzes, Zuerkennungen der Flüchtlingseigenschaft nach Genfer Flüchtlingskonvention
- § 4 Asylgesetz (Subsidiärer Schutz): Es besteht die Gefahr eines ernsthaften Schadens, weil Folter oder unmenschliche Behandlung drohen oder weil es eine individuelle Bedrohung des Lebens infolge willkürlicher Gewalt im Rahmen eines internationalen oder innerstaatlichen bewaffneten Konflikts gibt.
- § 60 Absatz 5 und 7 AufenthG, Verbot einer Abschiebung in einen Staat, in dem für den Geflüchteten »eine erhebliche konkrete Gefahr für Leib, Leben oder Freiheit besteht«.

Allerdings wurden hier auch all jene Fälle miteingerechnet, in denen das BAMF nur eine »formelle Entscheidung« zu treffen hatte, sich also nicht inhaltlich mit dem Asylantrag befassen musste, da sich der Fall schon erledigt hatte. Das traf zum Beispiel zu, wenn sich der Aufenthaltsstatus durch Heirat geändert hatte oder wenn aufgrund der Dublin-III- bzw. der früheren Dublin-II-Verordnung die Zuständigkeit eines anderen EU-Staates festgestellt wurde, wenn also, und das traf bei vielen Geflüchteten zu, diese zum Beispiel in Ungarn registriert worden waren und so Ungarn für den Asylantrag zuständig war. Hier gab es keine formelle Entscheidung mehr zu treffen, man hätte die Schutzquote also um diese Fälle bereinigen, sich also mit der bereinigten Schutzquote befassen müssen. Das traf auf Geflüchtete aus allen Staaten zu, aber bei den Afghanen wurde es besonders deutlich. Bereinigte man ihre Quote um jene, bei denen inhaltlich überhaupt nichts entschieden wurde, dann kamen die Afghanen 2015 nicht auf die (unbereinigte) Schutzquote von 47,6 Prozent, sondern auf eine bereinigte von 77,6 Prozent, womit sie sofort für einen Sprach- und Integrationskurs berechtigt gewesen wären.

Doch das wurde gar nicht diskutiert. Stattdessen führte man in der Politik Debatten darüber, welche Sanktionen man gegen Geflüchtete anwenden sollte, die kein Deutsch lernen wollten, und wieder einmal wurde diese Debatte von Thomas de Maiziere angeführt, ausgerechnet von demjenigen, dessen Ministerium den Besuch von Sprachkursen für so viele Menschen verhinderte. Hier entstand der Mythos der massenhaften Integrations- und Sprachverweigerung.

Aber auch für diejenigen, die einen Sprachkurs besuchen durften, gab es Hürden, kleinere, aber teilweise auch unüberwindbare. Wohin mit den Kindern, wenn die Eltern den Kurs besuchten? In den Unterkünften verwiesen wir auf die Fürsorgepflicht der Eltern, was hieß, dass sie ihre Kinder nicht einfach unbeaufsichtigt bei uns lassen durften. Die Kinder mitnehmen? Durften sie auch nicht, schließlich waren die Sprach- und Integrationskurse anspruchsvoll, in einem Raum voller quengelnder Kinder hätte niemand lernen können.

Nun konnte man sich fragen, warum es keine Kinderbetreuung während der Integrationskurse gab. Ganz einfach: weil sie nicht gewollt war. Mit dem Trägerrundschreiben 4/14 hatte das BAMF, also jene dem Innenministerium unterstellte Behörde, im Juli 2014 mitgeteilt, dass »ein Festhalten an der bisherigen kursbegleitenden Betreuung des BAMF bedeutete, dass vielen Kindern eine durch den Ausbau der staatlichen Kitaplätze ermöglichte professionelle (Integrations-)Förderung verwehrt bliebe«, weshalb die integrationskursbegleitende Kinderbetreuung zum 30. September 2014 eingestellt wurde.

Die Kinder sollten also in den Kindergarten gehen. Eigentlich eine sehr gute Idee. Ein regulärer Kindergarten würde deutlich mehr zur Integration beitragen als eine abgewandelte Kindergartenversion der Willkommensklassen. Nur gab es für diese Kinder keine Kindergartenplätze, sie fehlten schlicht. Die Eltern hatten also gar keine andere Wahl, als die Kurse ausfallen zu lassen oder sie nur in Teilzeit zu besuchen, was laut Antwort der Bundesregierung alleine im Jahr 2015 von insgesamt 179 398 an Integrationskursen Teilnehmenden dann auch 103 875 taten.

Mit statistischen Tricks und vielleicht gut gemeinten, aber mangelhaften umgesetzten Verordnungen hatte man dafür gesorgt, dass zahlreiche Geflüchtete nicht an den Sprach- und Integrationskursen teilnehmen durften und ihre Integration damit erschwert wurde. Man konnte zu diesem Zeitpunkt nicht mehr von schlechter Planung ausgehen. Vielmehr schien es, als trügen sie einen Parteienkonflikt auf dem Rücken der Geflüchteten aus, denn die Kindergartenplätze lagen im Zuständigkeitsbereich des Koalitionspartners.

Dass trotzdem so viele unserer Bewohner schließlich Deutsch sprachen, verdankten wir ehrenamtlichen Lehrern, engagierten Schulen, die die Kinder schnell und zielgerichtet von den Willkommensklassen in die Regelklassen überführten, und Freiwilligen, die sich als Paten der Bewohner annahmen.

Doch auch von außen kam viel Hilfe für unsere Bewohner. Private Spender, aber auch Firmen leisteten einen unschätzbaren Beitrag. Ob es nun der von einer Firma eingerichtete Hebammenraum war oder die Räume, die von Firmen und deren Mitarbeitern renoviert wurden – wir erlebten von vielen Seiten Unterstützung. Und manche Spenden und Projekte wirkten sich direkt auf die Stimmung im Haus aus.

Schon als ich am 25. Januar ins Haus trat, merkte ich, dass hier irgendwas nicht stimmte. Es war leise. Herrlich leise. Irgendwie zu leise. Die Bewohner waren da, aber man hörte kaum jemanden sprechen, alle saßen vornübergebeugt über ihren Handys. War irgendwas passiert, hatte jemand neue SIM-Karten gespendet? Es war viel besser. Die Telekom war da gewesen. Und sie hatte dem halben Haus WLAN gebracht. Wo die Router hingen, sah man auch, ohne die Wände hochzuschauen: Sie waren da, wo die meisten Leute in Gruppen zusammensaßen. Die Leute kommunizierten wie wild, aber leise. Abwechslung, Beschäftigung, neue Austauschmöglichkeiten mit den quer durch die Welt verteilten Familien.

Am Vormittag war das Projekt NetHope mit viel Tamtam und begleitet von Landespolitikern im Rathaus Wilmersdorf präsentiert worden. Von der Telekom kam das WLAN, Google richtete einen Computerraum ein und stattete ihn mit 25 Laptops aus. Also ein neuer Bereich, für den wir wohl wieder Freiwillige brauchten. Doch das war schnell gelöst. Kein Freiwilliger, ein Bewohner übernahm den Bereich. Khaled, unser irakischer IT-Mann, der den ständig abstürzenden Computer im Helferbüro und die privaten Laptops von verzweifelten Freiwilligen immer wieder zum Laufen brachte. Khaled war der IT-Mann für alles, und er war auch einer der Ersten, die später einen guten Job fanden. Aber jetzt wurde er erst einmal Computerraum-Chef.

Jeden Tag konnten die Bewohner nun in Ruhe surfen, bekamen Kurse, in denen man lernte, wie man Bewerbungen und Lebensläufe auf Deutsch schrieb. Jeden Tag außer Sonntag. Da öffnete Khaled nur für die Kinder und erklärte ihnen in aller Seelenruhe das Internet. Nur eines verbot er. Ballerspiele. In seinem Kurs wurde nicht geschossen.

Bitte ziehen Sie aus

31.

Familie P. hatte ihre Aufenthaltsgenehmigung bereits im November erhalten, nie hatten wir den Prozess so schnell erlebt, andere warteten noch nach einem Jahr. In dieser Geschwindigkeit ging es bei Familie P. weiter. Am 6. Januar, nur zwei Tage, nachdem die Familie den Antrag auf »Leistungen zur Sicherung des Lebensunterhaltes« gestellt hatte, wurden diese bewilligt. Rückwirkend zum 1. Januar wurde die Familie auf Hartz-IV-Niveau gestellt, 364 Euro für die Mutter, 270 Euro für den Sohn, der Vater ging zunächst leer aus, weil er nicht mehr im arbeitsfähigen Alter war und damit nicht über das Jobcenter, sondern das Sozialamt abgewickelt wurde. Wir staunten. Nur neun Tage später ging wieder ein Brief für Familie P. ein.

»Sehr geehrter Herr P.,

gemäß § 47 AsylVfG endet der festgelegte 3-Monatszeitraum zur Verpflichtung, in der Erstaufnahmeeinrichtung zu wohnen, für Sie am 25. 01. 2016. Ein Verbleiben in der Erstaufnahmeeinrichtung ist daher für Sie nicht mehr möglich. Wir bitten Sie, mit diesem Schreiben am oben genannten Termin bei der zentralen Leistungsstelle für Asylbewerber, Turmstraße 21, 10559 Berlin, nach der Anmeldung im Bürocontainer seitlich neben Haus A in der vierten Etage vorzusprechen. Bei Vorliegen der leistungsrechtlichen Voraussetzungen erhalten Sie von dort eine Unterkunft.

Mit freundlichen Grüßen.«

Ich schüttelte den Kopf. Beamtendeutsch, für die Empfänger absolut unmöglich zu verstehen, traf auf falsche Fakten. Seit wann waren wir eine Erstaufnahmeeinrichtung? Wir wären gerne eine Erstaufnahmeeinrichtung gewesen, denn eine solche hatte deutlich höhere Standards als eine Notunterkunft. Notunterkünfte sollten lediglich weitestgehend den Standard von Erstaufnahmeeinrichtungen erfüllen, das war interpretationsfähig. Auch gab es für Erstaufnahmeeinrichtungen eine deutlich bessere finanzielle Ausstattung und geregelte Abrechnungsmodalitäten.

Und ich erlebte zum ersten Mal die harte Anwendung der Dreimonatsregel. Die Hälfte unserer Bewohner war seit August hier, und niemand war bisher auf die Idee gekommen, auf die Dreimonatsregel zu pochen, manche feierten hier ihr Einjähriges.

Für Familie P. aber hieß es: Ihr seid schon drei Monate da und bekommt jetzt Hartz IV, in der Unterkunft bekommt ihr umsonst zu essen, raus mit euch. Familie P. war aufgelöst. Natürlich wollten sie eine Wohnung beziehen, eine Notunterkunft war gut für kurze Zeit, für längere Aufenthalte war sie nicht angelegt, aber es gab doch keine Wohnungen, das erfuhren wir doch jeden Tag. Dabei waren ihre Vorstellungen inzwischen wirklich realistisch geworden. Als ich Hawwa einmal nach ihren Wünschen für die Zukunft gefragt hatte, antwortete sie mir: »Ich möchte wohnen in Wohnung mit Küche und kochen Tabouli.« Ich hatte sie damals erstaunt angeschaut. Der größte Wunsch war es, in der Küche zu stehen und zu kochen? In Syrien war Hawwa Lehrerin gewesen, Girgis, ihrem Mann, hatten mehrere kleine Unternehmen gehört, die Fotos von ihrem Haus hatten mich beeindruckt. Das alles hatten sie verloren und lebten jetzt zu dritt auf 16 Quadratmetern. Und sie träumte vom Kochen?

Ich hatte mir nie Gedanken darüber gemacht, welchen Stellenwert essen in unserem Leben hat, wie identitätsstiftend und wichtig es war, dass wir selbst entscheiden konnten, was wir essen, wo wir essen, wann wir essen. Alleine schon um nicht mehr in die Kantine gehen zu müssen, wollten unsere Bewohner eine Wohnung beziehen.

Dass dies nahezu aussichtslos war, wussten aber alle. Es gab in

Berlin schlichtweg zu wenige Wohnungen, die sich im finanziellen Rahmen der Hartz-IV-Sätze bewegten. Zwar gelang es immer wieder, Bewohner in Wohnungen unterzubringen, aber nur, wenn sich ein Freiwilliger voll dahinterklemmte, recherchierte, telefonierte, begleitete. Carola wurde zur Wohnungskönigin, nach mehr als 200 Wohnungsbesichtigungen hatte sie tatsächlich zwölf Bewohner oder Familien untergebracht.

Wohnungssuche war für hier Lebende schon eine Herausforderung, für Menschen mit gebrochenem Deutsch und dem Stempel »Flüchtling« war es nahezu unmöglich. Ich selbst hatte ein Dutzend Wohnungsanbieter angerufen, immer waren die Wohnungen plötzlich vermietet, nachdem ich gesagt hatte, dass ich nicht für mich, sondern für eine Familie aus Syrien suchte. Das Bezirksamt Pankow schrieb auf seiner Homepage: »Nach drei Monaten in einer Erstaufnahmeeinrichtung dürfen Flüchtlinge in eine Wohnung ziehen. Dies gestaltet sich in der Realität jedoch als schwierig.« Ein schöner Euphemismus.

Und selbst wenn sie eine Wohnung fanden, mussten massenhaft Papiere vorliegen, die oftmals nur schwer zu beschaffen waren: Bescheid vom Jobcenter, Schufa-Auskunft, Wohnberechtigungsschein, Kopie von Pass und Aufenthaltstitel und Mietschuldenfreiheitsbescheinigung. Letzteres war natürlich besonders spannend, wenn man noch nie in Deutschland gewohnt hatte, was aber einige Vermieter nicht verstanden oder verstehen wollten. Und selbst wenn das alles vorlag, war die Wohnung noch nicht sicher, denn das Jobcenter musste zustimmen, und das möglichst schnell. Nicht selten fanden Bewohner Wohnungen, die genau in das Profil passten, doch dann brauchte das Jobcenter mehrere Wochen, um den Antrag zu prüfen, und die Wohnung war inzwischen schon wieder vermietet, welcher Vermieter lässt seine Wohnung schon sechs Wochen lang leer stehen? Die Kaution streckten Freiwillige mehr als einmal vor. Zwar übernahm sie irgendwann das Jobcenter, doch das konnte dauern, und auch bei der Kaution akzeptierten die wenigsten Vermieter ein »Irgendwann«.

Die Situation wurde von Betrügern ausgenutzt, die sich als Makler ausgaben und die Besorgung einer Wohnung versprachen, wofür die Geflüchteten allerdings 2000 Euro zahlen sollten, in bar, ohne Quittung, so sei das in Deutschland. Schon seit Längerem warnten wir unsere Bewohner vor dieser Masche, doch es passierte immer wieder.

Wenig optimistisch machte sich Hawwa am 25. Januar um vier Uhr morgens der Aufforderung folgend auf den Weg zum LAGeSo. Sie wollte um kurz vor fünf da sein, um bei der Öffnung um sieben Uhr einen Termin zu bekommen. Um 17 Uhr kam sie durchgefroren und erschöpft zurück, sie hatte nicht vorsprechen können, zu viele Menschen hatten in der Schlange gestanden. Einen Tag später versuchte sie es wieder, am dritten Tag erneut. Für eine allein anstehende Frau war es schier unmöglich, in der Schlange voranzukommen. Sie kam, sie stand, sie wartete, das LAGeSo machte zu, sie ging, sie kam wieder, sie stand wieder, sie wartete wieder, das LAGeSo machte wieder zu. Mir platzte der Kragen.

Familie P. stellte mir eine Generalvollmacht aus. Von nun an durfte ich sie bei allen Behörden und in allen Angelegenheiten vertreten, durfte Entscheidungen treffen und vor allem mit allen Behörden verhandeln. In drei Tagen würde ich mein Glück beim LAGeSo versuchen, vorher konnte ich keinen Tag dafür freimachen.

Die Katastrophe

32.

Der 27. Januar sollte ein anstrengender Tag werden. Schon als ich morgens aus dem Fenster blickte, sah ich nichts als dunkles Grau, und auch wenn es mit plus zehn Grad Celsius viel zu warm für diesen Januartag war: Man wollte nichts lieber als direkt wieder ins Bett gehen, sich die Decke über den Kopf ziehen und auf schönere Zeiten warten. Doch der Tag war minutiös durchgeplant.

Um acht Uhr wollte ich im Büro sein. Um elf Uhr war ich mit Abt Sonnenberg vom Benediktinerkloster Plankstetten verabredet, um ihn während der Auschwitz-Gedenkstunde gemeinsam mit meinem Freund Christopher durch den Bundestag zu führen. Den Abt hatte ich im letzten Jahr kennengelernt, seitdem war ich oft mit ihm in Kontakt, häufig diskutierten wir Fragen des Kirchenasyls. Um 13 Uhr stand ein Besuch in der großen Synagoge in der Oranienstraße auf dem Programm, um 15 Uhr würde ich wieder im Büro sein, um 18 Uhr fand das allwöchentliche Bereichsmeeting im Rathaus statt, für 20 Uhr stand ein Abendessen mit Kunden auf dem Programm. Der Tag versprach wenig Langeweile, sollte sich aber zu einer wahren Katastrophe entwickeln.

Noch während ich mich zu der Espressomaschine vortastete, überflog ich die erste Eilmeldung: »Nach tagelangem Anstehen vor LAGeSo: Flüchtling stirbt in Berlin«. Auch ohne Kaffee war ich hellwach. Jetzt war es wirklich passiert. Laut übereinstimmenden Meldungen sollte in der letzten Nacht ein Geflüchteter nach tagelangem vergeblichem Anstehen vor dem LAGeSo auf dem Weg ins Krankenhaus gestorben sein. Eine Helferin hatte das mit dem bei dem Vorfall anwesenden Helfer geführte Gespräch als Protokoll ins Netz gestellt, das Posting war alleine in den ersten Stunden tausendfach geteilt worden.

Ich war geschockt. Seit Monaten hatte sich die ohnehin schlechte Lage am LAGeSo weiter verschlechtert, erst am Vortag hatte das LAGeSo eingeräumt, dass die Lage »besonders angespannt« sei. Ebenso lange hatten wir alle davor gewarnt, dass das irgendwann passieren könnte. Und jetzt war es wirklich passiert.

Der Vormittag war gelaufen, ich verfolgte jede neue Tickermeldung, hing am Telefon, sprach mit anderen Freiwilligen, ständig gab es neue Informationen, neue Gerüchte. Während der Führung durch den Bundestag traf ich immer wieder Bekannte, der tote Geflüchtete war *das* Thema. Die halbe Stadt schien mit dem Fall beschäftigt zu sein. Allerdings fehlte der Tote, und der Helfer war auch nicht aufzufinden. Bisher konnte kein Krankenhaus bestätigen, einen Toten oder Verletzten aufgenommen zu haben, der anschließend gestorben war, die Polizei wusste ebenfalls nichts.

Mittags, wir hatten gerade die Synagoge erreicht, rief der Redakteur eines Fernsehsenders bei mir an und fragte, ob ich ihm die Nummer von Dirk V. geben könne, sie hätten gehört, wir seien befreundet. Dirk hatte ich vor einigen Jahren auf einem Geburtstag kennengelernt, danach hatten wir allerdings keinen wirklichen Kontakt und wussten lediglich von unseren jeweiligen Aktivitäten in der Geflüchtetenhilfe. Im November hatte er einen Artikel veröffentlicht, in dem er seine Erfahrung mit 24 Geflüchteten aus Syrien, Afghanistan und dem Irak beschrieb, die er in den letzten Monaten bei sich aufgenommen hatte, und darin mit vielen Vorurteilen aufgeräumt. Der Bericht war emotional und lustig, weltweit war er von Medien aufgegriffen worden.

Ich versprach, mit Dirk Kontakt aufzunehmen, worum ging es denn? Um den Todesfall beim LAGeSo. Da Dirk bei »Moabit hilft«

aktiv war, der straff organisierten Freiwilligeninitiative am LAGeSo, erstaunte mich das nicht, vielleicht wusste er ja etwas. Ich schrieb ihm eine Nachricht mit der Bitte, sich bei mir oder direkt beim Sender zu melden. Ich bekam keine Antwort, doch nur fünf Minuten später rief eine Journalistin von einer überregionalen Zeitung an und fragte ebenfalls nach Dirks Kontaktdaten. Wieso war Dirk auf einmal so gefragt? »Haben Sie davon noch nichts gehört? Dirk V. hat doch heute Nacht den Mann zum Krankenhaus begleitet, der auf dem Weg dahin gestorben ist.« Mir entglitten die Gesichtszüge.

Es war nun schon mittags, doch eine Leiche gab es noch immer nicht. Langsam machten sich Zweifel bei mir breit. Ich telefonierte mit Freunden, die Dirk besser kannten. Auch bei ihnen regten sich Zweifel. Aber einen Toten erfinden? Unmöglich, so etwas konnte es nicht geben.

Es kamen weitere Nachfragen und neue Informationen. Dirk, der sich seit den frühen Morgenstunden offenbar in seiner Wohnung verbarrikadiert und das Telefon ausgeschaltet hatte, wurde inzwischen von der Polizei verhört. Zur selben Zeit ging die Sprecherin von »Moabit hilft«, Diana Henniges, vor die Presse und erklärte, dass man Dirk voll vertraue, nichts weise auf eine erfundene Geschichte hin. Auf die Frage, was es bedeuten würde, sollte sich die Geschichte als erfunden herausstellen, sagte sie: »Es wäre eine Katastrophe. Das heißt, dass wir vielen Helfern nicht mehr vertrauen werden, weil wir darauf vertrauen müssen, dass der Mensch genug geistigen Verstand hat, sich solch eine Geschichte nicht auszudenken.«

Sie hatte vollkommen recht, natürlich wäre eine solche Geschichte eine Katastrophe für uns. Aber was, wenn es wirklich keinen Toten gab? Dann würde man ihr die »Katastrophe« um die Ohren hauen.

Um 16 Uhr machte ich mich auf den Weg ins Rathaus. Ein Bekannter rief an: Die Geschichte hatte sich inzwischen tatsächlich als erfunden herausgestellt, gleich würde es eine Pressekonferenz der Behörden geben. Das war ein Super-GAU, für die Freiwilligen.

Um 18 Uhr begann unser Bereichsmeeting. Der Schock war allen ins Gesicht geschrieben. Es war klar, dass sich einige Medien melden würden und Statements haben wollten. Ich plädierte für eine klare Distanzierung, was auch sonst, bei gleichzeitiger Solidaritätsbekundung. So wütend ich war, so leid tat mir auch Dirk. Was muss in seinem Kopf vorgegangen sein? Genauso äußerte ich mich in den kommenden Tagen gegenüber den Medien: große Kritik, natürlich, aber auch ein Plädoyer für Hilfe für den offensichtlich angeschlagenen Helfer. Doch komischerweise schaffte es diese Forderung in keine Zeitung.

Die Geschichte hatte sich für alle Beteiligten tatsächlich zu einer Katastrophe entwickelt. Unter Beschuss stand vor allem Diana Henniges. Bösartig unterstellte man ihr, ein Toter wäre ihr lieber gewesen, um Aufmerksamkeit zu erhalten. Der Vorwurf war pervers, jeden Tag kämpften die Freiwilligen am LAGeSo, damit so etwas nicht passierte.

Und ebendeshalb war es eine echte, eine dreifache Katastrophe. Sie ließ zum Ersten die gesamte Freiwilligenschaft unglaubwürdig erscheinen. Zum Zweiten schadete sie den Geflüchteten. Denn wo wir bisher durch öffentlichen Druck Veränderungen herbeiführen konnten, drohte uns nun, belächelt und ignoriert zu werden. Und drittens kratzte es an unserem Vertrauen in uns selbst.

Das Vertrauen in die gemeinsamen Ziele war es, was uns Freiwillige stark gemacht hatte. Wenn jemand einen Toten erfand, konnte alles erfunden werden. Es war nicht so, dass wir uns plötzlich misstrauten. Aber das Zutrauen und Vertrauen, das wir uns bisher geschenkt hatten, erhielt Risse.

LAGeSo live

33.

Nur zwei Tage später machte ich mich morgens um acht Uhr auf den Weg zum LAGeSo, Hawwas Termin übernehmen, und hatte mich angezogen, als würde ich den LAGeSo-Chef persönlich zu einer Besprechung zur Lage der Nation treffen: dunkler Anzug, langer schwarzer Mantel, schwarzer Wollschal, schwarze Ledertasche, schwarze Handschuhe, schwarze Schuhe. Nicht erst seit Gottfried Keller wissen wir um die Bedeutung der richtigen Kleiderwahl.

Vor dem LAGeSo liefen Hunderte Menschen über das matschig aufgeweichte Gelände, Helfer verteilten Getränke, von den Vorfällen des 27. Januar spürte man nichts. Die Situation, die sich im Vergleich zum Herbst schon deutlich gebessert hatte, sie war noch immer unerträglich. Ich ging zu Haus K, in dem sich die Wohnungsstelle des Evangelischen Jugend- und Fürsorgewerkes befand, welche vor Ort für die Beratung und Vermittlung von Wohnungen zuständig war.

Als ich nach einer geschlagenen Stunde endlich an der Theke stand, erklärte mir eine sehr nette Mitarbeiterin, dass sie hier zwar beraten könne und theoretisch auch vermitteln, es aber faktisch keine Wohnungen gebe. Wir sollten selbst eine finden, die Zusage des Vermieters und den Vertragsentwurf mitbringen, und dann würde darüber entschieden werden. Ich hielt ihr die Aufforderung hin, dass meine Familie die Unterkunft unverzüglich zu verlassen habe. Wir hatten keine Wohnung. Sie nickte nur, dieses Schreiben sah sie Dutzende Male jeden Tag, ohne etwas ausrichten zu können. Sie gab mir ein paar Informationen mit, Übersichtslisten, was eine Wohnung kosten dürfte, wie das Prozedere war, welche Wohnungsbaugesellschaften es sich lohnte anzusprechen, dazu ein paar inoffizielle Informationen, wo ich es gar nicht erst versuchen solle.

Die Mitarbeiterin schickte mich weiter zu Haus J. Inzwischen war Lana eingetroffen, sie war der Meinung, mit meiner ständigen Diplomatie und dem »Jetzt sind wir mal alle nett« würde man hier nicht weit kommen, hier müsse man im Notfall auch mal auf den Putz hauen. Ich war mir zwar nicht sicher, ob diese Strategie aufging, aber allein würde das hier sicher auch nicht mehr Spaß machen.

Vor Haus J landeten wir den Absperrgittern folgend bei den beiden Hauptzugangszelten, wo es von Menschen wimmelte: Freiwillige in Warnwesten, viele Geflüchtete und Security-Leute, manche grimmig, andere nur genervt. Es war ein dreistufiges Verfahren: Wartezone Zelt, Wartezone matschiger Weg, Wartezone Haus. Wir waren außerhalb aller Zonen, und mir wurde jetzt erst klar, worauf ich mich hier eingelassen hatte. Weit und breit kein Lächeln und kein Lachen, überall Diskussionen, Verhandlungen. Wie schön hatten wir es doch bei uns im Rathaus.

Wir schnappten uns einen relativ freundlich wirkenden Mann von der Security, zeigten die Papiere, erklärten unser Anliegen. Der Mann bedeutete uns, an die andere Seite des Gebäudes zu gehen, hier kämen wir nicht rein. Ute, eine plötzlich neben uns stehende Freiwillige auf dem Gelände, meinte, dort sei eigentlich der Ausgang – und hatte natürlich recht. Wieder wurden wir zurückgeschickt, ich inzwischen genervt, Lana leicht sauer. »Wartet«, Ute verschwand. Sie diskutierte mit der Security, wurde durch die erste Absperrung gelassen, diskutierte mit einem anderen Mann in Zivil, wurde durch eine weitere Absperrung gelassen, diskutierte wieder mit einem Mann, der schließlich noch einen anderen dazuholte, die nun zu dritt zu uns rüberschauten. Ute kam mit dem zweiten Mann zurück, wir erklärten in perfekter Teamarbeit erneut die Situation, ich in der Rolle des ruhigen Diplomaten, Lana in der Rolle der Fordernden – und er ließ uns durch die Absperrungen hindurch direkt ins Haus bringen. Was hatte Ute gemacht? Sie hatte uns gerade zwei Wartezonen und damit fünf bis sechs Stunden anstehen erspart.

Gerecht war das natürlich nicht. Aber wir nutzten die sich bietende Chance. Nun standen wir also endlich in der Wartezone Haus, in der letzten der drei Schlangen, die sich vom Erdgeschoss in den ersten Stock hochschlängelte. Langsam ging es vorwärts, es wurde lauter, man einigte sich mit Personen hinter sich, den Platz wiederzubekommen, wenn man kurz auf Toilette ging. Man unterhielt sich mit einigen der ca. hundert Leute, gab Tipps, erkannte einen Bewohner aus der Unterkunft. Irgendwann, wir waren nur noch zwei Meter von der alles entscheidenden Tür entfernt, kollabierte neben uns eine schwangere Frau, der das stundenlange Anstehen zugesetzt hatte. Es bedurfte einer absurden Diskussion mit der Security, um die Frau in den Raum auf einen Stuhl zu bekommen, denn wer nicht dran war, durfte nicht rein.

Nach diesem Durcheinander standen wir nicht mehr rechts an der Wand, sondern hatten uns unachtsam auf die linke Seite des Gangs gestellt, was für die hinter uns Stehenden offenbar bedeutete: zwei Schlangen. Sofort standen vier junge Männer hinter uns, und noch während wir zu erklären versuchten, dass es keine zwei Schlangen gebe, kamen Security-Leute und fuhren die Männer lautstark an, dass sie sich wieder nach hinten in die Schlange stellen sollten. Ich versuchte zu erklären, dass es unser Fehler gewesen sei, doch das interessierte niemanden. Die Männer mussten wieder nach hinten.

Endlich waren wir dran und fühlten uns wie am Ende eines Marathons. Der Raum war ein Albtraum: zu viele Menschen in einem zu kleinen Raum, in der Mitte eine Reihe von Tischen, mit den Behördenmitarbeitern auf der einen und den Antragstellern auf der anderen Seite. Wir wurden an einen Tisch in der Mitte geschickt.

Unsere wirklich freundliche Sachbearbeiterin war sichtlich überrascht, sie konnte uns nicht einordnen. Ich legte die Unterlagen und meine Vollmacht hin und sagte mit dem nettesten Lächeln: »So, die Familie soll ausziehen, wir haben keine Wohnung. Haben Sie eine?« Die Frau lachte, ein freundliches, aber auch etwas hysterisches Lachen. Man sah ihr an, dass der Job in den letzten Wochen Spuren hinterlassen hatte. Es war laut, wir sahen nur eine Dolmetscherin, Frustration hing in der Luft.

»Nein, wir haben natürlich keine Wohnungen. Das Problem kennen wir. Die Jobcenter geben die Anweisung ans LAGeSo, und die schicken das ungeprüft weiter. Ich weiß, dass die Familie keine Wohnung hat, ausziehen muss sie trotzdem.«

»Aber wohin denn?« Ich guckte ungläubig.

Die Frau holte einen Kollegen dazu, auch er wirkte bemüht. Er schaute auf die Unterlagen, verdrehte die Augen. »Post aus der Anstalt.« Zumindest hatte er seinen Humor nicht verloren. Die beiden berieten sich.

Schließlich entschied sie: »Also, wir machen das jetzt so: Ich gebe der Familie zwei Wochen Aufschub. So lange können sie bleiben, und die Kostenübernahme für die Notunterkunft bleibt bestehen. Am 15. Februar haben Sie einen Termin.« Sie schob mir einen Zettel rüber. Riesengroß stand dort: »Termin 15.02.2016. UNBEDINGT ZUGANG ZUM HAUS J GEWÄHREN. Die Kostenübernahme für Wohnheime gilt bis zum o.g. Termin weiter.« Ich blickte den Zettel etwas skeptisch an. Kein Stempel, kein Zeichen der Sachbearbeiterin, lediglich handschriftlich der Name meiner Familie. Man hätte die Dinger kopieren und an die Leute verteilen sollen.

»Gut, aber wann sollen wir am 15. Februar hier sein? Dort steht ja nur ein Datum, keine Uhrzeit.«

Das Gesicht der Mitarbeiterin verzog sich zu einer Maske, eine Mischung aus Peinlichkeit und Bestimmtheit. »Seien Sie spätestens um sechs hier, sonst bekommen Sie keinen Termin mehr. Ehrlich gesagt wäre fünf Uhr besser. Vorher aber müssen Sie nicht da sein, fünf Uhr reicht schon.« Bemerkenswert, sie hatte es geschafft, das ohne einen Anflug von Ironie zu sagen.

»Wir sprechen schon von morgens, oder? Von fünf bis sechs Uhr morgens. Draußen wartend. Im Februar. In Berlin?«

»Yep!« Sie spukte das geradezu aus. Yep. Das hatte ich auch schon lange nicht mehr gehört.

Ich hörte Lana leise fluchen, gleich würde sie explodieren. »Also gut«, ich musste grinsen, ich wollte das jetzt einmal durchgespielt haben, »ich komme dann also morgens zwischen fünf und sechs zu Haus J. Was passiert dann?«

»Dann warten Sie in der Schlange und hoffen, einen Terminzettel zu bekommen.«

»Gut, ich gehe mal davon aus, dass ich den Terminzettel bekomme. Was passiert dann?«

»Dann gehen Sie in die Schlange derer, die einen Terminzettel bekommen haben, und hoffen, dass Sie bis zum Abend drankommen.«

»Gut, gehen wir mal davon aus, ich komme dran – dann haben die eine Wohnung für meine Familie?«

Sie lachte wieder, ich musste unglaublich komisch sein. »Nee, die haben auch keine Wohnungen. Die werden Ihnen vermutlich sagen, dass die Familie eine Wohnung haben dürfte, man aber keine hat und vermutlich auch keinen Platz in einer Gemeinschaftsunterkunft, weshalb sie bei Ihnen bleibt.« Aha.

»Gut«, alle Eventualitäten waren abzuklopfen, »gehen wir mal davon aus, ich bekomme den Termin nicht – was mache ich dann?«

»Dann gehen Sie nach Hause, die Familie bekommt eine Mahnung, dass sie ihren Termin nicht wahrgenommen hat, Sie bekommen eine erneute Vorladung zu mir, ich gebe Ihnen wieder zwei Wochen Aufschub, und zwei Wochen später stehen Sie wieder um sechs Uhr an Haus J, um sich einen Terminzettel zu holen, und dann spielen wir das ganze Spiel von vorne.«

Für einen Moment starrten wir drei uns gegenseitig an und begannen zu lachen, dass man uns von den anderen Tischen her verwirrt anblickte, gelacht wurde hier wohl eher selten.

»Es tut mir total leid.« Wischte sie sich eine Lachträne aus den Augen? »Alles, was ich Ihnen erzähle, klingt total bekloppt, aber so ist es hier gerade.«

Wir verließen das Haus. Ich wusste nicht, ob ich weiterlachen oder einfach resignieren sollte. Für mich war das Ganze ja schon nicht zu verstehen, aber wie sollte ein Geflüchteter verstehen, was hier vor sich ging? Berlin war ein Irrenhaus, und wir hatten die Zentrale besucht.

Bedient machten wir uns auf den Weg vom Seitenausgang des Hauses zu dem nur ca. zehn Meter entfernten Absperrgitter, als uns vier sehr aufgeregte junge Männer bedeuteten, unsere Hilfe zu brauchen. Es waren jene Männer, die hinter uns in der Reihe gestanden hatten. Einer der vier Männer sprach so viel Deutsch, dass wir das Problem verstehen konnten: Sie hatten sich wieder ans Ende der Schlange gestellt, ein Security-Mann hatte sie daraufhin in ein anderes Haus geschickt, von dort hatte man sie rausgeworfen.

Ich schnappte mir den nächstbesten Mann von der Security. »Entschuldigung, die Herren waren hinter uns in der Schlange, sie waren noch nicht dran, wissen Sie, warum sie jetzt wieder draußen sind?«

Der Mann, kurze Haare, harte Gesichtszüge, Nacken wie ein Stier, musterte mich, sichtlich überlegend, ob er mich kennen sollte, der Aufzug verwirrte ihn. »Keine Ahnung, aber das wird seinen Grund haben.«

Ich erklärte sehr ruhig, aber bestimmt die Situation, bekam aber wieder nur ein Achselzucken. »O.k., ich möchte Ihren Boss sprechen. Wer hat hier das Sagen?«

Alleine das »Sie« verdeckte, dass ich nur ein Helfer war, auch hier duzten sich natürlich alle.

»Da müssen Sie E. fragen.«

»Wo finde ich den?«

»An der Tür.« Er deutete mit seinem Kinn zum Seitenangang.

Während sich Lana um die Männer kümmerte und sicherstellte, dass sie blieben, wo sie waren, ging ich E. suchen. Zwei junge Security-Männer lehnten an der Tür, breitbeinig und offenbar gelangweilt, nicht gerade die Sorte Mensch, mit denen man längere Diskussionen führen möchte.

»Ist einer von Ihnen E.?« Kopfschütteln. »Wo finde ich den?«

»Andere Tür.«

Ich ging zur anderen Tür, fragte auch hier nach E. Der Security-Mann Nummer drei zeigte auf genau den, der gerade verneint hatte, E. zu sein. Ich ging zurück. »So, ich höre, Sie sind E.? Eben haben Sie doch Nein gesagt!?«

Erst keine Reaktion, dann ein demonstrativ gelangweiltes »Habe ich wohl falsch verstanden«. Er wollte spielen.

Erneut erklärte ich die Situation und sagte nun deutlicher, dass die Männer wieder reingelassen werden sollten. Doch auch E. konnte oder wollte nichts entscheiden, verwies darauf, die Männer hätten das eingezäunte Gelände verlassen müssen, weil sie »Stress im Haus« gemacht hätten, sie hätten sich vorgedrängelt, und wer drängele, fliege. Alles andere könne nur »der Boss« entscheiden. Offenbar gab es noch einen Boss, den Bossboss. Dieser tauchte nun auf, offenbar informiert, dass ein allen unbekannter Typ mit einer lautstarken Begleitung Stress machte. Zum dritten Mal erklärte ich die Situation, dass es keinen Stress, sondern ein Missverständnis gegeben habe. Lana wurde immer wütender, ich rechnete jeden Moment damit, dass sie einen der Typen anfallen würde. Unsere Kombination wirkte ganz gut, die Laute und der Anzugheini. Plötzlich war von Stress keine Rede mehr, jetzt hieß es, die Männer hätten das eingezäunte Gelände freiwillig verlassen.

Ich konnte nicht mehr. Wenn sie spielen wollten, sollten wir halt spielen. »Das reicht mir jetzt, das kann doch nicht wahr sein, dass hier so eine Willkür herrscht und Sie und Ihre Leute einfach Geflüchtete rauswerfen. Weiß Herr Muschter eigentlich davon?«

Während Lana diskutierte, griff ich in meine Manteltasche, holte das Handy hervor und begann in aller Ruhe und für alle sichtbar, durch die Kontaktliste zu scrollen. Natürlich kannte ich Herrn Muschter, den neuen Chef des LAGeSo, weder persönlich, noch hatte ich seine Nummer, noch hätte mir das hier irgendwas genützt. Das hatte ich allerdings auch nicht behauptet. Ich hatte lediglich seinen Namen erwähnt, die Interpretation musste jeder für sich vornehmen. Und tatsächlich war plötzlich alles ganz einfach. Der Bossboss rief dem Stiernacken etwas zu, deutete auf die Männer und machte eine »Reinkommen«-Bewegung. Stiernacken ließ drei der Männer rein und machte das Tor wieder zu.

»Entschuldigung, das waren vier Männer!«

»Meine Leute sagen, es waren nur die drei.« Es ging wieder los, Bossboss war auch nicht wirklich besser.

Mein Tonfall hatte jede Freundlichkeit verloren. »Wenn ich sage, es waren vier, dann waren es vier! Sollen wir das noch mal diskutieren?« Ich rechnete damit, jeden Moment von zweien der Schränke gepackt und rausgeworfen zu werden, doch Bossboss entschied sich lieber, auch Nummer vier reinzulassen, als sich von mir weiter nerven zu lassen. Nun standen sie da, bedankten sich in gebrochenem Deutsch, sichtlich erleichtert, dass sich hier noch irgendwer für sie einsetzte.

Während ich die Sache damit als erledigt ansah, spielte Lana ihre Rolle weiter, sie kannte das LAGeSo besser als ich. »Die Männer waren schon vor der Tür oben. Sie können also nicht noch mal anstehen. Sie müssen jetzt direkt durchgehen können. Ist das klar?!«

Das hatte gesessen. Ich konnte vielleicht pokern und Diplomatie, aber hier waren andere Stärken gefragt, und die beherrschte Lana so gut, dass diese doppelt so großen Männer spurten wie kleine Jungs. An diesem Tag wuchs mein Respekt vor ihr gewaltig.

Wir verließen das LAGeSo. Unser Job war erledigt. Für Familie P. hatten wir nichts erreicht, aber für diese vier hier. Wir haben diese Männer nie wiedergesehen, keine Ahnung, was mit ihnen passiert ist. Aber wir hatten einen winzig kleinen Sieg gegen die Willkür erzielt.

Bürgermeister trifft auf Rathaus

34.

Für den 9. Februar war hoher Besuch angekündigt: Der Regierende Bürgermeister Michael Müller, Finanzsenator Matthias Kollatz-Ahnen und mein Lieblingssenator Mario Czaja wollten ins Rathaus kommen und mit den Freiwilligen diskutieren, wobei sich nach ein paar Tagen die Erkenntnis durchsetzte, dass es bei einem Termin in der zweitgrößten Unterkunft der Stadt vielleicht nicht verkehrt wäre, auch ein paar Bewohner dazuzuladen. Wir begrüßten das, auch wenn damit einherging, dass wir Freiwilligen nur fünf Fragen würden stellen können. Aber immerhin, besser als nichts. Wir bereiteten uns vor, sammelten Fragen. Zwei Tage vor dem Termin dann die Info: Nur eine Frage durfte gestellt werden. Eine Farce. Damit hatten wir zwei Möglichkeiten: den Showtermin ausfallen zu lassen – oder hinzugehen und schriftlich einen Fragenkatalog zu übergeben.

Wir entschieden uns für Letzteres. Im großen Sitzungssaal war groß aufgefahren worden: eine Technikanlage, die wir uns seit Monaten für die Unterkunft wünschten, stand bereit, statt der alten Biertische gab es plötzlich hübsche neue. Dahinter aufgereiht die Plätze für Senator Czaja, Senator Kollatz-Ahnen, in der Mitte der Regierende, gefolgt vom Bezirksbürgermeister, dem stellvertretenden Landesvorsitzenden des ASB Berlin und Thomas, ihnen gegenüber die Stühle für uns Freiwillige, die Bewohner und die Entourage des Bürgermeisters.

Alle hatten Platz genommen, nur Herr Czaja fehlte, doch Müller hatte keine Lust zu warten, die Show sollte beginnen. Nach der Begrüßung durch Thomas und einem Statement von Müller durfte das Volk sprechen.

Da niemand der Erste sein wollte, stellte ich unsere Frage: »Wir freuen uns, dass Sie ins Rathaus gekommen sind, um sich unseren Fragen zu stellen. Schade, dass Herr Czaja noch nicht hier ist, wir wollten heute sogar extranett zu ihm sein.« Gelächter von hinten, genervtes Gesicht von Müller. »Wir würden gerne wissen, wie lange der Betrieb der NUK Rathaus Wilmersdorf geplant ist. Bisher erfolgt die Verlängerung ja immer nur um wenige Monate, was für alle Beteiligten zu Planungsunsicherheit führt und auf Kosten der Mitarbeiter, der Freiwilligen und der Bewohner geht.«

Es gab die erwartete Antwort, dass man keine Genehmigung für längere Zeiträume erteilen könne, weil ja ursprünglich eine Behörde in das Haus sollte, und dass der Senat alles tun würde, um Planungssicherheit zu schaffen, das gerade aber leider nicht möglich sei. So ging es weiter, Bewohner stellten Fragen, erhielten unverbindliche Antworten, aber was hatten wir erwartet? Ein blutleerer Termin, der richtig skurril wurde, als eine SPD-Abgeordnete, die mit dem Bürgermeister gekommen war, ihm eine Frage stellte. Bestellte Fragen kannte man sonst nur von Parteitagen.

25 Minuten nach Beginn des für 30 Minuten angesetzten Termins platzte dann auch Herr Czaja rein: Er hätte sich im Haus verlaufen. Das führte zu allgemeiner Erheiterung. Ja, das Haus war groß. Aber es war auch voller Sicherheitsleute. Czaja war der einzige Senator, der mit seiner Dienstlimousine in den Hof gefahren war, sogar der Wagen des Regierenden Bürgermeisters war draußen geblieben. Wie hoch war also die Wahrscheinlichkeit, dass ein Senator unbemerkt und alleine durch das Haus irrte und ihm niemand sagen konnte, wo der einzige Sitzungssaal zu finden war?

Der Termin dauerte noch eine weitere Viertelstunde, von der Herr Czaja viel Zeit für ein mehrminütiges Referat zur Erklärung des Unterschiedes zwischen Sprachmittlern und Dolmetschern benötigte, was schließlich sogar Müller die Augen verdrehen ließ. Nur die simple Frage, ob es möglich wäre, mehr Dolmetscher – oder eben auch Sprachmittler – für das Haus und die anderen Unterkünfte zu bekommen, konnte er nicht wirklich beantworten.

Der Termin war beendet, nun sollte der ASB mit Müller, den Senatoren und dem Pressetrupp noch einen kurzen Gang unternehmen. Doch wir konnten Müller nicht gehen lassen, ohne ihm den Fragenkatalog zu übergeben. Ich kämpfte mich nach vorne, Müller tat alles, um mich bestmöglich zu ignorieren. Als ich ihm schließlich die Mappe hinhielt, drängten mich seine Personenschützer weg. Es war wohl den anwesenden Journalisten und Kameras zu verdanken, dass er die Mappe widerwillig annahm, bevor er sich wortlos wegdrehte. Freunde würden wir wohl nicht mehr werden.

Während Müller nun seine kurze Runde drehte und dann mitsamt seinem Gefolge davonfuhr, blieb Czaja im Saal und sprach mit Bewohnern. Fast eine Dreiviertelstunde hörte er zu, ließ sich übersetzen, machte sich Notizen und überraschte mich doch sehr. Es machte den Eindruck, als interessiere er sich wirklich. Und tatsächlich: Wenige Tage später rief er bei Philipp an. Er hatte Nachforschungen angestellt, hatte sich einige Fälle, bei denen es seit Monaten kein Vorankommen gab, persönlich angeschaut und konnte nun neue Informationen geben. Für einen Moment stieg er in meiner Achtung.

Einen Monat später bekamen wir aus dem Büro des Regierenden Bürgermeisters sogar eine Antwort auf unseren Fragenkatalog:

»Sehr geehrte Damen und Herren,
lassen Sie mich vorausschicken, dass Ihr Engagement sehr beeindruckend ist (…). Verständlicherweise haben Sie viele Fragen (…) wir haben viel vor (…) 50 000 Menschen registriert (…) Masterplan beschlossen (…) Integrationskonzept (…) effektive Integration (…)
Die Beantwortung der in Ihrem Schreiben aufgeworfenen Fragen erfolgt zuständigkeitshalber von der Senatsverwaltung für Gesundheit und Soziales, der ich eine Kopie dieses Schreibens zuleiten werde.«

Fragen zum Besuch des Regierenden Bürgermeisters von Berlin, Herrn Michael Müller, und des Senators für Gesundheit und Soziales, Herrn Mario Czaja, in der Notunterkunft im Rathaus Wilmersdorf am 9. Februar 2016

Sehr geehrter Herr Regierender Bürgermeister Müller,
sehr geehrter Herr Senator Czaja,
anlässlich Ihres Besuches in der NUK Rathaus Wilmersdorf möchten wir Sie freundlich um Beantwortung der folgenden Fragen bitten:

1. Ist es Planung, die NUK Rathaus Wilmersdorf langfristig in eine Erstaufnahmeeinrichtung umzuwandeln?
   a. Wenn ja, bis zu welchem Zeitpunkt?
2. Die NUK wurde nur um wenige Monate verlängert, was eine Planungssicherheit für alle Seiten unmöglich macht und zu zusätzlicher Unruhe führt. Inwiefern hat der Senat das Interesse, das Rathaus Wilmersdorf längerfristig als Unterkunft für Geflüchtete zu betreiben?
3. Welche Schritte plant der Senat, um sich gegenüber der, immerhin landeseigenen BIM Berliner Immobilienmanagement für den Weiterbetrieb starkzumachen?
4. Welche konkreten Planungen gibt es bzgl. des Personalschlüssels im Rathaus Wilmersdorf, insbesondere dann, wenn das Haus weitere BewohnerInnen aufnehmen sollte?
5. Die gegenwärtige HelferInnenstruktur wird in Berlin weiterhin aktiv bleiben, auf lange Sicht gesehen wird sie jedoch nicht mehr so viele Aufgaben wie bisher übernehmen können. Wie sehen die langfristigen Planungen des Senats aus, um das zu erwartende zurückgehende bisherige Engagement der BerlinerInnen und Berliner zu kompensieren?

6. Sowohl beim LAGeSo als auch in nahezu allen Einrichtungen mangelt es an DolmetscherInnen, in vielen Unterkünften setzen sich diese fast vollständig aus Freiwilligen zusammen. Plant der Senat, zusätzliche DolmetscherInnen einzustellen, und wenn ja, in welchem Umfang und bis wann?
7. Die BewohnerInnen der Notunterkunft bekommen umfassend Post von Behörden. Diese ist in klassischer Behördensprache verfasst und damit für die hierher geflüchteten EmpfängerInnen ohne freiwillige DolmetscherInnen unmöglich zu verstehen. Selbst mit der Hilfe der freiwilligen DolmetscherInnen ist das Verstehen für Themenfremde schwierig genug. Ist beispielsweise geplant, entweder die Sprache der Schreiben zu vereinfachen oder sie in mehreren Sprachen zu versenden?
8. Es ist auffällig, dass sich auf dem Platz vor dem LAGeSo in der Turmstraße gerade wenige AntragstellerInnen aufhalten. Gleichzeitig fällt auf, dass zahlreiche BewohnerInnen Termine erst für Ende des Monats bekommen haben. Wie erklären Sie sich diese Situation zu einem Zeitpunkt, an dem sich der neue LAGeSo-Chef Sebastian Muschter einarbeitet?
9. Zahlreiche Geflüchtete haben inzwischen einen Duldungsstatus und erhalten damit Mittel von den Jobcentern. Mit diesen Sozialleistungen ist es ihnen jedoch nicht mehr gestattet, in der Notunterkunft zu verbleiben. Dies wurde den Betroffenen allerdings anfangs nicht mitgeteilt, auch vielen Haupt- und Ehrenamtlichen war dieser Umstand nicht bekannt. Nun erhalten die BewohnerInnen mit Duldungsstatus Mahnungen und Aufforderungen, unverzüglich von der Notunterkunft in eine Gemeinschaftsunterkunft oder eine Wohnung umzuziehen, obwohl diese kaum verfügbar sind und eine Vermittlung seitens des LAGeSo nur marginal existiert.

a. Was plant der Senat, um dieses Problem zu lösen?
b. Wird der Senat Anstrengungen unternehmen, um mehr Gemeinschaftsunterkünfte zu schaffen?
c. Wird der Senat Gespräche mit den Leitungen der Jobcenter und des LAGeSo führen, um das Aneinander-Vorbeiarbeiten unterschiedlicher Behörden zu beenden, da dies zur zusätzlichen Belastung der Geflüchteten führt?

10. Droht derzeitigen Bewohnern von Notunterkünften, die Sozialleistungen in Höhe des Hartz-IV-Satzes erhalten, dass sie die Differenz zum sogenannten Taschengeld zurückzahlen müssen?
    a. Wenn ja: Plant der Senat, die betroffenen Personen frühzeitig zu informieren, um spätere Verschuldungen der betroffenen Personen zu verhindern?
    b. Wenn nein: Wird es eine umfassende, mehrsprachige Schuldnerberatung für Geflüchtete geben?
11. Es wird gegenwärtig geprüft, ob die NUK im Rathaus Wilmersdorf in absehbarer Zeit mehr BewohnerInnen aufnehmen kann. Zur Vorbereitung und Planung der ehrenamtlichen »Arbeitszeiten« wäre eine frühzeitige Planung hilfreich und insbesondere auch im Interesse von BewohnerInnen, des Trägers und des Senats.
    Ab wann plant der Senat zu entscheiden und mitzuteilen, wann und wie viele neue BewohnerInnen zu erwarten sind?
12. In Berlin stehen zu wenige Kindergartenplätze für hierher geflüchtete Kinder zur Verfügung. Gibt es beim Senat Überlegungen, gegebenenfalls kindergartenartige Betreuungsmöglichkeiten in den Unterkünften zu schaffen, sofern räumlich die Möglichkeit dafür besteht?
    a. Wenn ja, welche konkreten Planungen gibt es bereits?
    b. Wenn nein, welche Gründe sprechen aus Sicht des Senats dagegen?

13. Die wenigsten Freiwilligen verfügen über eine Ausbildung als Sozialarbeiter und befinden sich in einer »Learning-by-doing-Situation«, was bei vielen Freiwilligen zu Überforderungen führt. Von Schulungen oder entsprechenden Kursen würden die Freiwilligen, letztlich aber auch die Geflüchteten, die Träger und der Senat profitieren. Sind derartige Angebote geplant, und wenn ja, in welchem Umfang?

Mit freundlichen Grüßen
Die Freiwilligen im Rathaus Wilmersdorf

Die Antwort kam, wen überraschte es: nie.

Eine Wohnung. Oder so ähnlich

35.

Was Familie P. anging, hatten wir uns innerlich darauf eingerichtet, dass sie vorläufig doch bei uns bleiben würde. Einen Tag nach dem hohen Besuch aber kam ein Anruf des Bezirksamtes: Die Familie respektive Hawwa als Familienvorstand solle dort morgen um 11 Uhr vorstellig werden, man habe eine Wohnung.

Mir war das suspekt, ich bestand darauf, Hawwa zu begleiten, wenn das hier laufen würde wie beim LAGeSo, würde das im nächsten Desaster enden.

»Gute Nachrichten, Sie müssen nicht mehr in der Notunterkunft bleiben, wir haben eine Wohnung für Sie.« Frau D. vom Bezirksamt strahlte, als wir bei ihr erschienen.

Hawwa schaute mich an. »Eine richtige Wohnung?«, fragte ich.

»Na ja, in einer Obdachlosenunterkunft. Aber da sind keine Obdachlosen.«

Mir fiel das Kinn runter. Obdachlosenunterkunft ohne Obdachlose?

»Das heißt dann was?«

»Das heißt, dass sie da zwei Zimmer haben, in einem früheren Hostel. Und eine eigene Toilette. Und man kann kochen.«

Ich guckte Hawwa an. Sie hatte alles verstanden, ihr Deutsch war inzwischen gut genug, um die wesentlichen Dinge zu verstehen.

»Wo befindet sich diese Unterkunft?«

»In Steglitz.« Verdammt, das war das andere Ende der Stadt.

»Wann soll der Umzug denn stattfinden?«

Frau D. schaute auf die Uhr. »Bis 14 Uhr.«

Bitte was? Das war in zweieinhalb Stunden. »Entschuldigung, das geht nicht. Sie wissen, dass der Mann schwer krank ist und drei Mal die Woche in die Klinik muss. Die neue Unterkunft ist in einem anderen Bezirk und weit weg von der Klinik, die ist dann nicht mehr zuständig. Ich muss eine neue Klinik besorgen. Der Sohn ist bis 15 Uhr in der Schule. Wir müssen ihre Sachen packen. Wir müssen Koffer oder Taschen auftreiben. Das geht nicht in zwei Stunden.«

»Tut mir leid. Ich verstehe Sie. Aber die Kostenübernahme für die Notunterkunft endet heute. Ab dem Nachmittag finanzieren wir die neue Unterkunft. Damit haben sie keine Möglichkeit mehr, in der alten Unterkunft zu bleiben. So viel zu packen kann das doch nicht sein.«

Die Leute hatten keine Ahnung. Natürlich war das nicht mit einem Wohnungsumzug vergleichbar. Aber in vier Monaten sammelte sich so einiges an. Kleidung, vor allem dicke Winterkleidung, aktenordnerweise Papiere und sonstige private Habseligkeiten. Das hier war ein Verwaltungsakt, an die Menschen dachte dabei niemand.

»O.k., was passiert, wenn wir erst morgen oder am Samstag einziehen?« Ich wollte unseren Spielraum ausloten.

»Wenn Sie die Kostenübernahmeerklärung in der neuen Unterkunft nicht heute abgeben, verfällt der Platz. Da die Notunterkunft ab morgen nicht mehr gezahlt wird, wären Sie dann selbst verschuldet obdachlos und wir nicht mehr zuständig.«

Frau D. lächelte gequält. Sie machte nur ihren Job, eingepresst in einem Korsett aus Vorgaben und Vorlagen, und man sah ihr an, dass sie keine Freude dabei hatte. Sie war wirklich nett. Ich konnte auf sie nicht wütend sein. Trotzdem wäre ich ihr gerne an die Gurgel gesprungen. Ich bedankte mich, wir verließen das Büro, hier war nichts mehr zu klären.

Hawwa fragte, ob sie alles richtig verstanden hatte. Ich erklärte ihr noch einmal, dass es ein Hostel sein würde, dass sie zwei Zimmer und eine eigene Toilette haben würden und kochen könnten. Aber in zwei Stunden umziehen? Unmöglich.

Ich telefonierte. Mit Philipp, mit Thomas. Ich bräuchte 24 Stunden, in denen wir den Umzug organisieren könnten. Beide reagierten wie erwartet. Sie würden bis morgen nichts unternehmen, Familie P. dürfte solange bleiben. Musste noch das Hostel überzeugt werden. Ich telefonierte mit der Ansprechpartnerin für neue Bewohner. Wer wann warum kam, interessierte sie nicht, solange sie bis heute die Kostenübernahme erhielt. Das war kein Problem, ich ließ sie ihr am Nachmittag zustellen. Wir hatten 24 Stunden gewonnen.

Am nächsten Tag, ich konnte nicht aus dem Büro, fuhr ein Bekannter mit Hawwa zu dem Hostel. Es lag an einer sechsspurigen Straße, wie erwartet gab es null Ehrenamtliche, lediglich ein Pförtner kontrollierte die ein und aus gehenden Personen. Und es hieß, es gebe nur Gemeinschaftszimmer für die Familie, zusammen mit Fremden. Das war nicht akzeptabel.

Ich rief Frau D. an. Sie war hörbar verstimmt, dass der Umzug nicht schon gestern stattgefunden hatte. Ich musste sie für uns gewinnen. »Lassen Sie uns doch gemeinsam eine Lösung finden. Ihr Job ist es, dass die Prozesse vorangehen, mein Job ist es, das Beste für diese Familie herauszuholen. Lassen Sie uns das zusammen machen, dann stehen die bei Ihnen auch nicht wieder auf der Matte. Also: Wir haben eine kreative Lösung gefunden, dass der Umzug heute stattfindet. Für Sie kann das doch egal sein, Ihre Kostenplanung wurde umgesetzt. Und der Umzug kann stattfinden, allerdings nicht in ein Gemeinschaftszimmer. Sie wissen genauso gut wie ich, dass eine vorsätzliche Verschlechterung der Zustände nicht akzeptabel ist.«

»Hören Sie zu, Herr Michel, ich telefoniere mit dem Hostel und rufe Sie zurück. Und ja, eine Verschlechterung wollen wir nicht. Danke, dass Sie das machen. Bis gleich.«

Das Hostel bekam einen Anruf, ein eigenes Zimmer wurde uns

zugesichert. Am Nachmittag dann sollte der Umzug stattfinden. Was wir aber nicht wussten: einziehen nur bis 15 Uhr und nur von Montag bis Freitag. Heute war Freitag, aber es war inzwischen 16 Uhr. Das stand auf keinem Blatt, das hatte uns niemand gesagt.

Wir fuhren zurück ins Rathaus. Wieder verhandelte ich mit Thomas. Er sah mich an und grinste: »Das ist alles ein großer Zufall, richtig? Du hast nicht zufällig darauf gesetzt, dass Familie P. noch bis Montag hierbleiben kann, oder?«

Ich protestierte, aber natürlich kannte er mich gut genug. Ich bekam eine Unterrichtung, warum das eigentlich nicht gehe – und schließlich das O.K. Er war ein Guter.

Montagvormittag zog die Familie um, ich konnte wieder nicht dabei sein. Das Hostel erwies sich als besser als befürchtet. Auf ungefähr 25 Quadratmetern gab es zwei Zimmer, wovon das vordere das Durchgangszimmer mit einer Kochnische war, außerdem eine eigene Toilette und Dusche.

Am Nachmittag schrieb mir Hawwa die erste Nachricht des Tages. Nichts von dem Hostel, nichts vom Umzug. Sie schrieb nur »Ich koche Tabouli :–)«.

Der Tag, an dem George Clooney nicht kam

36.

In der Zwischenzeit hatte ein Prominenter für Aufregung im Haus gesorgt. Termine mit Promis waren natürlich aufregend, und sie kamen häufig. Erst kam der Bundespräsident, ihm folgten EU-Kommissare und EU-Delegationen, Parteivorsitzende, Senatoren, Bürgermeister, Botschafter verschiedener Staaten, und letzte Woche war Hollywoodstar Ben Stiller vorbeigekommen, hatte für Fotos mit Bewohnern posiert, sich mit einigen zu Gesprächen zurückgezogen, Milchreis gegessen und war wieder gegangen. Natürlich bevor ich im Rathaus eintraf. Ich erwischte eher die Mitglieder der Bezirksverordnetenversammlung, die wichtiger, aber wenig glamourös waren.

Freitag, 12. Februar. Am Abend sollte das erste große Helferplenum mit allen Freiwilligen stattfinden, ich sollte es moderieren und war einigermaßen angespannt. Um 10 Uhr wollte ich mich mit Psychologinnen aus Israel treffen, um über Möglichkeiten der Traumatherapie für Kriegsflüchtlinge zu sprechen, um 13 Uhr war ein Arbeitsessen geplant, und um 15 Uhr musste ein Projekt bei einem Kunden eingereicht werden, um 17.30 dann Vorbesprechung im Rathaus, kurzum: Freitag.

Kaum saß ich in meinem ersten Termin, schrieb Katja in den Orga-Chat: »George Clooney … in 20 Min. im Haus«. Clooney sollte, das war bekannt, an diesem Morgen mit seiner Frau in Berlin die Bundeskanzlerin treffen. Die Reaktionen, vor allem unserer weiblichen Bereichsleiterinnen, waren sich alle recht ähnlich: »Was???« – »Waaaaaaaaaas?« – »OMG« – »Ich bin auf der Autobahn, ich wende«.

Mir persönlich waren Promis eigentlich relativ egal, sie waren nur gut, damit sie die Öffentlichkeit auf das Thema lenkten und Freiwillige und Spender weiter an uns dachten. Aber George Clooney! Jetzt mal ehrlich.

Inzwischen gingen lustige Bilder über den Chat, zeigten ein Dutzend wartender Journalisten, Kamerateams, Bewohner, Freiwillige, den Bezirksbürgermeister, Angestellte und Thomas, der den Tipp aus geheimer Quelle bekommen hatte. Um 11.19 die nächste verstörende Nachricht, von Lana: »Er und Angie sollen zwischen 11 und 13 Uhr kommen«. Angie? Die Merkel-Angie? Mutti? Auch das musste erst geklärt werden, in der Hoffnung auf Angelina Jolie erwachten nun auch die männlichen Mitglieder des Chats zum Leben, zu deren Bedauern es sich doch nur um die Bundeskanzlerin handeln sollte.

O.K, die »Wir schaffen das«-Bundeskanzlerin, die ich im zehnten Jahr ihrer Kanzlerschaft wegen ihrer Geflüchtetenpolitik plötzlich schätzen gelernt hatte, sollte uns also spontan besuchen kommen, zusammen mit George Clooney? Und ich war *hier*? Es gab einfach keine Gerechtigkeit. Doch während es vor dem Haus voller und voller wurde, die Leute sich die Füße abfroren, bekam ich schließlich von einem befreundeten Journalisten die Tagesterminübersicht von Bundeskanzlerin Merkel geschickt, und damit war klar, dass sie heute garantiert überall hingehen würde, nur nicht ins Rathaus, die Nachricht also eine Ente war. Ich lächelte schadenfroh in mich hinein und bestellte mir einen weiteren Nespresso.

Der Besuch, der nicht stattgefunden hatte – die Berliner Zeitung schrieb später: »Der Tag, an dem George Clooney nicht kam« – hatte die Stimmung aller gehoben, und wir gingen gut gelaunt in unser erstes Plenum. Das Treffen für alle Freiwilligen war mehr als notwendig geworden. Denn das »Wir« drohte uns verloren zu gehen. Während am Anfang jeder irgendwo irgendwas gemacht hatte, erst

Spenden sortiert, dann Essen ausgegeben, anschließend in der Kleiderkammer gearbeitet und am Abend Pflaster verteilt, hatte sich inzwischen jeder irgendwann in einem Bereich niedergelassen, was zweifelsohne sinnvoll war, denn so hatten die Bereiche immer mehr professionalisiert und strukturiert werden können. Das war auch wunderbar. Aber es hatte zur Folge, dass sich immer mehr Freiwillige über ihren Bereich definierten, nicht mehr als Teil des gesamten Teams.

Das Treffen verfolgte ein Ziel: austauschen, neue Leute kennenlernen, neuen Schwung reinbringen, mehr Informationen darüber erhalten, was die anderen machen. Doch kaum hatte das Treffen begonnen, sackte die Stimmung wieder ab. Thomas teilte mit, dass dies seine letzte Woche sei, der neue Heimleiter komme zum 1. März. Es wurde unruhig, viele hörten davon zum ersten Mal. Wir Bereichsleiter wussten das natürlich, aber wir hatten es offenbar nicht breit genug kommuniziert. Wie auch? Hätten wir über die Personalpolitik des Trägers in der Facebook-Gruppe mit 5000 Leuten diskutieren sollen? Auch als sich anschließend die Bereiche vorstellten, schien es, als hörten einige Freiwillige von manchen Bereichen zum ersten Mal. In der Debatte zeigte sich die Schwäche, die die rasante Entwicklung des Hauses mit sich gebracht hatte: Niemand hatte sich die Zeit genommen, eine klare, nach innen gerichtete Kommunikationsstruktur aufzubauen. Doch es gab auch gute Nachrichten: Seit Januar durften die Bewohner für bis zu 80 Stunden im Monat eine Art »Minijob« im Haus annehmen. Die Bezahlung lag zwar bei mickrigen 1,05 Euro pro Stunde, jedenfalls jetzt noch, denn später wurde der Stundenlohn für Geflüchtete von Ministerin Andreas Nahles auf 80 Cent gesenkt. Aber es war für viele ein erster Schritt, Verantwortung zu übernehmen, ein erster Schritt in eine Arbeitsintegration. Es ging voran.

Bevor ich zum Schlusswort ansetzte, stand Christoph auf, verwies auf die Herausforderungen der Kommunikation, dass wir stärker mit einer Stimme sprechen sollten, er würde daher vorschlagen, dass man mich zum Sprecher wählen sollte. Das Plenum stimmte zu. Natürlich würde ich weiterhin nichts zu entscheiden haben, aber ich würde die zentrale Ansprechperson des ASB sein und unsere Position als Freiwillige vertreten.

Eine Woche nach dem Helfertreffen erschien unser erster Newsletter für diejenigen, die nicht auf Facebook waren, für Wünsche und Sorgen wurde ein Briefkasten eingerichtet. Wir hatten ein bisschen neuen Schwung erhalten, Probleme erkannt und konnten sie nun systematisch angehen. Das Treffen war keine Minute zu spät gekommen.

Werkstatt Wilmersdorf

37.

Im Alltäglichen kümmerten wir uns oft um ganz banale Dinge wie aufgeplatzte Nähte und schlecht sitzende Hosen. Wenn dein Leben schon hässlich war, solltest du wenigstens gut aussehen. Das war jedenfalls einer der Aspekte, warum wir eine Nähwerkstatt brauchten. Gut, und weil wir eine weitere Aufgabe für die Bewohner suchten.

Im letzten Jahr hatten wir fünfzehn gebrauchte Nähmaschinen gespendet bekommen, die bisher unbenutzt rumstanden. Gleichzeitig gingen natürlich Kleidungsstücke kaputt, außerdem hatten wir ja Unmengen von Kisten mit zu großer Kleidung. Und wir hatten Schneiderinnen und Schneider. Es war also nur logisch, wie mit dem Friseursalon zu verfahren und die Dinge zusammenzubringen. Nachdem Katja ein Dutzend Mal erfolglos nach einem Raum gefragt hatte, besetzte sie irgendwann das kleine Kabuff neben der Wäscherei, fertig war die Nähwerkstatt.

Hier sah es nun aus wie auf einem türkischen Basar. Auf weniger als zehn Quadratmetern standen drei Nähmaschinen, eingezwängt zwischen zwei Schränken und sich vom Boden bis zur Decke stapelnden Stoffrollen und Garnpaketen, die gespendet worden waren. Es war zu klein, es war zu eng, es war herrlich.

Schneider aus Afghanistan saßen neben einer iranischen Frau, die ein Zertifikat einer amerikanischen Schneiderei-Hochschule besaß, irakische Hobbyschneiderinnen neben syrischen Gardinenfachleuten. Leute, die sich vorher niemals gesprochen hatten, reparierten sich nun gegenseitig die Nähmaschinen und diskutierten über Schnittmuster. Die Nähwerkstatt war vermutlich das am meisten multikulturelle Projekt, das wir hatten. Und Mutti Katja mittendrin.

Was kaputt war und nicht mehr getragen wurde, wurde jetzt repariert. T-Shirts, die geschlabbert hatten, wurden auf Taille geschnitten. Kopftuchkreationen entstanden, Maria entwarf aus Versehen eine Baguette-Taschenkollektion, lange, schmale Taschen, die sich perfekt für den Transport von Baguettes – oder Schnapsflaschen – eigneten. Bei einem Gespräch, das ich mit Katja führte, wurde mir vom Zugucken so langweilig, dass ich mir schließlich selber ein Stück Stoff griff, mich an den Theaterunterricht erinnerte, wo ich vor 20 Jahren Kostüme hatte nähen müssen und mein erstes, von Katja kritisch begutachtetes Körnerkissen nähte, man wurde ja auch nicht jünger.

Der Raum war ein neues, viel genutztes Angebot, der allerdings betreut werden musste, denn auch Stoffe verschwanden auf wundersame Weise. Ein Bewohner hatte uns vor den »magischen Hosen« der Frauen gewarnt. Magische was? Magische Pumphosen, in denen wunderbar Stoffe und Garn verschwinden konnten, was uns ärgerte und gleichzeitig amüsierte. Doch genauso freuten wir uns, als irgendwann neben mehreren älteren Damen, die bei uns als Freiwillige aktiv waren, Nasrin, eine unserer Bewohnerinnen, drei Mal die Woche die Leitung übernahm. Wenn sie Regie führte, war sicher, dass nichts in den magischen Hosen verschwand. Vier Wochen und ein Dutzend Verhandlungen später zog die Nähwerkstatt um, hatte nun die dreifache Fläche und wurde jeden Abend geöffnet, später, nach ihrem dritten Umzug, gab es acht Nähtische, die immerzu besetzt waren.

Es wurde Zeit für ein neues Projekt, das schon lange anstand. Seit den ersten Tagen hatten wir Fahrräder gespendet bekommen, fast ausnahmslos kaputte, nicht schlimm kaputt, aber doch in einem Zustand, dass man nicht damit fahren konnte. Nun hatten wir einen Raum, Werkzeug und Ersatzteile und konnten endlich die Fahrradwerkstatt einrichten. Die sollte keiner der Freiwilligen übernehmen, sondern Nomeen, ein Bewohner aus Syrien, den alle nur »Abu Mahmoud« nannten, »Vater von Mahmoud«. Abu Mahmoud war Anfang, Mitte vierzig, bisher nicht groß aufgefallen, sehr ruhig, immer freundlich und sprach eigentlich gar kein Deutsch, hatte aber in den letzten Wochen immer wieder bei uns angeklopft, er sei Automechaniker gewesen und könne Fahrräder reparieren. Was er nicht nur konnte. Vielmehr zauberte er. Die größten Schrottmühlen brachte er wieder zum Fahren, einzelne Räder wurden ausgeschlachtet und zu einem Rad zusammengebaut, er war ein Segen. Später reparierte er alles, was rollen konnte, Kinderwagen, Buggys, Tretroller. Nomeen würde man in der Arbeitsmarktdiskussion nicht als »qualifizierte Fachkraft« bezeichnen, doch genau das war er.

Wir hatten lange überlegt, wie man die Räder ausgeben könne. Es war klar, dass wir niemals genug Räder für alle Bewohner haben würden. Letztlich wurde eine Liste ausgelegt, in die sich jeder eintragen konnte, Geschlecht und Körpergröße zur Einordnung, außerdem mit dem Hinweis, dass, wenn Kinder Geschwister hatten, sie sich ein Rad teilen mussten, damit auch andere Familien zum Zuge kommen konnten. Immer mehr Fahrräder wurden gespendet, Hausverwaltungen brachten beschlagnahmte Räder vorbei, die Nachbarn misteten die Keller aus. Nomeen reparierte und reparierte.

Und trotzdem blieb die Fahrradausgabe ein ewiger Streitfall. Vor allem jene, die schon länger im Haus waren, beschwerten sich bitterlich, dass später Angekommene bereits ein Rad hatten. War die Liste gerecht? Nein, sicher nicht, denn wer sich gerade jetzt in die Liste eintrug, stand auf Platz 10, wer eine Stunde später kam, landete schon auf Platz 50. Hätten wir diejenigen zuerst bedenken sollen, die schon lange hier waren? Dagegen sprachen der Aufwand und vor allem der Datenschutz: Der ASB hätte uns die Bewohnerlisten gar nicht geben dürfen, manche brauchten oder wollten kein Rad, auch wenn sie länger da waren als andere. Kurzum: Solange es nicht für jeden ein Rad gab, würde es keine Gerechtigkeit geben, doch mit Engelsgeduld erklärten Katja und Jakob die Listen wieder und wieder.

Trotz vieler Diskussionen: Das Projekt war gut. Wegen der Kinderräder, aber vor allem wegen Nomeen. Wie alle Bewohner, die eine Aufgabe hatten, wurde er aktiver, war durch den nun intensiveren Kontakt mit uns gezwungen, Deutsch zu lernen. Natürlich hätte er einen der 1,05-Euro-Jobs bekommen können. Aber er weigerte sich. Er fragte mich: »Du Geld kriegen?«, und als ich den Kopf schüttelte, antwortete er: »Dann ich auch nicht Geld kriegen, wir Bruder.« Dieses »Bruder« versuchten wir ihm und fast allen Bewohnern ergebnislos auszutreiben, ich weiß nicht, wer dieses Wort eingeschleppt hatte. Aber solange er da war, reparierte der Bruder weiter, und mit jedem weiteren Fahrrad hörte ein weiterer Bewohner auf, sich zu beschweren.

Refugees? Not welcome

38. Für die Geflüchteten wurde der März ein schwarzer Monat. Am 26. Februar hatte der Bundestag nach einem langen Konflikt innerhalb der Bundesregierung dem Asylpaket II zugestimmt, aus der SPD votierten lediglich 30 Abgeordnete dagegen. Aufgrund der drohenden Ablehnung im Bundesrat war die Entscheidung über die umstrittene Ausweitung der sicheren Herkunftsstaaten kurzfristig verschoben worden, die Abgeordneten stimmten nun nur noch über die Verschärfung der Asylgesetzgebung ab.

Das Paket beinhaltete eine Reihe nicht oder nicht besonders problematischer Regelungen. So sollten sich Geflüchtete mit zehn Euro pro Monat an den Kosten ihrer Integrationskurse beteiligen, eine symbolische Gebühr, um dem Vorwurf »Die bekommen ja alles umsonst« die Spitze zu nehmen.

Allerdings sollte auch die Abschiebung von erkrankten Geflüchteten erleichtert werden, was den Innenminister später wieder einmal Zahlen erfinden ließ. Dramatischer aber war die Neuregelung von § 104 Absatz 13 des Aufenthaltsgesetzes, die aus dem Juristendeutsch übersetzt bedeutete: Wer zukünftig den sogenannten subsidiären, also »behelfsmäßigen« Schutzstatus erhält, da er nicht unter die Genfer Flüchtlingskonvention fällt (die, entgegen der allgemeinen Annahme, keineswegs grundsätzlich für Kriegsflüchtlinge gilt), darf seine Familie für zwei Jahre nicht nachholen.

Obwohl der Wissenschaftliche Dienst des Bundestages die Regelung vor allem aus Gründen des Kindeswohls durchaus als problematisch betrachtete und hervorhob, dass sie »für sich genommen den Bestimmungen der Kinderrechtskonvention widerspricht«, stießen sich die meisten Abgeordneten der Regierungsparteien nicht daran. Dabei redete man von nichts Geringerem als dem Bruch des Völkerrechts. Im Jahr 2015 hatte das BAMF vor allem bei Syrern bei seinen positiven Bescheiden nahezu vollständig den Flüchtlingsstatus nach der Genfer Flüchtlingskonvention anerkannt, der subsidiäre Schutz, der von der Verschlechterung beim Familiennachzug betroffen war, kam quasi gar nicht zum Einsatz. Bei syrischen Geflüchteten lag die entsprechende Quote im Januar 2016 bei gerade einmal 1,3 Prozent. Und das BAMF deutete an, daran nichts ändern zu wollen. Die Integrationsbeauftragte der Bundesregierung Aydan Özoguz warb sogar mit dem Argument um Zustimmung, da der Familiennachzug ja nur eine »kleine Gruppe« betreffe, gerade einmal 1700 Personen hätten 2015 den subsidiären Schutz erhalten.

Doch hätten die Abgeordneten vielleicht auch auf den Menschenrechtsbeauftragten der Bundesregierung Christoph Strässer hören sollen, der aus Protest gegen diese Regelung zurückgetreten war, da er das Asylpaket II als »schwer vereinbar mit meinen eigenen Positionen und meiner eigenen Glaubwürdigkeit« bezeichnete. Er ahnte offenbar, was kommen würde. Denn kaum war das Paket beschlossen worden, veränderten sich die Bescheide radikal. Laut einer Antwort des Auswärtigen Amtes vom 3. August 2016 auf die Anfrage einer Abgeordneten war die Anwendung des subsidiären Schutzes bei syrischen Geflüchteten massiv angestiegen, von 1,3 Prozent im Januar auf 59,2 Prozent im Juni. Das bedeutete auch, dass die Betroffenen nicht mehr eine Aufenthaltserlaubnis für drei Jahre, sondern nur noch für ein Jahr erhielten, die verlängert werden konnte, was den Menschen aber dennoch Sicherheit nahm. Das BAMF und das über ihm stehende Bundesinnenministerium hatten den Bundestag ausgetrickst.

Immer weniger Menschen war es nun möglich, ihre Familien nachzuholen. Das betraf auch Tausende UMF, denn auch der Elternnachzug war eingeschränkt worden. Die von der SPD ausgehandelte »Härtefallregelung«, die SPD-Chef Gabriel noch als »Nächstenliebe« feierte, wurde nie umgesetzt. Und selbst wer Familie noch nachholen durfte, scheiterte häufig, weil die Wartezeiten bei den deutschen Botschaften im Libanon, in der Türkei, im Nordirak, in Jordanien oder Ägypten bis zu 15 Monate betrugen. Zudem hatte die Türkei gerade erst eine neue Visumspflicht für Syrer eingeführt, mit der es vielen syrischen Geflüchteten gar nicht möglich war, ihren Termin bei der deutschen Botschaft in der Türkei wahrzunehmen. So forderte die Türkei mitunter für die Erteilung eines Visums Dokumente, die für viele Personen nicht aufzutreiben waren: den Nachweis der Zahlungsfähigkeit in Form einer Bankbürgschaft, die Vorlage von Hin- und Rückflugtickets vom jeweiligen Startort in die Türkei, ja sogar die Vorlage eines syrischen Führungszeugnisses. Und, um die Erteilung eines Visums wirklich unmöglich zu machen: den Nachweis des Rückkehrwillens in das jeweilige Startland. Wie bitte sollten Geflüchtete ihren Rückkehrwillen plausibel darstellen können, wenn sie bei der deutschen Botschaft darstellen wollten, dass sie eben nicht zurückkehren wollten? Die Bundesregierung räumte ein, von diesem Problem zu wissen, sah sich aber nicht in der Lage, auf die Türkei einzuwirken.

Nur wenige Tage später schränkte schließlich ein weiteres Abkommen die Ankunft von Geflüchteten in Europa massiv ein. Am 18. März stimmte der Europäische Rat für das EU-Türkei-Abkommen, das nicht ohne Grund als »EU-Türkei-Deal« bezeichnet wurde. Architektin des Deals: die deutsche Bundesregierung. Der Deal regelte, dass die Türkei ihre Grenzen Richtung Europa besser absicherte, um weniger Geflüchtete nach Europa zu lassen, und dass alle »illegal« nach Europa eingereisten Geflüchteten, die in Griechenland ankamen und dort keinen Asylantrag stellten oder dort abgelehnt wurden, von der Türkei »zurückgenommen« werden würden. Im Gegenzug wollte die EU bis zu 72000 Geflüchtete aus der Türkei geordnet auf Europa verteilen. Der Deal wurde ein

Desaster, was niemanden überraschen konnte, der sich ernsthaft damit beschäftigt hatte.

Wenn man die Politik der Bundeskanzlerin in den letzten sechs Monaten verfolgt hatte, musste man annehmen, dass ihr das Abkommen persönlich widerstrebte. Es passte einfach nicht zu ihrer Politik der letzten Monate und musste sicherlich vor dem Hintergrund der Geschehnisse bewertet werden: die Silvesternacht in Köln, die Anschläge von Paris und die damit kippende Stimmung in Deutschland, die fehlende Solidarität der anderen EU-Staaten sowie der massiv zunehmende innenpolitische Druck auf Merkel, vor allem aus ihrer eigenen Partei sowie der Unionsschwester CSU, aber auch die wachsende Zahl der AfD-Anhänger.

Man wurde den Eindruck nicht los, dass sie diesen Deal nur vorantrieb, um sich in ihrer eigenen Partei vor den grauen Herren, den Gegnern einer humanen Geflüchtetenpolitik, zu schützen und ein Entgegenkommen zu signalisieren, nachdem sie ihren innerparteilichen Gegnern von der CSU wieder und wieder die geforderte Obergrenze von 200 000 Geflüchteten pro Jahr verwehrt hatte. Mit dem Deal würde die Obergrenze zwar auch nicht erreicht, sie konnte aber zeigen: Ich mache was, um den Zuzug von Geflüchteten einzudämmen. Zugleich ging sie auf die »besorgten Bürger« zu, denen es seit der Aufnahme von bald einer Million Geflüchteten zwar nicht schlechter ging – die Kriminalität war nicht gestiegen, es gab keine Steuererhöhungen, keine Sozialausgabe war gestrichen worden –, die sich aber trotzdem weiterhin radikalisierten, als müssten sie selbst hungern und Elend fürchten. Der Deal war eine Beruhigungspille für »das Volk«, ein Erfolg für die CSU und genau betrachtet auch für die AfD, die die Einschränkungen als Ergebnis ihres Drucks zu verkaufen versuchte. Macht- und parteipolitisch völlig nachvollziehbar, humanitär und demokratisch eine Katastrophe.

Gleichzeitig aber musste man sich wundern, mit wem die EU und Kanzlerin Merkel einen Deal eingegangen waren. Merkel konnte unmöglich daran glauben, in Erdogan einen verlässlichen

Partner zu haben. Ein unkontrolliert agierender Präsident, der Oppositionelle und Journalisten nach Gutdünken verhaften ließ und den laizistischen Staat mehr und mehr aushöhlte.

Die Idee der Abschreckung war klar: Selbst wenn ihr es nach Griechenland schafft, werden wir euch zurückschicken, und dann werden wir andere Leute auswählen, die nach Europa kommen dürfen. Also bleibt besser gleich in der Türkei, wenn ihr Glück habt, gehört ihr dann zu denen, die wir dann holen. Jedoch: In der Türkei lebten zum Zeitpunkt des Abkommens ca. drei Millionen syrische Geflüchtete. Bis zu 72000 Geflüchtete sollten in Europa verteilt werden. Wie genau würde man die Auswahl aus den drei Millionen treffen? Wieso sollten die Geflüchteten darauf hoffen, zu den Auserwählten zu gehören? Und welche Anreize gab es für sie, in der Türkei zu bleiben und zu hoffen? 93 Prozent der geflüchteten Syrer in der Türkei lebten im Mai unterhalb der nationalen Armutsgrenze, die Milliardenzahlungen an die Türkei waren bei den Geflüchteten nicht angekommen.

Auch ökonomisch würde es für Europa – diese Seite durfte man gerne diskutieren – nachteilig sein. Die DGMM, die Migrationsbehörde der Türkei, räumte bei einem Treffen mit EU-Vertretern ein, dass sie hoch qualifizierte Geflüchtete nicht ausreisen ließ, obwohl diesen von Deutschland ein Visum erteilt worden war. Ingenieure, Mediziner, Facharbeiter – sie konnten die Türkei nicht verlassen.

Der Deal war für die Geflüchteten nichts wert, er sollte sie Europa nur vom Hals halten. Das war das Einzige, was funktionierte. Die koordinierte Aufnahme aber war ein Bluff: 72000 Menschen sollten koordiniert nach Europa kommen, tatsächlich aber waren gerade einmal 468 Menschen bis Juli 2016 in die Türkei abgeschoben worden, gerade einmal 849 Syrer aus der Türkei auf die EU verteilt.

Diese einschneidenden Entscheidungen setzten den Bewohnern zu. Sie mussten nicht die Gesetzestexte kennen, um zu verstehen, was diese Änderungen für sie bedeuteten. Schon jetzt war es alltäglich, dass Bewohner über den Tod von Verwandten informiert wurden, die in Syrien, in Afghanistan, im Irak oder auf der Flucht vor Soldaten, Warlords oder IS-Terroristen ermordet, bei Bombardierungen oder Anschlägen getötet worden waren oder im Mittelmeer ertranken. Alle Befürchtungen bestätigten sich, die Zahl derer, die die Flucht übers Mittelmeer versuchten, nahm wieder zu. Und mit ihnen die Toten. Alleine von Januar bis Mitte August 2016 zählte man 3164 Ertrunkene, hinzu kam die Zahl derer, die unbeobachtet gestorben waren. Wer es sich leisten konnte, begab sich wieder häufiger in die Hand von Schleusern, die neue Geschäfte witterten, und bestieg alte Kutter, um die Überfahrt nach Europa zu wagen.

Die Gemütsverfassung einiger Bewohner besorgte uns. Sie machten sich Vorwürfe, dass sie ihre Familien nicht mit auf die Flucht genommen, sondern darauf vertraut hatten, sie nachholen zu können. Manche Bewohner überlegten, in die Heimat, in die Kriegsgebiete oder Flüchtlingslager zurückzukehren, um wieder bei ihren Familien sein zu können. Denn wie glücklich sollte ein Vater sein, der nicht wusste, ob er seine Familie je wiedersehen würde? Wie sollte ein Jugendlicher ankommen und loslegen, wenn er seine Eltern nicht nachholen konnte? Die »freiwillige Ausreise« war ein perfides Ansinnen, das von den deutschen Behörden mit finanziellen Anreizen belohnt wurde. Wer freiwillig ging, bekam einen kleinen Bonus, durfte aber in den nächsten fünf Jahren keinen Asylantrag mehr in Europa stellen.

Einige gingen, in eine ungewisse Zukunft. Wer blieb, wurde nicht selten krank vor Sorge und Selbstvorwürfen. Es war mir ein Rätsel, wie unsere Bewohner noch Antriebskraft aufbringen konnten. Wir akzeptierten es, wenn unsere Kollegen wegen Liebeskummer mal etwas weniger leistungsfähig waren, wenn Freunde sich wegen Stress im Job ein bisschen zurückzogen. Aber von Menschen, die nicht wussten, ob ihre Familien morgen noch leben würden, erwarteten wir, dass sie sich integrierten.

Zurück auf Start

39.

Unsere Arbeit ging unterdessen wie gewohnt weiter. Unter unserer Leitung standen noch immer die meisten Bereiche, in der Küche wurden Dilek und ihre Stellvertreterin Alice, auch eine ehemalige Freiwillige, weiterhin von täglich 30 bis 40 Freiwilligen unterstützt, hinzu kamen Freiwillige im Medizinischen Zentrum. Wer glaubte, wir wären weg – wir waren es nicht.

Entsprechend war ich entspannt, wenn wir hörten, dass man uns »ja bald nicht mehr braucht, die Strukturen werden professionalisiert«. Wären wir professionell drei Tage zu Hause geblieben, wäre das Haus kollabiert, alleine in der Küche wäre man nicht einmal in der Lage gewesen, Essen auszugeben.

Und wir blieben weiter das Frühwarnsystem, das durch den engen Kontakt zu den Bewohnern Probleme frühzeitig erkennen konnte. Wenn der Träger nun Strukturen verändern wollte, die von uns aufgebaut worden waren und die sich bewiesen hatten, konnte das natürlich zu Konflikten zwischen Trägern und Freiwilligen führen, wenn wir in den Änderungen eine Verschlechterung sahen. Daher gab es viel zu verhandeln, und es galt, eine strategische Frage zu beantworten: Wollten wir eine kooperative oder eine konfrontative Zusammenarbeit? Manche Initiativen wählten den Weg der Konfrontation, wiesen öffentlich auf Mängel und Probleme hin und übten so Druck aus. Die Strategie war zweifelsohne erfolgreich, viele Träger waren so gezwungen, Änderungen vorzunehmen. Sie waren aber meist nicht nachhaltig, Hausverbote und Einschränkungen waren nicht selten die Folge. Außerdem verhinderte die Konfrontation den Aufbau von Vertrauen, das so wichtig war, um gemeinsam an einem Strang ziehen zu können, mit dem sich auch außerhalb des Rahmens mal Dinge umsetzen ließen. Wir setzten daher konsequent auf Kooperation. Erkannten wir Probleme, sprachen wir sie an und lösten sie. Wir durften unsere Position im Interesse der Bewohner nicht gefährden. Das galt für den alten Heimleiter, und das galt für den neuen.

Der kam am 1. März, einen Tag später stellte er sich beim Bereichsmeeting vor. Stephan, Ende dreißig, sehr korrekt und freundlich, trotzdem auf den ersten Blick das Gegenteil von Thomas. Mit ihm würden wir, das war schnell klar, nicht mehr abends um zehn im Büro sitzen und über den Tag diskutieren, mit ihm würde es ein eher kollegiales, aber nicht unbedingt freundschaftliches Verhältnis geben.

Stephan machte gleich im ersten Satz deutlich, dass er nicht vorhabe, das Ehrenamt zu beschneiden, dass er die geleistete Arbeit der Freiwilligen mit großem Respekt zur Kenntnis nehme, dass er Dinge nicht zwangsläufig verändern, aber weiterentwickeln wolle. Der Start war gut. Doch schon die nächsten Sätze sorgten für leichten Unmut: Die Mitarbeiter sollten ihre Überstunden abbummeln und vor allem keine neuen ansammeln. Das war verständlich – viele Mitarbeiter arbeiteten sieben Tage die Woche, und sie hatten in den letzten Monaten Unglaubliches geleistet. Wir ehrenamtlichen Bereichsleiter hatten allerdings zusätzlich noch einen richtigen Job, die Arbeit im Haus machten wir in unserer Freizeit. Genau genommen schoben wir also nicht weniger Überstunden als die Mitarbeiter, wenn auch unbezahlt. Wir taten es freiwillig, und man konnte es von den Mitarbeitern nicht verlangen, taktisch war es trotzdem nicht klug.

Es wurde nicht besser, als er ankündigte, dass das Haus besser strukturiert werden solle. Dabei spitzte nun auch ich meinen

Mund. Das Haus war strukturiert, es war überstrukturiert. Dass der Träger zu wenig Struktur hatte, lag an der unzureichenden Personalausstattung. Wahrscheinlich wollte er mit seiner Ankündigung nicht Kritik an unserer Arbeit üben, trotzdem konnte man es so interpretieren.

Um strukturiert arbeiten zu können, bezog er nicht das alte Heimleiterbüro zwischen Helferbüro und Verwaltung, mit Blick auf den Haupteingang, sondern richtete sich in einem Raum in einer Ecke des Rondells ein, wo man wenig mit Freiwilligen oder Bewohnern in Kontakt kam. Wer Kontakt zum ASB suchte bzw. mit der Heimleitung etwas abstimmen wollte, musste sich nun an die neu eingestellten Ehrenamtskoordinatorinnen Sita und Inka oder an Philipp wenden, der nun auch die Stabsstelle Integration und Ehrenamt leitete. Das war die neue Struktur, sie war komplexer, langsamer, wir mussten sie hinnehmen. Für die Stimmung aber war sie nicht förderlich. Um dennoch einen regelmäßigen direkten Austausch zu haben, vereinbarten Stephan und ich ein wöchentliches Treffen. Und diese Termine waren gut. Sie waren professionell, klar strukturiert und effizient, ein Ja war ein Ja, und ein Nein war ein Nein, die Ergebnisse teilte ich im Bereichsmeeting mit. Für viele war das ausreichend, doch für andere zeigte sich hier die Ignoranz des Trägers.

Doch das war nicht der einzige Grund für neue Spannungen. Plötzlich waren größere Personalmittel vorhanden. Waren es im September noch fünf Hauptamtliche gewesen, im November 14, so waren es im Mai ganze 70 Personen, wenngleich viele halbe Stellen oder Minijobs hatten und so nur knapp 40 ganze Stellen zusammenkamen. Mehr Personal war gut, bedeutete aber auch: Bereiche, die wir entwickelt und aufgebaut hatten, in die unsere Ideen, unsere Zeit und unser Herzblut geflossen waren, wurden langsam übernommen, und es erinnerte manchen an eine feindliche Übernahme, bei der die Freiwilligen nur noch zusehen konnten, wie ihr Bereich, ihre Arbeit plötzlich umgestaltet wurden. Alles, was nicht zwingend »notwendig« war, Bibliothek, Event, die Kleiderkammern, Fahrradwerkstatt, PatInnen-Programm, Nähwerkstatt, Schulbegleitungsprogramm, Spendenannahme und Bedarfsliste, Spielzeugausgabe, Sportzimmer sowie unsere interne und externe Kommunikation und Koordination, das blieb bei uns.

Während der übergroße Teil der Freiwilligen diese Veränderungen akzeptierte, schließlich hatten wir ja die Personalaufstockung immer gefordert, rebellierten andere und machten Stimmung gegen die Heimleitung. Immer häufiger fiel der Satz: »Wir Freiwilligen sind hier nicht mehr erwünscht.«

Und tatsächlich konnte man das manchmal glauben. Ich scheiterte krachend, als es darum ging, die Position der in der Küche tätigen Freiwilligen zu verteidigen. Von einem Tag auf den anderen sollten sie T-Shirts tragen, auf die groß »Arbeiter-Samariter-Bund« gedruckt war. Ausgeschlossen! Wir waren nicht der ASB. Natürlich trugen die Ehrenamtlichen aus hygienischen Gründen von Anfang an in der Küche Schürzen, Gummihandschuhe und Hauben. Aber Arbeitskleidung, bedruckt mit dem Namen des Trägers? Es gab schlichtweg keinen Grund dafür. Von den Bereichsleitern bekam ich das Okay, die Problematik zu verhandeln. Doch mein Vorschlag, T-Shirts mit dem Wort »Volunteer« zu bedrucken, wurde von der Heimleitung höflich, aber bestimmt abgelehnt. Aus Kostengründen, weil das Neudrucken zu teuer gewesen wäre. Aber auch als wir anboten, die Kosten zu übernehmen, wurde dies abgelehnt, man wollte die in der Küche Tätigen nicht in zwei Gruppen aufteilen. Die Losung war: Wer die Shirts nicht tragen wollte, musste eben als Freiwilliger aufhören. Und das taten viele.

Es war eine Niederlage. Für die Freiwilligen, die sich nicht durchsetzen konnten. Für den Träger, der unnötigen Ärger hervorrief und Freiwillige verlor. Und für mich persönlich. Um zu vermeiden, dass der Konflikt in die Öffentlichkeit getragen wurde und es somit einen öffentlichen, vielleicht sogar medialen Konflikt geben würde, von dem wir nicht profitiert hätten, musste ich, ohne einen Erfolg in der Hand zu haben, in Teilen die Position des Trägers verteidigen, was ich ungern tat und womit ich mir nicht nur Freunde machte. Ich überlegte hinzuschmeißen, blieb schließlich aber und versuchte den Kurs der Kooperation fortzusetzen. Doch noch einmal durfte ich nicht scheitern. Weiterhin führten wir die Gespräche respektvoll, manchmal hart, aber immer vertraulich. Dabei musste ich einige Kröten schlucken, konnte aber auf der anderen Seite auch einiges rausschlagen, beide Seiten bewegten sich. Der neue Heimleiter informierte mich über Planungen, und ich begrüßte sie mal, schlug ein anderes Mal eine Veränderung vor und sagte, wenn ich eine rote Linie überschritten sah. Man traf sich meist in der Mitte, niemand verlor sein Gesicht, leise wurden Dinge umgesetzt. Ich musste zwar auf der einen Seite weiterhin Positionen vertreten, von denen ich nicht vollständig überzeugt war, aber das war der Preis, damit wir auf der anderen Seite weiterhin viel für die Bewohner erreichen konnten.

Hasen für das Rathaus

40.

Für weiteren neuen Schwung sorgte unser Osterfest. Ich weiß nicht, was Katja geritten hatte, aber sie präsentierte plötzlich ihre Osterfeieridee: Stoffhasen. Selbst genäht in der Nähwerkstatt. Für jedes Kind. Für jedes der 420 Kinder! Auslöser war eine Spende, jemand hatte einen riesigen Sack Watte abgegeben. Und der musste weg. Also arbeiteten Freiwillige, vor allem aber Bewohnerinnen und Bewohner im Dreischichtsystem an den Hasen, die aus zwei zusammengenähten Stofflappen bestanden. In der Nacht auf Karfreitag saßen 25 Leute im Helferbüro und in der Nähwerkstatt und stopften Watte in die Hasenhintern. Jedes Kind bekam schließlich seinen Hasen, mit dem es in die Ferien starten konnte.

Doch für Yussof, unseren 16-jährigen Syrer, dessen Eltern inzwischen in den Libanon geflüchtet waren und mit denen er lediglich skypen konnte, waren die Ferien eine kleine Katastrophe. Zuvor war er jeden Tag in die Schule gegangen, hatte nachmittags Hausaufgaben gemacht und anschließend Fußball gespielt, sein Deutsch war jetzt schon ziemlich gut. Er wurde nur von seinem besten Freund Yaver übertroffen, der ebenfalls mit seiner Familie bei uns wohnte und dessen Deutsch nahezu perfekt war. In den Ferien aber drohten langweilige Tage, einzig unterbrochen von den drei Mahlzeiten in der Kantine. Seine Ferien hatten nichts mit den freien Ferien meiner Kindheit zu tun.

So verbrachte er wieder mehr Zeit bei uns im Helferbüro, gab Schlüssel aus, übersetzte und wurde immer mehr ein Teil des Teams. Mit dem Unterschied: Wir gingen abends nach Hause in unsere eigene Wohnung, kochten, sahen fern, machten die Tür zu. Er blieb im Haus, mit 1200 anderen, ohne Privatsphäre, ohne Beschäftigung. Es war klar, dass er in der Notunterkunft niemals würde sein Potenzial entwickeln können.

Die Situation brachte Marianne auf die verrückte Idee, dass Yussof bei ihr einziehen könnte, in ihrer Wohnung war Platz genug. Wie sollte das gehen? Natürlich konnte ein 16-Jähriger nicht einfach ausziehen. Der Antrag wäre mit Sicherheit nicht positiv beschieden worden, und selbst wenn, er hätte Monate in Anspruch genommen. Das Ganze musste also inoffiziell organisiert werden. Yussof musste nicht überzeugt werden, er wollte hier raus. Marianne sprach mit dem Bruder und dessen Frau, dann mit Yussofs Tante und seinem Onkel. Per Skype wurde die Situation mit den Eltern erörtert, die sofort zustimmten, ihnen war der Zustand ihres Kindes natürlich nicht verborgen geblieben. Nun wurden Pädagogen, Psychologen und Ärzte konsultiert: Alle, die mit Yussof zu tun gehabt hatten, stimmten vorbehaltlos zu.

Vier Wochen nach Ostern begann das Experiment. Yussof zog zu Marianne.

Brüssel

41.

Paris. Köln. Jetzt Brüssel. Als sich am 22. März drei Selbstmordattentäter im Flughafen und in einer U-Bahn-Station in die Luft sprengten, 32 Menschen ermordeten und 300 Personen verletzten, erschütterte es Europa. Ich war so oft in Brüssel gewesen, kannte dort so viele Menschen. Ich schrieb SMS, versuchte in meinem Kopf die Liste durchzugehen, wer gerade in Brüssel war. Die Ereignisse waren ein Schock. Aber dieser Schock wurde auch erneut dafür genutzt, weitere Ressentiments gegen Geflüchtete zu schüren. Dass die drei Attentäter die belgische Staatsbürgerschaft hatten, dass zwei dort geboren und alle drei dort aufgewachsen waren, dass es nichts mit Geflüchteten zu tun hatte – alles wurde unter der Überschrift »Islam« zusammengeworfen und traf wieder alle Geflüchteten und unsere Bewohner. Unter ihnen machte sich erneut Verunsicherung breit, viele kamen auf uns zu, fragten, wie sie damit umgehen, was sie tun sollten. Immer seltener verließen sie das Haus, immer häufiger hörten wir wieder von Anrempelungen und Anfeindungen. Auch wir Freiwilligen wurden immer unverhohlener angegriffen, wir waren die »Terrorzüchter«.

Dachten wir, die Stimmung sei nach Köln gekippt, so wurde es jetzt noch heftiger. Die Ereignisse von Köln waren noch immer sehr präsent, jeden Tag kamen neue Erkenntnisse ans Licht. Fast ausnahmslos waren es Männer mit Migrationshintergrund gewesen, und inzwischen war klar, dass eine große Anzahl von ihnen Geflüchtete waren. Aber noch etwas anderes kam hinzu. Eine Woche zuvor war in drei Bundesländern gewählt worden, überall hatte die AfD einen klaren Anti-Flüchtlings-Wahlkampf gemacht und war damit erfolgreich: 15,1 Prozent in Baden-Württemberg, 12,6 Prozent in Rheinland-Pfalz, sogar 24,2 Prozent in Sachsen-Anhalt

Nun hätte man glauben können, dass die demokratischen Partien jetzt erst recht zusammenrückten, mit Vorurteilen aufräumten und deutlich machten, dass man gemeinsam gegen den Terrorismus kämpfen musste, aber nicht auf dem Rücken von Menschen, die vor Krieg geflohen waren. Aber es geschah das Gegenteil. Jede Partei hatte Leute, die den rechten Rand bedienten, die nie offen hetzten, aber dennoch durch Andeutungen und das Bedienen einfachster Klischees Stimmung machten. Ihr Kalkül war simpel: »Die AfD profitiert enorm davon, dass man sich nicht traut, auszusprechen, was man denkt«, hieß es bei Boris Palmer und bedeutete übersetzt: Die Leute wollen Ressentiments hören. Wenn sie die von uns nicht hören, gehen sie zu AfD und NPD. Also geben wir sie ihnen. Er war es auch, der schon im Februar gefordert hatte, die Grenzen mit Waffen zu sichern, und er hatte damit ja nichts anderes gesagt, als dass man auf Geflüchtete schießen sollte, denn wenn man nicht schießen sollte, warum sollte es dann Waffen geben? Und es musste immer ein bisschen weiter gehen: »Die gesamte Gesellschaft war nicht darauf eingestellt, dass die großzügige Hilfe in einem solchen Ausmaß missbraucht werden könnte«, und »Die Silvester-Übergriffe haben etwas mit der Aufnahme von Flüchtlingen ohne Registrierung und Kontrolle zu tun«. Es gab keinen Dissens, dass die Übergriffe scharf verfolgt werden mussten. Aber mit der Verbindung der Begriffe »die Hilfe« und »missbraucht« ohne die notwendige Differenzierung machte man sie zu einem generalisierten Fehlverhalten aller Geflüchteten, auch ohne das Wort »alle« gesagt zu haben. Und was hatte die Registrierung damit zu tun, ob die Leute straffällig wurden oder nicht? Waren registrierte Menschen automatisch gesetzestreu? Die Realität bewies das Gegenteil, abgesehen davon, dass ausnahmslos niemand gegen eine Registrierung war. Mit diesem verbalen, an die Regierung adressierten Angriff wurden so Ressentiments gegen Geflüchtete geschürt, als würden ausgerechnet sie sich gegen eine Registrierung wehren. Die Andeutungen, dass die Geflüchteten ein Problem waren, das man loswerden sollte, wurden deutlicher. SPD-Chef Gabriel stellte aus parteitaktischem Kalkül Merkels Satz »Wir schaffen das« infrage und vergaß dabei, dass der Satz ursprünglich von ihm selbst stammte, ignorierte, dass er damit nicht nur Merkel, sondern der gesamten Situation schadete. Sahra Wagenknecht von den Linken fabulierte: »Wer Gastrecht missbraucht, der hat Gastrecht dann eben auch verwirkt«, und vergaß dabei, dass es sich hier nicht um Gastrecht, sondern um die Flüchtlingskonvention handelte. Palmer forderte: »Da Syrer nicht mehr in ihre Ankunftsländer zurückgeschickt werden, gibt es nur einen Weg – zurück ins Herkunftsland.« Der CSU-Generalsekretär sagte Monate später über afrikanische Geflüchtete: »Das Schlimmste ist ein Fußball spielender, ministrierender Sengalese, der über drei Jahre da ist – weil den wirst du nie wieder abschieben.« Daher sollten sie besser »gleich dort bleiben, wo sie hergekommen sind«.

Während die einen nach solchen Statements zurückruderten oder auf Druck ihrer Parteien zurückrudern mussten – wie immer falsch verstanden, aus dem Kontext gerissen oder missinterpretiert – und auf dem schmalen Grad zwischen offener Hetze und Interpretationsfähigkeit wandelten, erfanden andere schlichtweg Zahlen. Hatte de Maiziere im November 2015 von angeblich 30 Prozent »falschen« Syrern gesprochen, waren es nun Ärzte, die angeblich Abschiebungen verhinderten: »Es kann nicht sein, dass 70 Prozent der Männer unter 40 Jahren vor einer Abschiebung für krank und nicht transportfähig erklärt werden.« Die Aussage musste er einige Tage später zurücknehmen: Die Zahl sei ihm in »Gesprächen spotlightartig« berichtet worden, Zahlen oder Statistiken lagen ihm keine vor. Er suggerierte damit, dass man die Menschen, die seiner Meinung nach hier nichts zu suchen hatten, einfach nicht loswurde, man also schärfer gegen sie vorgehen musste. Sein Ministerium musste nun offiziell erklären: »Es gibt keine flächendeckenden statistisch erhobenen Bundesdurchschnittszahlen zur genauen Quote der an Attesten gescheiterten Abschiebungen.« Die Zahl war erfunden und in den Raum geworfen worden und verfehlte ihre Wirkung nicht. Sie blieb hängen, das Dementi nicht.

So wurde kein einziges der vorhandenen Probleme ernsthaft angegangen, vielmehr wurden »besorgte Bürger« bedient, und auch die Zahl jener, die sich von solchen Aussagen lange distanziert hatten, nahm zu, denn wenn wahre Demokraten das so sagten, dann musste man das doch schließlich auch sagen dürfen. Wir wurden Zeugen, wie die Sitten verrohten, und reagierten mit dem Einzigen, was wir konnten: in Gesprächen mit Freunden, Kollegen und Anwohnern zeigen und davon berichten, dass die Geflüchteten Menschen waren wie wir, deren einzelne Schwächen und Fehler sich nicht generalisieren ließen.

Not und Unterkunft

42. Im Haus beschäftigten wir uns weniger mit politischen Auseinandersetzungen, sondern mit den realen Herausforderungen. Die Spannungen zwischen ASB und Freiwilligen waren nach wie vor vorhanden, und die Kritik wurde oft an der Person des neuen Heimleiters festgemacht, weil er nun mal derjenige war, der das letzte Wort hatte. Manche warfen ihm mangelnde Empathie vor, doch damit lagen sie nicht richtig.

Am Samstag, dem 23. April, erschien ein Artikel über die Familie Al-Amirij. Nachdem ihr Fluchtboot im August 2015 vor der griechischen Insel Kos gekentert war, konnte Vater Laith Majid Al-Amirij mit letzter Kraft seine Kinder vor dem Ertrinken retten. Das Foto, auf dem er seine Tochter fest umklammernd und weinend den Strand hochträgt, ging um die Welt, machte die Familie kurzzeitig berühmt und brachte dem Fotografen den Pulitzerpreis ein. Die Familie überlebte, kam nach Berlin, doch nach einem halben Jahr ging sie freiwillig zurück in den Irak, der dortigen Familienmitglieder wegen. Mustafa, der 19-jährige Sohn, blieb allein in Berlin zurück, gerade für ihn als jungen Sunniten war eine Rückkehr zu gefährlich.

Doch auch hier war er in Gefahr. Die Notunterkunft in Spandau hatte ihn nach einer nachweislich nicht von ihm ausgegangenen Schlägerei hinausgeworfen, und das LAGeSo sah sich nicht in der

Lage, ihm einen Platz in einer anderen Notunterkunft zu vermitteln, er stand auf der Straße.

Ich war an diesem Samstag beruflich im Ausland, las den Artikel, den Yasmine gepostet hatte, wir telefonierten. Yasmines Mutter gelang es schließlich, einen Kontakt zu Mustafa herzustellen, sie trafen sich. Wir brauchten eine Unterkunft, draußen waren die Temperaturen nachts knapp über dem Gefrierpunkt. Yasmine konnte ihn nicht aufnehmen, meine Wohnung hätte er erst ab Sonntag haben können, erst dann hätte meine Freundin ihm den Schlüssel geben können. Außerdem brauchten wir eine langfristige Lösung, nicht wieder nur für ein paar Tage.

Das Beste wäre ein Platz im Rathaus gewesen, aber am Samstagabend und Sonntag arbeiteten dort seit einer Umstellung vor einigen Wochen außer in der Küche keine ASB-Mitarbeiter mehr, der Senat zahlte die Zuschläge nicht, dann trugen die Freiwilligen allein die Verantwortung im Haus, durften aber nichts entscheiden und erst recht niemanden aufnehmen. Trotz Yasmines Verhandlungen hielt sich die Security an ihre Regeln.

Also schickte ich Stephan um 19.11 Uhr eine SMS, erläuterte die Problematik, bat ihn um Hilfe, damit wir den Jungen mindestens bis Montag aufnehmen konnten, auch wenn für ihn keine Kostenübernahmeerklärung vorlag.

Stephan reagierte sofort. Um 19.14 antwortete er mir, Minuten später der Security, um 19.45 checkte Mustafa bei uns ein und wurde in sein Zimmer gebracht. Stephan waren die Menschen nicht egal.

Alltag – der normale Wahnsinn

43.

Manche Vorfälle im Leben von Familie P. waren so absurd, dass es schon wieder komisch war. Der erste Brief, den sie in ihrer neuen Bleibe erhielten, kam von keiner der einschlägigen Behörden, dem LAGeSo, dem BAMF oder dem Sozial- oder Bezirksamt, nein, sie erhielten Post vom Beitragsservice des öffentlich-rechtlichen Rundfunks, der früheren GEZ: »ARD, ZDF und Deutschlandradio bieten Ihnen täglich ein hochwertiges, unabhängiges und vielfältiges Programm«, und dafür sollten sie jetzt bitte zahlen. Auf der Rückseite konnte man ankreuzen, wie man zu zahlen gedenke. Nur konnte man nicht ankreuzen, dass man als Asylbewerber wie alle Empfänger von Sozialleistungen von der Beitragspflicht ausgenommen war.

Am kommenden Tag rief ich beim Beitragsservice an und erklärte einem sehr freundlichen Mann die Situation und bekam als Antwort ein »Schon wieder«. »Die Adresse, ist das das frühere Hostel Soundso?« Ich bejahte. »Wissen Sie, das Problem ist folgendes: Wenn Sie sich irgendwo im Melderegister eintragen, bekommen wir automatisch Ihre Daten und schicken die Zahlungsaufforderung raus. Das ist bei Flüchtlingen genauso, wenn sie registriert werden. Die Bundesländer sagen uns daher, welche Hausnummer eine Flüchtlingsunterkunft ist, dann nehmen wir das aus dem System.« In der Tat hatte der Beitragsservice am 14. September 2015 genau das den Kommunen und Städten noch einmal erklärt und eine entsprechende Pressemitteilung versandt. »In 15 Bundesländern klappt das auch unproblematisch. Nur in einem Bundesland nicht. Raten Sie, in welchem.«

Dit war Berliner Alltag. Der war auch bei Familie P. weitgehend eingekehrt. Am Wochenende machten sie Ausflüge in die Stadt, erkundeten die Seen im Grunewald. Dawud ging zur Schule, machte nachmittags unter der strengen Aufsicht von Hawwa seine Hausaufgaben, bevor er Fußball spielen durfte. Sie ging fünf Stunden täglich in ihren Sprachkurs, machte am Nachmittag selbst ihre Hausaufgaben, und wenn sie nichts zu tun hatte, schickte sie mir verrückte Nachrichten, in denen sie mich konsequent siezte, während wir uns in der direkten Kommunikation duzten. Mehrmals die Woche bekam ich Einladungen zum Essen, die meisten musste ich ablehnen, Steglitz war einfach zu weit weg. Also lud ich sie immer zu mir ein, was ihr aber nicht ins Konzept passte. Ihre Vorstellung von Gastfreundschaft sah so aus: Du kommst zu uns, wir mästen dich, bis wir uns streiten, weil du dich weigerst, noch einen Happen mehr zu essen, obwohl das Essen wirklich verdammt lecker ist. Danach trinken wir starken süßen Kaffee, bis wir uns streiten, weil du dich weigerst, noch eine Tasse mehr zu trinken, weil du Angst hast, nie wieder schlafen zu können. Und dann gehst du nach Hause, vollgefressen und im Koffeinrausch.

Dennoch schafften sie es schließlich zu mir und zwei Wochen später war ich dann wieder bei ihnen. Und guckte mir Papiere an. Papiere vom BAMF, die niemand verstand, eine maximal komplizierte Information darüber, dass die eine Behörde das Kindergeld nicht mehr zahlen, dafür eine andere Behörde dies übernehmen würde, ausgewalzt auf sechs Seiten. Ich brauchte eine halbe Ewigkeit, um das Ganze halbwegs zu verstehen, rief zur Sicherheit noch einmal bei der Behörde an und erfuhr, dass sich eigentlich nichts ändern würde. Schön.

Fast so unterhaltsam war der Brief der Berliner Feuerwehr. Vor vier Monaten, noch bei uns im Haus, hatte sich Hawwa bei einem

Sturz das Bein verletzt, der Notarzt war gerufen worden, hatte sie ins Krankenhaus gebracht, sie hatte den grünen »Behandlungsausweis und Abrechnungsschein für vertragsärztliche Behandlung« vorgelegt, fertig.

Nun aber forderte die Feuerwehr die Transportkosten in Höhe von 319,10 Euro, denn nachdem das LAGeSo angegeben hatte, Hawwa P. nicht zu kennen, und auch das Bezirksamt Tempelhof-Schöneberg mitgeteilt hatte, für eine Hawwa P. nicht zuständig zu sein, sollte sie selbst die Rechnung übernehmen. Frist: vier Wochen, das Schreiben war schon zehn Tage alt, herrlich. Das war natürlich hanebüchen, natürlich waren sie registriert und hatten damit Anspruch auf Leistungen des Asylbewerberleistungsgesetzes, die Behandlung im Krankenhaus war ja schließlich auch übernommen worden.

Anruf bei Frau O. von der Berliner Feuerwehr. Erneut eine furchtbar nette Frau, ich hatte wirklich Glück mit meinen Ansprechpartnerinnen. Frau O. verstand das Problem und gab an, welche Papiere sie brauchte: die Erstregistrierung durch das LAGeSo, den Behandlungsausweis und Abrechnungsschein für vertragsärztliche Behandlung, den Bescheid über die Zustimmung zum Verfahren hinsichtlich des Asylantrags sowie eine Vollmacht, dass sie im Zweifel weiterhin alles mit mir besprechen durfte.

Mit einer Fristverlängerung ausgestattet suchten wir die Unterlagen zusammen. Außer den Behandlungsausweis und Abrechnungsschein für vertragsärztliche Behandlung. Denn den gab man beim Arzt ab, und der reichte ihn weiter. Abgegeben worden war er beim Augenarzt. Also Anruf dort, erneut eine Frau. Auch Frau S. war nett, machte aber klar, dass der Schein aus dem vorvorletzten Quartal natürlich an irgendeine andere Stelle weitergegeben worden war. Wo er nun aber genau sei, das konnte sie mir auch nicht sagen.

In einem letzten Aufbegehren tackerte ich den Behandlungsausweis und Abrechnungsschein für vertrags*zahn*ärztliche Behandlung zu den Unterlagen und setzte darauf, dass irgendjemandem bei der Feuerwehr schon klar sein würde, dass man den Behandlungsausweis und Abrechnungsschein für vertragszahnärztliche Behandlung nur bekam, wenn man auch den Behandlungsausweis und Abrechnungsschein für vertragsärztliche Behandlung hätte.

Vier Monate hörte ich nichts. Doch Ende August kam die Forderung erneut. Das Spiel begann von vorne.

Großer Besuch trifft großen Skandal

44.

Nachdem ich Ben Stiller verpasst hatte und von George Clooney versetzt worden war, sollte auch ich einmal einen Promi abbekommen. Susan Sarandon, und mit ihr zwei neue Tischtennisplatten. Denn wenn sie nicht gerade Filme drehte oder für Oscars, Golden Globes oder irgendwelche anderen Awards nominiert war, tourte sie durch die Welt, wies die Weltöffentlichkeit auf die Situation in Geflüchtetenlagern hin, und wenn sie das alles nicht tat, spielte sie Tischtennis. Für sie war Tischtennis Sport, Beschäftigung und Therapie in einem, und deswegen sollte auch bei uns mehr Tischtennis gespielt werden.

Wir führten sie und ihre Begleitung von der Organisation IsraAID, die den Termin organisiert hatte, durchs Haus, erklärten ihr den Unterschied zwischen Flüchtling und Bewohner. Sie sprach eine Stunde allein mit Frauen, begrüßte einen neugeborenen Säugling, durchkämmte die Kleiderkammer, sprach mit den Ärzten, bestaunte die Spendensortierung, war entspannt, sympathisch und aufgeschlossen.

Nach drei Stunden rief Susan Sarandon zum Abschied: »Great work, guys, carry on«, gute Arbeit, macht weiter. Wenn sie das sagte, mussten wir wohl weitermachen.

Doch der Tag war noch nicht vorbei. Stephan und Philipp hatten berichtet, dass sie vor einigen Tagen Anrufe von zwei Journalisten bekommen hatten, deren Fragen irgendwie merkwürdig waren. Ich fragte nach. »Läuft das Ausschreibungsverfahren schon?« Ja, es lief. Im Sommer stand eine neue Ausschreibung für die Trägerschaft des Hauses an. Natürlich wollte der ASB sein Haus behalten und bereitete sich vor. »Dann wird da irgendwas kommen. Ein paar Leute mögen euch nicht.« Man sollte nicht glauben, dass der soziale Sektor ein einziges zärtliches Friedensgebiet ist. Es kann auch ein Kampfschauplatz sein, auf dem um Anteile, Einfluss, Mitarbeiter und Geld gerungen wird.

Susan Sarandon hatte gerade das Haus verlassen, es war Freitag, der 13. Mai, als die Onlinemeldung einer Berliner Zeitung bei uns aufschlug: »Interne Papiere deuten auf Unregelmäßigkeiten in der Vorzeige-Einrichtung hin«. Laut Meldung sollte der ASB Spendengelder für Hygieneartikel genutzt haben, obwohl er sie gleichzeitig beim LAGeSo abgerechnet habe. Er habe um Spenden für den Ausbau der Großküche und die Errichtung eines Spielplatzes geworben, beides sei aber nicht vorhanden. Außerdem seien nicht belegte Plätze abgerechnet worden. Zudem habe das LAGeSo nach einem Kontrollbesuch im Januar kritisiert, dass insbesondere im Kinderbereich zu wenige Mitarbeiter tätig seien. Ferner habe das Essen, das unsere Bewohner bekamen, weniger gekostet als die zehn Euro pro Tag, die der ASB als Pauschale erhielt.

Ich atmete tief durch. Geld ging uns nichts an, wir kannten keine einzige Abrechnung, das war nicht unser Problem. Theoretisch. Aber in der Praxis war es ein Riesenproblem. Seit Januar wurde debattiert, ob die Hygieneartikel, die wir noch immer als Spenden einwarben, nicht eigentlich vom Träger hätten bezahlt werden müssen. Ein Spielplatz, das wussten wir, war geplant, aber ob er jemals kommen würde, wussten wir nicht. Zu wenig Personal im Kinderbereich hatten wir immer bemängelt. Dass Plätze unbelegt gewesen waren, konnte ich mir kaum vorstellen, exakte Zahlen aber hatten wir Freiwilligen nicht. Ebenso wenig wussten wir, was das Essen kostete, wobei ein Pauschalbetrag eben eine Pauschale war und der genaue Preis nicht nachgewiesen werden musste. Aber da sich die

Bewohner immer über das Essen beschwerten, war klar, dass einige den Vorwurf nutzen und auf die Barrikaden gehen würden.

Ich schickte den Artikel an die Bereichsleiter, fast alle plädierten dafür, dass wir uns dazu nicht äußern sollten. Kooperation statt Konfrontation, wir mussten intern drängen, aber nach außen geschlossen auftreten. Wenn wir jetzt öffentlich gegen den ASB schießen würden, verlören wir alle. Aber die Büchse der Pandora war geöffnet.

Alles, was seit Wochen zu Unmut geführt hatte, kam nun raus. Der Vorfall letzte Woche, als wir ein Kind mit Läusen hatten und sich kein Mitarbeiter zuständig fühlte. Eine E-Mail, die Stephan nicht beantwortet hatte. Fehlende Schlüssel für unsere Räume. Die mangelnde Kommunikation zwischen Haupt- und Ehrenamt. Unklare Zuständigkeiten angesichts der in den letzten Wochen rasant angewachsenen Personalstellen. Fehlende Aushänge …

Ich schlug vor, beim nächsten Bereichsmeeting alles zu sammeln, dem ASB eine Liste mit Problemen und Forderungen zu übergeben und eine Frist für die Beantwortung zu setzen. Das wurde unterstützt, doch die Diskussion hörte nicht auf. Es bildeten sich zwei Lager, die sich nun gegenseitig an den Hals gingen, und mündete bei denen, die schon lange unzufrieden waren und die sich nicht wertgeschätzt sahen, in der festen Überzeugung: Der ASB will uns Freiwillige raushaben. Was das mit angeblich falschen Abrechnungen zu tun hatte? Nichts. Aber das war egal. Die Wut musste raus, jetzt gab es die Gelegenheit.

Rückblickend betrachtet war das vielleicht sogar gut. Denn auf dem Gipfel der Eskalation wurden die Stimmen immer lauter, die für Ruhe und Geschlossenheit plädierten. Inga war es schließlich, die es auf den Punkt brachte: »Es ist doch so, dass wir anfangs eingesprungen sind, weil es keine Strukturen und keine Mitarbeiter gab. Jetzt kommen Strukturen und Mitarbeiter, und wir Ehrenamtlichen werden nach und nach entbehrlich. Und das sollte unser Ziel sein: den ASB dahin zu kriegen, dass er uns nicht mehr braucht.«

Für einige war damit nichts geklärt, aber die Mehrheit schloss sich an. Doch die Sache war noch nicht vom Tisch. Nur vier Tage später, am 17. Mai, berichteten drei der größten Berliner Zeitungen über weitere Unregelmäßigkeiten und vermeintliche Skandale, Tickermeldungen schafften es in die Onlineausgaben überregionaler Portale.

Im Mittelpunkt stand ein Polizeieinsatz am 29. April. Den Artikeln zufolge war es »nach Beschwerden über das Essen zur Revolte« gekommen, »bis zu 30 Flüchtlinge sollen versucht haben, ein ASB-Büro im Gebäude zu stürmen. Es kam wohl zu einer Prügelei mit Sicherheitsleuten, bis die Polizei eintraf.« Die Mitarbeiter hätten sich »in ihren Büros eingeschlossen«. »Die haben sich die Nasen blutig gehauen«, wurde jemand, natürlich anonym, zitiert. »Vergeblich« habe man versucht, Philipp zu erreichen, es hieß: »Die Flüchtlingshelfer ziehen sich aus ASB-Heim zurück.« Eine Journalistin rief mich an, wollte wissen, warum wir »die Flüchtlinge hungern lassen« und nicht eingriffen, wenn sie unterversorgt würden.

Jetzt war eine rote Linie überschritten. Denn jetzt ging es nicht mehr nur um falsche Abrechnungen, es ging gegen uns und das, was wir hier gemeinsam aufgebaut hatten. Und es ging gegen unsere Bewohner, die in ein völlig falsches Licht gestellt wurden. In den kommenden zwei Tagen machte ich nichts anderes, als Unterlagen zu sichten, Protokolle zu lesen, ich bekam von früheren Freiwilligen und Mitarbeitern vertrauliche E-Mails zugeschickt, ich telefonierte mit Stadträten und dem Bezirksbürgermeister – viele kleine Teile mussten zu einem Puzzle zusammengefügt werden. Jetzt konnten wir nicht mehr schweigen, selbst die größten Kritiker des ASB in unseren Reihen zogen mit. Geschlossen wie selten zuvor gingen wir in die Offensive und verschickten eine Stellungnahme aller Bereichsleiter.

Berlin, 19. Mai 2016

STELLUNGNAHME DER FREIWILLIGEN IM RATHAUS WILMERSDORF ZU DEN AKTUELLEN VORWÜRFEN

In den letzten Tagen gab es scharfe Kritik an der vom ASB geführten Notunterkunft im Rathaus Wilmersdorf. Es geht um angebliche Prügeleien, Unterversorgung und sich zurückziehende Freiwillige. Diese Behauptungen entbehren jeder Grundlage.

Angeblich »blutige Prügelei« am 29. April

Die von einigen Medien geschilderten Vorfälle am 29. April, denen zufolge es zu einer »Revolte«, »Prügeleien mit Wachschützern«, sich in »in ihren Büros eingeschlossenen« und nicht zu erreichenden Mitarbeitern sowie einer »versuchten Stürmung der Büros« durch die Bewohner gab, sind falsch!

Richtig ist: In den Tagen zuvor hatte das Haus einen neuen Caterer bekommen. Statt fertig portioniertem, abgepacktem Essen in Aluschalen wird nun wie in anderen Kantinen das Essen auf Teller ausgegeben. Diese Umstellung hat in den ersten Tagen nicht optimal funktioniert, es gab verlängerte Wartezeiten, die Ausgabe verlief schleppend. Entsprechend kam es zu Beschwerden von Freiwilligen und Bewohnern.

Jedoch gab es keine Prügelei, keine Gewaltanwendung von Bewohnern oder Sicherheitsleuten, keine Verletzten, nichts wurde beschädigt. Der angeblich nicht zu erreichende Stabsstellenleiter Philipp Bertram, weitere Mitarbeiter und zahlreiche Freiwillige waren vor Ort und sprachen mit der routinemäßig gerufenen Polizei und den Bewohnern. Die Polizei hat keine Personalien aufgenommen, was sie bei einer Prügelei getan hätte.

Wir wünschen uns demokratisch aufgeklärte und mündige Bewohner. Diese haben natürlich das Recht, sich zu beschweren.

Die Bewohner bekämen zu wenig zu essen

Dieser Behauptung widersprechen wir energisch. Als Freiwillige kontrollieren wir das Essen hinsichtlich Menge und Qualität, denn in der Vergangenheit gab es Grund zur Kritik, und wir verstehen uns durchaus als »Frühwarnsystem«, um eventuelle Mängel benennen zu können. Kommt es zu Beanstandungen, melden wir dies. Es gab Probleme bei der Umstellung des Caterers. Diese sind benannt und behoben.
Kein Bewohner in diesem Haus hungert oder wird unterversorgt.

Flüchtlingshelfer zögen sich aus ASB-Heim zurück

Unter den vielen Ehrenamtlichen waren zahlreiche Mediziner, die in den ersten Monaten eine sehr gute medizinische Versorgung aufgebaut haben, da dem Haus kein hauptamtliches medizinisches Personal zur Verfügung gestellt wurde. Eine zentrale Rolle hat dabei die Initiative »Medizin hilft Flüchtlingen« (MhF) gespielt. Da der Medizinbereich bis Ende November jedoch gut etabliert war, hat sich die Initiative zum 1. Dezember aus dem Rathaus zurückgezogen, um sich um Unterkünfte zu kümmern, denen entsprechende Strukturen fehlten.
Allerdings wurde MhF weiterhin ein Lagerraum zur Verfügung gestellt, den sie zur Mitte des Jahres räumen sollten. Dass die Situation mit MhF nun wegen eines Lagerraums eskaliert, ist bedauerlich, vor allem, da weiterhin mehr als zehn ehrenamtliche Ärzte, Schwestern und Hebammen zusätzlich zur hauptamtlichen Struktur im Einsatz sind.
Bzgl. des Lagerraums gehen wir davon aus, dass eine einvernehmliche Lösung möglich ist.
»Die Flüchtlingshelfer« aber ziehen sich nicht zurück. Als Freiwillige werden wir weiterhin engagiert vor Ort sein. Wir werden auch nach über neun Monaten im Einsatz weiterhin öffentlich auf Fehler von Politik, Behörden und Trägern hinweisen und uns damit gerne auch an manchen Stellen unbeliebt machen, denn natürlich gibt es weiterhin Grund zur Kritik.

Zum Vorwurf der nicht sachgerechten oder fehlerhaften Abrechnung durch den ASB können wir uns als Freiwillige nicht äußern, da wir keinen Einblick in die Finanzen des Trägers haben. Dies aufzuklären ist Aufgabe des ASB, was wir selbstverständlich fordern. Der ASB hat am 17. Mai diese Aufklärung zugesichert.

Die Mitteilung wurde zwar nur von wenigen Medien aufgegriffen, sorgte aber dafür, dass wieder über die Fakten geredet wurde. Am selben Abend tagte die Bezirksverordnetenversammlung. Die hinzitierte Polizei bestätigte unsere Stellungnahme: Es hatte keine Prügelei gegeben. Auch die Essensausgabe war inzwischen geregelt, auch wenn es um die Küche immer wieder Ärger geben würde.

Juristisch und personell hatten die »Wilmersdorfer Chaostage« keinerlei Folgen. Die vom ASB beauftragten Wirtschaftsprüfer kamen später zu dem Ergebnis, dass im Herbst kleinere, aber nicht weiter relevante Formfehler gemacht worden seien, es aber keinerlei Betrug gegeben habe. Aber das Ansehen des Hauses, der Bewohner und der Freiwilligen hatte gelitten, und es war nun an uns, es wiederherzustellen.

Endlich Alltag

45.

Manche Freiwillige zogen sich nun aus dem Haus zurück, einige, weil ihnen die Entwicklungen nicht gefielen, die meisten, weil sie sich stärker um eine einzelne Familie kümmern wollten. Die, die blieben, bildeten eine stärkere Einheit als zuvor. Menschen wie Inga, Gloria, Kerstin, Philipp, Frank, Katja, Valeska, Kristina, Peter, Sita, die inzwischen eine der angestellten Ehrenamtskoordinatorinnen war, oder Ewald, unser kauziger, großartiger Bufdi, der mit seinen 62 Jahren bei uns einen Bundesfreiwilligendienst absolvierte, sie wurden immer mehr von Kollegen zu Freunden. Wir sahen uns nicht mehr nur im Rathaus, sondern auch privat, in der Kneipe, zu Hause, beim Geburtstag.

Wir berieten uns gegenseitig, tauschten Erfahrungen aus. Meines Kampfes mit der Feuerwehrrechnung für Familie P. nahm sich vorläufig Peter an. Ein super Typ mit sehr trockenem Humor, der sich als Vormund junger Geflüchteter mit den Sachbearbeitern in jeder Behörde anlegte und fast immer das bekam, was er wollte.

Manchmal erfuhren wir erst jetzt, was in den anderen wirklich vorging, wie sie die letzten Monate erlebt hatten, wer welchen Preis hatte zahlen müssen. Ob es nun Freunde und Familienmitglieder waren, die auf Distanz gingen, Partner, die einen verlassen hatten, weil man nie zu Hause war, jeder konnte eine Geschichte beisteuern. Aber wir redeten auch darüber, was wir gewonnen hatten: ein neues Selbstverständnis, neue Blicke auf die Welt, etwas, womit niemand von uns vor einem Dreivierteljahr gerechnet hatte.

Es war richtig, es gab keine Aufbruchsstimmung mehr, wir verbrachten weniger Zeit im Haus. Aber das war gut. Wir versuchten nicht mehr, alles selbst zu machen, sondern etwas anzustoßen. Jetzt begann der lange dritte Akt unseres Stückes. Wir halfen den Bewohnern nun, das Leben in der Unterkunft, aber eben auch außerhalb selbst zu gestalten. Hatten wir die Bewohner in der zweiten Phase noch an die Hand genommen, so ließen wir jetzt los und liefen neben ihnen her. Viele, wenngleich nicht alle, wurden immer selbstständiger und machten einfach ihr Ding. Sie waren es nun, die Netzwerke aufbauten, die uns Konzertkarten anboten, die sie über neue Kontakte bekommen hatten, die uns einluden. Plötzlich stellten sie so unerhörte Fragen wie, was der Unterschied zwischen »oder« und »beziehungsweise« sei – was Frank, Kerstin und mich ziemlich schwimmen ließ. Deutsch lernen hatte aber auch seine Tücken. Als jemand wissen wollte, warum ich ein bisschen abgenommen hatte, das Wort »dünner« aber noch nicht kannte, fragte er: »Warum bist du nicht mehr dick?« Alltag konnte so charmant sein.

Gewisse Probleme im Haus blieben uns erhalten. In der Küche gab es immer noch Ärger, und es würde ihn weiter geben, immer ausgehend von einer gleichen kleinen Gruppe, die den Eindruck erwecken wollte, als würden sich alle beschweren. Beim Anstehen vor der Kleiderkammer gab es noch immer Streit um die besten Plätze, und wir begannen jetzt, Konsequenzen zu ziehen. Gab es Rangeleien, wurde die Kleiderkammer geschlossen. Einzelne Bewohner beschwerten sich immer noch, dass sie kein Fahrrad bekommen hatten. Kinder machten noch immer Sachen kaputt, aber es wurde weniger, die Erwachsenen griffen häufiger ein. Und wir wurden gelassener. Manche Dinge waren eben, wie sie waren. Dies war eine Notunterkunft mit 1200 Menschen, und dafür war es hier wirklich entspannt.

Wir bekamen auch neue Aufgaben. Hilfe beim Schreiben der

Bewerbungen, beim Vorbereiten auf Bewerbungsgespräche, wir kämpften uns durch Unterlagen, wenn wir syrische Ausbildungsabschlüsse mit deutschen abglichen. Wir richteten ein neues Lager ein, in dem Haushaltsgegenstände wie Waschmaschinen, Kühlschränke, Sofas, Betten und Kommoden gelagert wurden, die Bewohner brauchen konnten, wenn sie auszogen.

Zum Alltag gehörten auch weiterhin Besuche, von Rabbinern, Politikern und Prominenten, auch wenn der große Hype weg war. Nach Susan Sarandon besuchte uns Susan Wojcicki, Google-Mitarbeiterin Nummer 16 und mittlerweile Chefin des Sechs-Milliarden-Dollar-Konzerns Youtube. Wann führte man schon mal die Chefin eines der mächtigsten Internetkonzerne durchs Haus, die auch noch von Forbes auf Platz sechs der Liste der einflussreichsten Frauen der Welt gewählt wurde? Der Rundgang mit ihr war indes weniger spektakulär als ihre Biografie, wir erklärten ihr das Haus, Standardprogramm.

Nachdem wir ihr auch die Kleiderkammer gezeigt hatten, tippte mich ihre sieben- oder achtjährige Tochter an. »Excuse me, do you have transsexuals living here?« Hatte ich gerade wirklich verstanden, ob hier Transsexuelle wohnen würden? Ich konzentrierte mich auf ihre California-Kaugummi-Aussprache und bat sie, den Satz zu wiederholen. »I was asking if you have transsexuals in the shelter.«

Holy, ich hatte das nicht falsch verstanden. Während ihr Vater nur grinsend die Augen verdrehte, erklärte ich ihr, dass wir hier zwar wohl auch LBGs hätten, also Lesbians, Gays and Bisexuals, eine Abkürzung, die sie wohl kannte, wenn sie mich schon nach Transsexuellen fragte. Ich wüsste aber nicht, ob wir auch Transsexuelle hätten, zumindest hätte sich noch niemand mit diesem Thema an uns gewandt. Warum sie das wissen wolle?

»Nun, ihr habt nur Kleiderkammern und Toiletten für Frauen und Männer. In welche können dann die transsexuellen Bewohner gehen?«

Ich hatte in diesem Haus schon so ziemlich jede Frage gestellt bekommen und beantwortet, aber ein kleines Mädchen mit einer Silicon-Valley-Perspektive hatte mich soeben ausgeknockt. Aus ihrer Sicht hatten wir bei unserer Arbeit offenbar wesentliche Dinge vergessen.

Andere Besucher kümmerten sich um weniger weltliche Fragen. Wir hatten schon früh, spätestens nach dem Besuch der drei verschleierten Frauen im September, deutlich gemacht, dass Religion Privatsache war. Entsprechend waren missionarische Tätigkeiten, bei uns verboten. Wir hatten aber irgendwie nicht bedacht, dass das natürlich nicht nur Moslems betreffen konnte.

Die ersten, die kamen, waren: die Zeugen Jehovas. Nur wenige Wochen nach der Eröffnung der Unterkunft hatten sie einen mobilen Stand am nahe gelegenen U-Bahnhof bezogen und warben auf großen Schildern in arabischer Schrift darum, bei ihnen Gott kennenzulernen. Bei mindestens einem Bewohner hatten sie sogar Erfolg, er ließ sich wenige Monate nach dem Einzug ins Rathaus taufen.

Doch es ging noch besser. Immer häufiger hatten wir Gruppen aus dem Ausland, die für ein oder zwei Wochen nach Deutschland kamen und halfen. Sie als Gruppe in die Prozesse zu integrieren war zwar aufwendig, aber ein Gewinn: Wir konnten sinkende Helferzahlen ausgleichen, konnten unsere Ideen mitgeben und »exportieren«, vor allem aber machte es unser Haus internationaler. Freundschaften über Kontinente entstanden. Doch eine Gruppe hatte noch ein weiteres Ziel, von dem wir anfangs nichts wussten. Gloria entdeckte eines Tages einige Mitglieder einer engagierten amerikanischen Helfergruppe, wie sie Kindern vorlasen. Das fanden wir toll. Jede Beschäftigung für die Kinder war sehr willkommen, und Vorlesen kam ohnehin zu kurz. Weniger begeistert waren wir allerdings, als wir feststellten, dass sie nicht aus irgendeinem Buch vorlasen. Sondern aus der Bibel. Und den Kindern schön erklärten, was es mit Adam und Eva so auf sich hat und warum nur das Christentum eine richtige Religion darstellt.

Bibelunterricht in einer überwiegend muslimischen Unterkunft.

Ohne Einwilligung der Eltern. Mitten im Ramadan. Das übertraf alles.

Die Gruppe flog nicht raus, aber ihr wurden strikte Regeln auferlegt. Vorlesen wurde untersagt, Beschäftigungen mit Kindern ohne unsere Aufsicht ebenso. Wer sich nicht daran hielt, würde rausfliegen. Bibelunterricht fiel nun aus, von nun an konnten sie gespendete Wäsche missionieren.

Nizza, Würzburg, München, Reutlingen

46. Dass Religion auch auf ganz andere Weise missbraucht werden konnte, erlebten wir im Juli. Vier Tage nach den Anschlägen von Nizza erreichte Deutschland eine Reihe von Terrorakten.

Am 18. Juli stürmte ein 17-jähriger afghanischer Geflüchteter mit einer Axt durch einen Zug in Würzburg und verletzte vier Touristen schwer, er selbst wurde erschossen. Die Tat war ein Schock. Nicht nur, weil sie so grausam war. Zum ersten Mal hatte ein Geflüchteter in Deutschland ein Attentat dieser Dimension verübt. Und es war ein vom IS gesteuerter Attentäter gewesen, der vorher durchaus integriert war, der nicht versteckt im islamistischen Untergrund gelebt hatte. Wieder schlug unseren Bewohnern eine Welle der Vorurteile und des Hasses entgegen.

Die Verunsicherung in der Bevölkerung erlebte ihren Höchststand. Am 22. Juli befürchteten laut einer ZDF-Umfrage bereits 77 Prozent der Befragten, dass es in nächster Zeit zu neuen Anschlägen in Deutschland kommen würde. Und sie kamen sofort. Am selben Tag erschoss ein Attentäter in einem Münchner McDonald's neun Menschen, fast dreißig wurden verletzt. Noch während die Polizei die Stadt abriegelte, der öffentliche Nahverkehr vollständig eingestellt wurde und Hunderte Menschen ihre Wohnungen für Fremde öffneten, ergoss sich eine Hasswelle im Internet, wie man sie so noch nicht erlebt hatte.

Schon am nächsten Tag zeichnete sich jedoch ab, dass es sich hier nicht um einen islamistischen Anschlag gehandelt hatte, der Täter hatte in einem Wortwechsel mit einem Anwohner rassistische Parolen und »Scheißtürken« gerufen, alle neun Opfer waren Migrantinnen und Migranten. Die Spekulationen wurden lauter, es könnte sich um einen rechtsextremen Anschlag gehandelt haben. Die Debatte veränderte das vorläufig kaum. Der Mann war hier geborener Deutsch-Iraner, damit war er ein Ausländer, also ein Flüchtling. Erneut explodierte ein brodelnder Vulkan und ließ sich nicht mehr abkühlen. Selbst dann nicht, als fünf Tage später klar war, dass es sich wirklich um einen Rechtsextremisten gehandelt hatte, der stolz darauf war, als Deutsch-Iraner »Arier« und wie Hitler am 20. April geboren zu sein. Deutschland hatte einen rechtsextremistischen Terroranschlag erlebt. Diskutiert wurde aber über die Geflüchteten.

Man war inzwischen froh, wenn die Attentäter keinen Migrationshintergrund hatten, keine Geflüchteten waren – nicht, weil das nicht ins Weltbild passte, sondern weil wir schlichtweg Angst vor den Reaktionen hatten.

Dass aber jetzt das Hochkochen so einfach war, lag auch an einem weiteren, glücklicherweise weitestgehend missglückten Anschlag am 24. Juli in Ansbach. Ein Syrer, der vor zwei Jahren nach Deutschland gekommen war, zündete eine Rucksackbombe, 15 Menschen wurden verletzt, wie durch ein Wunder starb niemand außer dem Attentäter selbst. Es war nach Würzburg der zweite islamistische Anschlag innerhalb nur einer Woche, der radikale Islam hatte Deutschland erreicht, weniger heftig als in Frankreich oder Belgien, für die Wahrnehmung der Sicherheit aber nicht weniger dramatisch und gefährlich für die nationale Stimmung, die man auch daran erkannte, dass jeder in eine Gewalttat verwickelte Moslem erst einmal des Islamismus verdächtigt wurde.

Nur Stunden vorher hatte in Reutlingen ein Syrer eine Frau getötet. Dass schon nach Stunden klar war, dass es sich um eine Beziehungstat handelte, dass kein islamistischer Hintergrund vorlag – nach den letzten Tagen spielte das keine Rolle mehr. Fast ausnahmslos sprachen die Medien davon, der Täter hätte mit einer Machete getötet. In Wahrheit aber handelte es sich um ein Dönermesser jenes Imbisses, in dem Opfer und Täter gearbeitet hatten. Was der Unterschied war? Ein großer. Für die Getötete war es kein Unterschied. Aber die Aussage war eine andere: Es war eben ein Unterschied, ob jemand im Affekt ein vor sich liegendes Messer griff und damit tötete, oder ob sich jemand eine Machete besorgte und damit Jagd auf Menschen machte.

In der Wahrnehmung der Menschen waren die Attentäter überall, in nur sechs Tagen hatte es drei, gefühlt vier Anschläge gegeben, dreimal waren Geflüchtete die Täter. Die anderen Geflüchteten wurden in Geiselhaft genommen. Sie sahen wir jeden Tag. Und wir waren überzeugt, dass sie die Mehrheit derer bildeten, die Ruhe und Frieden wollten.

Urlaub im Urlaub

47.

Im Sommer fuhr ich eine Woche in den Urlaub, und seit Jahren bot ich Leuten den Deal an: freie Wohnung gegen Blumen gießen. Nie kannte ich die Leute, immer waren es Freunde von Freunden, nie hatte ich es bereut.

Katja schlug für diese Woche nun ein afghanisches Paar aus der Unterkunft vor. Die Frau im siebten Monat schwanger, seit einem halben Jahr bei uns im Haus. »Das ist Urlaub für die beiden.« Ich war ein wenig skeptisch. Würden wir den Leuten einen Gefallen tun, wenn wir sie eine Woche rausholten und sie dann wieder zurückmussten? Doch Katja winkte ab: »Jeder Tag, an dem sie sich zurückziehen, selbst kochen können und Privatsphäre haben, ist ein Gewinn.« Ich kannte das Paar zwar nur oberflächlich, aber wenn Katja dafür war, dann war das in Ordnung: Ich freute mich, dass jemand meine Wohnung bewachen würde, sie freuten sich auf eine Woche Urlaub vom Haus, alle freuten sich. Wunderbar.

Das Einzige, was meine Freude etwas trübte, war mein Umfeld. Meine engsten Freunde waren begeistert. Kathrin bot umgehend an, dem Paar für den Notfall ihre Nummer zu geben. Aber von anderen wurde ich gefragt, ob ich das wirklich machen wolle, ich würde die Leute doch gar nicht kennen. Wären sie auch so skeptisch gewesen, wenn es sich um ein schwedisches Paar gehandelt hätte? Ich war eigentlich überzeugt, dass ich mich nur mit aufgeklärten Menschen umgab. Aber offenbar steckte die Skepsis tiefer in uns allen, als ich in den letzten Monaten begonnen hatte zu glauben. Ich war in diesem Fall tiefenentspannt. Ich hatte im letzten Jahr so viele Menschen aus so vielen Ländern kennengelernt, nicht jedem hätte ich meine Wohnung überlassen, das aber aus Gründen der Persönlichkeit, nicht aufgrund einer Nationalität.

Während meiner Abwesenheit wurde fleißig gekocht, Katja schickte mir Essensbild nach Essensbild, dass ich nur neidisch wurde, nicht mitessen zu können.

Doch es war wirklich nicht alles so rosig. Als ich eine Woche später aus dem Urlaub wiederkam, trat das ein, was meine Bekannten befürchtet hatten: Auf dem Edelstahlgeschirrständer am Waschbecken in der Küche prangte ein großer Kalkfleck. Da hatte niemand mit Essigreiniger drübergeputzt. Das war die große Enttäuschung, es kostete mich mindestens zwei Minuten, den Fleck zu entfernen. Der Rest der Wohnung sah aus, wie ich sie verlassen hatte. Es fehlte nichts, es war nichts zerstört, es war nichts verdreckt, auf der Terrasse wiegte der Baum seine Krone im Wind, die Rosen blühten.

Fußball verbindet

48. Es gibt zwei verlässliche Wege, um schnell und einfach mit Menschen ins Gespräch zu kommen: Essen und Fußball.

Essen fand ich super! Immer. Alles. Sobald unsere Bewohner alle eigene Wohnungen hatten, würde ich mich jede Woche woanders zum Essen einladen. Fußball hingegen fand ich so mittel aufregend. Wenn Tore geschossen wurden – yeah, aufspringen, schreien oder fluchen und so tun, als ob man die Kommentare der anderen verstand. Die Zeit zwischen den Torschüssen war so na ja. Da schaute man 20 Menschen dabei zu, wie sie über den Platz rannten, während zwei Leute ihr Tor nicht verließen. Toll. Wurde man in Deutschland schon komisch angeschaut, wenn man einräumte, von Fußball keine Ahnung zu haben und sich dafür auch zur Hölle nicht zu interessieren, konnte man aber ins Grübeln kommen, wenn syrische Männer mehr über deutsche Vereine wussten und von Spielern sprachen, von denen ich noch nie gehört hatte.

Doch solange man im Rathaus nicht selbst kochen konnte, blieb nur Fußball. Ein glücklicher Zufall legte die EM – dafür konnte dann sogar ich mich einigermaßen begeistern – ins Jahr 2016. Wir beschlossen, das Viertelfinale Deutschland gegen Italien im Rathaus zu gucken. Wir waren an diesem Samstagabend nur wenige Ehrenamtliche, außerdem Ramin, ein Bewohner aus Afghanistan, Mitte 20, der aber in verschiedenen Bereichen im Haus arbeitete und inzwischen so gut Deutsch sprach, dass er einer von uns war. Valeska, Kristina und Ramin stellten Stühle, eine Bierbank, einen gespendeten Fernseher und die Antenne auf den Hof. Noch bevor ich mich setzen konnte, waren 20 Kinder da. Die Erwachsenen hielten sich noch zurück. Klar, es war nicht nur EM, es war auch Ramadan, und um 21.32 Uhr würde endlich gegessen werden dürfen. Nachvollziehbar, dass das noch etwas wichtiger war als Fußball, wenn man seit 4.49 Uhr nichts hatte essen können.

Aus dem Lager holten wir Decken für die Kinder und schauten Fußball. Mit 20 Kindern. Mit 30 Kindern. Mit 40 Kindern. Die sich ordentlich in mehrere Reihen setzen und gespannt und lautlos dem Spiel folgten. Von wegen! Kinder in einer großen Gruppe waren Monster, die sich zankten und gegenseitig ärgerten, die darüber stritten, wer bei wem von uns auf dem Schoß sitzen durfte. Dem Spiel zu folgen war kaum möglich.

Es wurde immer voller, inzwischen hatten sich auch gut 80 Erwachsene zu uns gesellt. Beim ersten Tor von Deutschland schrien die Bewohner lautstark »Deutschland, Deutschland!«, und ließen uns ein wenig blass dastehen.

Fußball und laute Kinder, zwei Dinge, die man am besten mit Alkohol kombiniert. Das war natürlich verboten, aber wir legten das flexibel aus. Den Bewohnern war es egal und die Security hatte gelernt, uns großzügig zu ignorieren, wenn wir es diskret taten. Wir betranken uns nicht und räumten unseren Müll weg, was wollte man mehr.

Ich hatte mir gerade aus meiner Flasche in den Becher eingegossen, als ein Bewohner nach vorne schoss, sich meine Flasche griff und sie sich in die Tasche stopfte. Wollte mir ein Moslem jetzt wirklich den Alkohol verbieten? Das hatte ich ja noch nie erlebt. Ramadan und deren Alkoholverbot waren nicht mein Problem. Ich war auf 180 und wollte gerade lautstark protestieren, als der Bewohner mich streng anguckte und mit einem Kopf an mir vorbeinickte. Ich guckte hinter mich. Zwei neue Security-Leute schlenderten langsam auf unsere Gruppe zu.

Der Bewohner zeigte auf meinen halb vollen Becher: »Trinken. Leer!« Etwas verdutzt tat ich wie mir geheißen und trank den Becher aus. Verschwörerisch nickte er mir zu. Ich verstand noch immer nicht. Die Security-Leute schauten ein paar Minuten dem Spiel zu und drehten dann ihre Runde. Als sie aus dem Blickfeld waren, gab mir der Bewohner die Flasche zurück. »Mich kontrollieren nicht. Weil kein Alkohol trinken.«

Ich starrte ihn ungläubig an. Er hatte mir den Alkohol nicht weggenommen. Der fastende Moslem hatte den Alkohol für den trinkenden Christen versteckt.

Deutschland gewann gegen Italien mit 7 zu 6.

Ich lehnte mich zurück und lächelte. Wir waren auf einem guten Weg.

Regenbogen über Berlin

49. Endlich war unser Förderverein »Menschen in Not Berlin e. V.« im Vereinsregister eingetragen worden. Acht Monate nachdem wir den Verein gegründet hatten, lag endlich auch die Freistellungserklärung vor, sodass wir Spenden quittieren und ausgeben konnten.

Ich hatte von den Vorbereitungen für den Verein anfänglich gar nichts mitbekommen, war eher durch Zufall auf der Gründungssitzung gelandet und überraschend eine Stunde später zum Vorsitzenden gewählt worden. Das Startkapital von 5000 Euro hatten wir von jenem Ehepaar aus dem Westend bekommen, das zu Weihnachten schon 25 Bewohner in den Zirkus eingeladen und uns in der Zwischenzeit zwei Tischtennisplatten und zwei Kickertische gespendet hatte. Dazu kamen in den nächsten Wochen zahlreiche Spenden aus unseren Freundeskreisen, nach zwei Monaten hatten wir 10 000 Euro eingesammelt.

Den Schulpaten konnten wir Geld für die Ausstattung jener Kinder geben, die eingeschult wurden, in der Fahrradwerkstatt konnten neues Werkzeug und Ersatzteile angeschafft werden, die Nähwerkstatt konnte Material zur Pflege der Nähmaschinen kaufen, im Friseursalon wurde das abgenutzte Equipment auf Vordermann gebracht. Als Nächstes sollten vor allem Projekte gefördert werden, die die Bewohner selbst starteten, ohne unsere Anleitung.

Fördern wollten wir auch das Verständnis von Deutschland.

Nachdem wir ja sträflicherweise schon die möglicherweise im Haus lebenden transsexuellen Bewohner ignoriert hatten, nahmen wir uns des Themas Homosexualität an. Damit war im Haus zwar immer schon offen umgegangen worden, doch gerade nach dem kürzlich erfolgten Anschlag auf den Klub in Orlando, bei dem 49 Mitglieder der LGBT-Community ermordet worden waren, und kurz vor dem Beginn des Christopher Street Days (CSD) und des schwul-lesbischen Straßenfests wollten wir in die Offensive gehen.

Musste man die Bewohner nun wirklich an den CSD heranführen? Absolut! Zum einen wussten wir von homosexuellen Bewohnern. Warum ihnen nicht den Rücken stärken und ihnen die Möglichkeit einräumen, die Freiheit in unserer Stadt auch leben zu können? Zum anderen: Unsere Unterkunft lag gerade einmal vier U-Bahn-Stationen vom schwul-lesbischen Epizentrum in Schöneberg entfernt. Die Wahrscheinlichkeit, dass unsere Bewohner also am nächsten Wochenende plötzlich auf eine ganze Armee knutschender Männer, Händchen haltender Frauen, Männer in Federboas und zu engen Lederhosen und andere überraschende Bilder treffen würden, die selbst auf einen Großteil der deutschen heterosexuellen Mehrheitsgesellschaft zumindest ungewöhnlich wirkten und auch dort nicht nur Gegenliebe hervorriefen, war ziemlich hoch.

Also hingen wir Plakate in Regenbogenfarben im Haus auf, auf Deutsch, Englisch, Farsi, Russisch und Arabisch.

Jedes Jahr findet in vielen Städten in Deutschland der sogenannte Christopher Street Day statt, genannt CSD. Er erinnert an die Demonstrationen für gleiche Rechte von Schwulen, Lesben, Bisexuellen und Transgender (LGBT) in der Christopher Street in New York 1969
LGBT haben in Deutschland die gleichen Rechte wie heterosexuelle Bürgerinnen und Bürger! Deswegen sind die

Demonstrationen hier große Feste und Paraden, viele Leute tragen ausgefallene Kostüme oder wenig Kleidung.
Wer LGBT diskriminiert oder angreift, macht sich strafbar.
In Berlin findet am 16. und 17. Juli rund um den Nollendorfplatz ein schwul-lesbisches Straßenfest statt. Eine Woche später folgt die große Parade. Sie beginnt am Kurfürstendamm und endet am Brandenburger Tor.
Alle Menschen, egal welche sexuelle Orientierung sie haben, sind eingeladen, bei diesen Veranstaltungen mitzufeiern, wenn sie die Rechte von LGBT vollständig akzeptieren.

Natürlich gab es Kritik an dem Plakat. Nicht von Bewohnern. Die nahmen es zur Kenntnis, ignorierten es oder stellten uns Fragen. Nein, Kritik kam von den politisch Übergenauen. »Die gleichen Rechte wie Heterosexuelle«? Nein, die hatten Schwule und Lesben natürlich nicht. Sie durften keine Kinder adoptieren, sie konnten nicht in einer katholischen Kirche getraut werden, die Lebenspartnerschaft wurde auch im Gegensatz zur Ehe nicht in Artikel 6 des Grundgesetzes geschützt.

Wäre es aber wirklich schlau gewesen zu sagen: »Hört mal, die sind gleich, aber auch nicht so richtig, weil …«? Wer unserer Bewohner bitte machte sich Gedanken um das Adoptionsrecht oder die Möglichkeit, in einer katholischen Kirche heiraten zu können? Wir hielten keine Juravorlesung ab, sondern wollten den Grundgedanken vermitteln: Alle Menschen in diesem Land sind gleich, haben die gleichen Rechte und müssen mit dem gleichen Respekt behandelt werden. Und natürlich war ein CSD nicht nur eine Party, sondern auch eine politische Demonstration, aber mal ehrlich: Wer den Berliner CSD besuchte, dem fielen vor allem tanzende und trinkende und sich körperlich nah seiende Menschen auf und nicht die politischen Forderungen, die auf Schildern durch die Gegend getragen werden, insbesondere, wenn man wenig oder kein Deutsch sprach und sich mit deutscher Politik nicht auskannte.

Unsere Schilder und Botschaften hingegen wurden verstanden und angenommen. Mehr als 20 andere Unterkünfte und Einrichtungen forderten die Plakate bei uns an. Und einige der Bewohner folgten der Einladung und besuchten die Parade. Sie kamen nicht selten etwas verwirrt zurück. Sie stellten Fragen und demonstrierten damit jene neugierige Offenheit, die wir uns gewünscht hatten. In den kommenden Tagen hatten wir sehr viel zu erklären.

Mutter und Sohn

50.

Das Leben im Haus verlief immer mehr in geordneten, unaufgeregten Bahnen, und auch bei Marianne und Yussof war vollends der Alltag eingekehrt. Traf man die beiden nun, sah man Mutter und Kind vor sich. Yussof hatte eine unglaubliche Entwicklung durchgemacht. Schon kurz nach dem Einzug bei Marianne hatte er wieder ganze Nächte durchgeschlafen und immer seltener Albträume gehabt, lachte wieder viel und häufig, machte Scherze, wurde im Sportverein angemeldet. Nach wenigen Wochen war er kaum wiederzuerkennen. Sein Deutsch war wirklich gut, er beherrschte inzwischen die Kunst des Sprachwitzes, nach nur neun Monaten in Deutschland. Seine Schulnoten waren so gut, dass er zum neuen Schuljahr von der Willkommensklasse in eine Regelklasse wechselte. Aus dem kleinen Jungen war ein selbstbewusster junger Mann geworden, dem die Mädchen in der Schule zu Füßen lagen.

Und Marianne? Sie hatte einige graue Haare mehr und sah dabei jünger und lebendiger aus als zuvor. Sie, die nie Kinder hatte haben wollen, beschäftigte sich plötzlich mit der Frage, wie viel Taschengeld Jugendliche bekommen sollten, um wie viel Uhr der »Adoptivsohn« zu Hause sein musste, wie man ihn zum Aufräumen des Zimmers motivieren konnte und ob es o.k. war, wenn die Freundin bei ihnen zu Hause übernachtete. Nach wie vor skypte sie regelmäßig mit seinen Eltern.

Marianne und Yussof, sie waren und blieben ein besonderes Paar, vielen anderen weit voraus. Viele unserer Bewohner sind noch nicht viel weitergekommen, sie stecken fest, sie warten auf ihre Bescheide, rennen zwischen Behörden hin und her, brauchen Hilfe, manche haben sich zu lange darauf verlassen, dass wir uns um alles kümmern werden. Nicht alle von ihnen werden ankommen in Deutschland. Das ist die Realität.

Familie P. hat noch keine Wohnung gefunden, obwohl sie sich keine Illusionen mehr darüber macht, was möglich ist, der Markt ist einfach leer. Doch sie machen Fortschritte. Die schlechteste Note auf Dawuds Zeugnis war eine 2, in Deutsch hat er eine 1 minus. Auch er wird im kommenden Schuljahr eine Regelklasse besuchen. Hawwa beendet in zwei Monaten ihren Deutsch-Integrationskurs, dann heißt es einen Job finden. Die Feuerwehrrechnung beschäftigte uns noch Wochen, schließlich gelang es Philipp in einem Sechs-Stunden-Marathon, die notwendige Unterschrift zu bekommen.

Bashar, der von Maren »adoptiert« worden war und ein Dreivierteljahr bei Fabian wohnte, der als Erster ohne fremde Hilfe einen festen Job fand, mit dem er sein Leben und seine eigene Wohnung finanziert, ohne irgendwelche staatlichen Zuschüsse, ist vermutlich der am besten integrierte Exbewohner, den wir je hatten. Inzwischen hält er Vorträge über Integration, im November werden wir gemeinsam auf dem Podium bei einer Stiftung sitzen und über Chancen der Integration reden. Nur seine Frau fehlt noch. Doch er gibt nicht auf.

Omar, einem der »Problemkinder«, hat die Einschulung wirklich gutgetan. Er nervt noch immer, aber inzwischen ist er nur noch ein weniger tolles Kind. Ich bin vorsichtig optimistisch.

Yaver wohnt mit seiner Familie in einer eigenen Wohnung und managt alles für sie. Doch er kommt fünf Mal die Woche ins Rathaus: als Helfer. Katja hat aus der halben Stadt Möbel besorgt, Nina, eine Freundin von mir, hat ihm ihre Waschmaschine geschenkt, Sascha seinen Fernseher.

Nour lebt mit ihrer Mutter in einer kleinen Wohnung am Stadtrand. Eine Schule hat ihr einen Job als Englischlehrerin angeboten, sie wartet aber noch immer auf die Arbeitserlaubnis, obwohl sie ihr gesetzlich zusteht. Sie überbrückt mit einem Praktikum, man hat ihr eine Festanstellung in Aussicht gestellt.

Nomeen repariert weiter Fahrräder. Er kann viel, will viel und leistet viel. Sein Deutsch muss dringend besser werden. Aber er und seine Familie werden hier ankommen, sie haben den Willen dazu.

Faizah und Alim meldeten sich Anfang August, nachdem wir uns ein halbes Jahr nicht gesprochen hatten. Faizah spricht noch hauptsächlich Englisch, Alim fast fehlerfrei Deutsch. Sie haben eine Aufenthaltsgenehmigung für drei Jahre bekommen und suchen jetzt nach einer Wohnung im Westen von Deutschland. Sie sind angekommen. Es geht ihnen gut.

Zwei Stunden, ein Jahr

51. 14. August 2016. Heute vor einem Jahr wurde die Notunterkunft eröffnet, heute vor einem Jahr hatte sich für viele von uns das Leben verändert. Wir mussten dieses Jahr, das eine Jahr Ehrenamt, das uns und unsere Welt so sehr verändert hat, feiern. Wir diskutierten: Konnten wir ein Ehrenamt feiern, das existiert, weil Menschen, unsere Bewohner, hatten flüchten müssen? Nein. Aber wir wollten das Leben feiern, das gemeinsam Erreichte. Das Wir. Gemeinsam mit den Hauptamtlichen, mit allen, mit denen wir gekämpft haben.

Der Info-Point wurde zurückgeholt, unsere alte Würstchenbude. Heute wurden die Helferbändchen wieder hier ausgegeben. Wie vor einem Jahr. Nur, dass sie heute von Yussof, Yaver und Khaled ausgegeben wurden, unseren Bewohnern, die längst ein Teil des Wir geworden waren.

Michael hatte Bänke und eine Musikanlage organisiert, es gab kurze Reden, von Stephan, vom Bezirksbürgermeister, von Philipp, Inga und mir. Kerstin moderierte das Fest, Katja hatte eine große Fotoausstellung organisiert und zeigte die schönsten Bilder des vergangenen Jahres. Inga und Gloria hatten in einer Ausstellung die verrücktesten Spenden des letzten Jahres zusammengetragen, wenngleich das Tiefkühlhühnchen noch immer fehlte. Inga erstellte ein Quiz, zu gewinnen gab es ebenjene Spenden, die wir vom ersten Tag an gelagert hatten und die langsam mal rausmussten.

1. Wie viele Bewohner haben bis jetzt in der NUK Rathaus Wilmersdorf gewohnt?

   a) 1350 b) 1800 c) 2300

2. Wie viele Babys wurden bis jetzt von Bewohnerinnen geboren?

   a) 21 b) 32 c) 43

3. Wie viele Kinder wurden eingeschult?

   a) 155 b) 214 c) 335

4. Wie viele Freiwilligenstunden wurden insgesamt abgeleistet (ohne Schicht- und Bereichsleitungen, da diese nicht im Volunteer-Planner erfasst werden)?

   a) ca. 10000 b) ca. 50000 c) ca. 80000

5. Wie viele Kartons Kleidung und sonstige Textilien (Bettzeug, Bettwäsche, Handtücher etc.) wurden gespendet, sortiert, gelagert, ausgegeben und weiterverteilt?

   a) ca. 5000 b) ca. 8000 c) über 10000

6. Welche Hollywoodstars haben die Unterkunft besucht?

   a) Ben Stiller & Susan Sarandon
   b) George Clooney & Angelina Jolie

7. Wie viele Bereiche werden komplett von den Ehrenamtlichen verwaltetet?

   a) 5 b) 16 c) 21

(2300 Bewohner, 43 Babys, 214 Kinder und Oberschüler, ca. 80000 freiwillige Helferstunden [mit Schicht- und Bereichsleitungen ca. 100000], über 10000 Kartons, Susan Sarandon & Ben Stiller, 16 Bereiche)

Nostalgie lag in der Luft, »Weißt du noch«-Geschichten wurden ausgegraben. Es war wie vor einem Jahr, die Energie war wieder da. Man umarmte sich, hier und da floss eine Träne, wenn wir uns die Bilder anschauten, vor allem aber wurde gelacht. Dieses Lachen, das uns vom ersten Tag an begleitet und dem Haus ein Jahr lang Leben und Zuversicht gegeben hatte, es war noch da.

Mit einem Lächeln blickte ich über den Hof, betrachtete die Freiwilligen, die Bewohner, die Mitarbeiter, das Haus, den endlich eingerichteten Spielplatz. Was hatten wir hier gemacht? Vor fast genau einem Jahr hatte ich zum ersten Mal das Rathaus Wilmersdorf betreten, war ich zum ersten Mal mit der »Flüchtlingskrise« in Kontakt gekommen, eine Krise, die keine Krise der Flüchtlinge, sondern eine Krise aus Kriegen, Waffenhandel und dem Versagen der Vereinten Nationen war. Eine Krise, die unser Land zum Beben gebracht hatte, die die hässlichen und aggressiven Fratzen des Hasses auf die Titelseiten geschleudert hatte, die dafür gesorgt hatte, dass eine rechtspopulistische Partei wie die AfD in die Parlamente einzog, verbal hofiert von Politikern demokratischer Parteien, die glauben, den Aufstieg der rechten Parteien stoppen zu können, indem sie deren Rhetorik übernehmen.

Vor allem aber hat sie diesem oft so trägen Land neuen Schwung und Deutschland mit einer bis dahin nicht vorstellbaren Welle der Hilfsbereitschaft und Menschlichkeit ein neues Gesicht gegeben, das Ansehen unseres Landes in der ganzen Welt verändert. Und mich hat sie verändert. Ich hatte Teil dieser Welle werden dürfen. Ich kam für zwei Stunden und blieb ein Jahr. Und ich werde bleiben. Die letzten zwölf Monate, sie waren die aufregendsten, die emotionalsten, die aktivsten und die anstrengendsten meines bisherigen Lebens. Die besten.

Wir sahen Leid und Trauer. Aber noch viel mehr erlebten wir Freude, den Willen zum Leben und Hilfsbereitschaft. Wir trafen beeindruckende Menschen, aufseiten unserer Bewohner und unserer Freiwilligen. Dabei haben wir Fehler gemacht, mussten erkennen, dass sich Visionen als Illusionen herausstellen können. Aber noch mehr haben wir den Glauben daran zurückgewonnen, dass wir das Unmögliche möglich machen können, dass Aufgeben, Neid und Jammern keine Alternative für Deutschland sind.

Wir sind noch lange nicht am Ziel, wir haben noch ein gutes Stück zu gehen. Was die Zukunft bringen wird? Wir wissen es nicht. Aber das wussten wir vor einem Jahr auch nicht. Warum sollten wir scheitern? Haben uns nicht, das ganze letzte Jahr über, so viele zugerufen, dass wir das nicht schaffen werden, und haben wir nicht immer wieder das Gegenteil bewiesen? Haben nicht Hunderttausende flüchtende und ankommende Menschen gezeigt, dass auch ihnen Demokratie, Menschlichkeit und Weltoffenheit etwas bedeuten, dass sie nicht mehr verlieren möchten?

Was die Zukunft bringt, hängt von ihnen ab. Aber sie hängt eben auch von uns ab, von unserer Bereitschaft, sie ein Teil von uns werden zu lassen.

Die meisten werden irgendwann in ihre Heimat zurückkehren. Wenn nur einige von ihnen etwas von der hier gelebten Gleichheit und Menschenwürde mitnehmen, dann können sie dazu beitragen, ihre alte und zukünftige Heimat zu entwickeln. Sie werden vermutlich keinen Gay Pride initiieren, kein Zentrum gegen Antisemitismus gründen und auch keine Behindertenwerkstatt eröffnen. Aber wenn sie das Prinzip der Gleichheit von Verschiedenen verinnerlicht haben und es weitertragen, können sie einen Beitrag dazu leisten, Respekt und Menschlichkeit voranzubringen. Dann haben wir alles richtig gemacht.

»Wir«. Ein großes Haus, ein großes Experiment. Und Menschen. Katja, Lana, Djamal, Kristina, Frank, Inga, Andrea, Susanne, Dilek, Alice, Zohra, Ute, Beate, Sima, Kerstin, Orly, Ismael, Alexander, Philipp, Gloria, Rotraud, Esther, Nour, Yasmine, Gabriele, Jaime, Sozan, Yasmine, Michael, Basima, Jakob, Liz, Hawwa, Hamit, Lidia, Shadwan, Christoph, Dawud, Sita, Ali, Peter, Gazwa, Katrin, Christine, Aida, Jochen, Milad, Patricia, Maria, Mohammed, Omar, Alice, Sharif, Maren, Mola, Klaus, Rivkah, Katrin, Khaled, Martina, Doro, Javad, Besim, Carola, Rüdiger, Ewald,

Mithu, Yaver, Christiane, Mehmet, Daniele, Jens, Michaela, Uwe, Faizah, Melanie, Shebby, Ulla und die vielen, vielen anderen.

Sie sind da, genau wie vor einem Jahr. Sie kamen als Freiwillige, Flüchtlinge, Geflüchtete. Heute sind sie Ehrenamtliche, Bewohner, Vertraute, Verbündete, Freunde.

Irgendjemand hat gesagt: »Wir schaffen das«. Noch immer wissen wir nicht genau, was »schaffen« bedeutet. Aber wir wissen heute, wer »wir« ist. Wir haben uns gefunden, haben uns zusammengeschlossen, haben gelernt, uns motiviert und mitgezogen. Wir machten es einfach. Und machen weiter.

Danke

an:

- Natascha Thomas, für dein kritisches, ermunterndes Feedback
- Katja Kittelmann, für deine Ergänzungen und Anekdoten in diesem Buch, für deine Unterstützung
- Philipp Bertram, für deine Hilfe beim Auffrischen der Erinnerungen, beim Überprüfen der Fakten und für alles, was ich von dir lernen durfte
- meine Familie und Freunde, für eure Geduld und euer Verständnis im letzten Jahr
- Florian Glässing von Landwehr & Cie., für deine Überredungskunst, dieses Buch zu schreiben. Wenn's schiefgeht, bist du schuld. Klar, oder?
- Lutz Dursthoff und den Verlag Kiepenheuer & Witsch, dass ihr an dieses Projekt geglaubt habt
- alle Freiwilligen, dafür, dass ich mit euch arbeiten durfte. Ohne euch hätte es diese Notunterkunft Rathaus Wilmersdorf so nie gegeben.